20 世纪中国图书馆学文库·76

图书馆学研究与方法

赵云龙 编著

国家圖書館出版社

本书据兵器工业出版社 1993 年 6 月第 1 版排印

序

    近年学术界关于研究方法的问题讨论很多,以致有人认为现时代是方法论的时代。一门科学在方法论上有所创新,这门科学就会有所前进甚至有所突破。我国图书馆学研究方法的研究,已经取得了长足的进步。现在赵云龙同志编著的《图书馆学研究与方法》出版了,又为此项研究添加了新的成果。

    研讨图书馆学研究方法并不是一件容易做好的事情。作者具有扎实的数理知识,较丰富的图书馆管理和业务工作的经验,并能把这两者紧密地结合起来。所以,他在论述每一种研究方法时,均能做到介绍历史特点、基本原理和应用领域,并能联系具体业务或理论问题举出实际的例子,力求读者掌握研究方法本身和提高实际应用的能力。

    更为难能可贵者,作者对我国图书馆学研究,从研究方法的角度提出了许多精辟的见解。他看到了进步,也看到了不足,并能指出在方法利用上改革的途径。这也从一个侧面,反映了作者对我国图书馆学研究工作有较深刻和全面的了解。他的这部著作在很大程度上就是在这个基础上写成的。可以这样来理解:作者通过对研究方法的介绍,初步勾画出我国图书馆学研究的进程和所取得的成就,特别是改革开放以来所取得的新成果。作者对我国图书馆学研究所作的评价,其重要意义并不亚于他对研究方法本身的论述。

人们在图书馆学研究中使用了很多的方法,这是事实,作者对这些方法加以介绍和讨论无疑很有必要;作者把注意力集中在这个问题上,也完全是实事求是的。不过我们若做进一步的探究,不难发现还有一个各种研究方法的配合使用或综合利用的问题。解决这个问题也很重要,一方面可以提高我们研究工作的质量,另一方面也可使我们加深对图书馆学方法论建设的认识。由此我还想起,作为一门科学的图书馆学,恐怕还需要有自己核心的、或者叫专门的研究方法,使其成为图书馆学学科体系中不可或缺的有机部分。这就意味着可以考虑将图书馆学研究中使用的方法和图书馆学研究方法加以区别,说明两者的异同和相互的联系。当然,这样做是否有意义,我们还可以从长讨论。

《图书馆学研究与方法》是作者的一部力作,具有较高的学术水平,适合广大的图书馆工作者、图书馆学研究者和学习者的参考使用。

我于去年年底,有幸拜读了这部书稿,学习到许多东西。现在作者向我索序,由于我视力减退,阅读书写均感困难,所言恐失之简陋,仅供作者和读者参考而已。

周文骏

一九九三年五月七日写于北大中关园

目　录

第一部分　图书馆学研究

第一章　什么是图书馆学研究

什么是图书馆学研究？这个问题所以有加以阐述的必要，是因为图书馆界的同仁对于这个问题尚有不同的认识。我们经常发现一些没有科学内容，没有使用科学方法进行研究，其结果也无甚科学价值的文章被当作科学研究论文发表。有的刊物常常充满了报道性、介绍性、感想性、纪念性、描述性的文字。这种现象的存在，使图书馆学的科学性受到很大损害，人们以为图书馆学研究就是这样，发个议论，谈谈感想就是科研成果，就是研究论文。这种现象的存在，也会使青年图书馆工作者产生错觉，以为图书馆学研究与其它学科相比，没有多少学术性，不要怎样的艰苦努力就可以轻而易举地做出成绩。这里就有个克服弊端，提高认识的问题。那么，到底什么是图书馆学研究呢？本书不追求其严格的定义，而只是从实用角度给出解释性的理解。

所谓图书馆学研究，就是用科学的方法探求图书馆事业或工作中人们尚未获得的知识的过程，是揭示图书馆事业或工作的客观规律，寻求客观真理的一种活动。

图书馆学研究是一种认识过程。人们在图书馆的日常活动中，都在不断地认识图书馆内的各种现象和规律性。但是，与人们的日常活动不同，图书馆学研究是一种更有意识、有目的、有计划地采用更严密的方法，去认识图书馆事业和工作的各个方面，探索客观真理的活动。人们在图书馆学研究中，有意识地搜集有关研究对象的事实和数据,通过对足够的事实和数据的分析和概括,揭露现象的本质,发现研究对象的规律并建立图书馆学的理论。当然,认识研究对象的本质,掌握研究对象的规律性,建立能解释研究对象的理论,是为了用这种对于图书馆学规律性的认识去能动地改造图书馆的现实。因此,图书馆学研究在揭露研究对象规律性的同时,也寻找改变图书馆事业现状的途径和方法。

图书馆学研究的基本任务是探索未知。如果一个问题,人们对它已经有了认识,有了知识了,那就没有多大研究价值了。图书馆学研究的这种探索性,不仅表现在它所研究的课题和所取得的成果上,而且还表现在图书馆学研究的全过程。研究工作的每一步,都要探索新问题和新方法。

图书馆学研究是一项艰巨的工作。正如马克思所说:"在科学上没有平坦的大道,只要有不畏劳苦沿着陡峭山路攀登的人,才有希望达到光辉的顶点。"图书馆学研究又是一种复杂劳动,它是要在表面上杂乱无章的现象中,透过偶然的、零乱的现象去发掘和研究表面上看不出来的规律,掌握研究对象的本质。图书馆学研究者必须要有扎实的基础知识和良好的基本功训练,才能完成这样复杂的任务。然而,图书馆学研究也不是高不可攀的、神秘莫测的事情,其实,只要有老老实实、始终不渝和实事求是的工作态度,遵循认识过程的客观规律,终究会寻得科学的答案的。

图书馆学研究与其它科学研究一样,具有很强的继承性,是以前人的工作为基础,"踩"在前人的"肩膀"上攀登科学高峰的。任何一个有成就的研究人员都会表现出良好的继承性,在继承的基础上进行创造性劳动。所以图书馆学研究工作者必须对前人的知识有充分的继承,对今人已取得的研究成果有充分的了解,以为自己的研究工作奠定可靠的基础。

图书馆学研究的最重要特征,还在于它是一种创造性活动。它的目的是为了发现新事物、新规律,创造新知识、新产品,获得新方法、新技术，解决前人没有解决或没有完全解决的问题，进入前人没有进入或没有完全征服的领域。所以，一项图书馆工作是否是科学研究工作，第一位的或主要的是看它的创造性，即它的成绩是否含有创造性的因素，是否有新的东西。创造性是科学研究的本质和灵魂，是科学研究最重要的属性。没有创造性的工作，就不能算是科学研究工作。世界各国历来把创造性大小作为衡量科学研究成果水平高低的重要标志。科研成果创造性越大，水平就越高，创造性越小，水平就越低。所以写一般的文章是不能称为科学研究的，因为有些文章只不过是发表一些感想、体会、看法、建议和评论；有些文章只是介绍一些情况，传递某种知识，描述某些现象等等。这些在相当程度上是一些主观的议论或现有知识的复述，没有什么创造性。但是通过大量的钻研，根据新发现的事实，提出创造性的结论或见解，写出有根有据的文章，应该被认为是科学论文，是一项科学研究工作。一般的翻译也不能看作是科学研究工作。但是如果翻译的是一些古代文字或作品，需要做许多考证、查对等，这时翻译也成了科学研究工作。在图书馆学教育中，不应把一般的备课、编写讲义一律看作是科学研究工作，因为在一般情况下，编写教材基本上限于利用现有的材料，加以取舍、编排并以适当的形式表达出来，使它便于教学和学生的理解。但是如果在编写教材时，特别是高年级教材，对许多问题进行了科学的分析和判断，创造性地用自己的研究成果丰富了教学内容，提出了一些对本学科是新的东西，那就应当算作科学研究工作。

我们知道，图书馆学的研究对象是极其错综复杂的，不是每一项研究都能具有很大的创造性。有时需要很长时间，有时需要前后许多人的努力和合作，才能发掘出某一研究对象的规律性。但是，如果对研究对象的实际情况进行了认真地探索，或根据充分的事实提出了科学的假设或假说，或解决了研究进程中的一些问题，或对理论的应用提出了新方法、新途径，便在图书馆学发展上提供了一定的有价值的成果,即使所取得的成果很微小,也是完成了一定的研究任务,属于科学研究之列。

看一项图书馆工作是否是科研工作,还要看其是否具有科学性。所谓科学性就是看一项工作是否是从事实出发,是否用科学的方法进行探索,是否得出了科学结论。科学性要求,研究工作的结论必须是从事实中科学的概括出来的,而不是主观臆造的;必须是采用了科学的方法,而不是采用非科学的方法得出的。研究工作的结果必须是揭露了事物或现象的本质,揭露了事物之间的内在联系,而且是经得起实践检验的、符合客观实际的。

很自然,各项具体图书馆学研究的科学性程度是各不相同的。而且对不同的研究者的要求也应有所不同。对一位成熟的图书馆学家要求理应高一些,对一位没有经验的青年研究工作者可以低一些。但是如果取消了图书馆学研究的科学性要求,那就不是科学研究了。

按照不同的标准,图书馆学研究可以分成不同的种类。一般说来,图书馆学研究可以分成基础研究和应用研究两大类。

基础研究也称理论研究,主要是研究图书馆内各种现象发展的主要趋势及对现象起作用的规律,探索新的、未知的事实或过程以及支配研究活动的规律。这种研究的结果,是产生新知识、新理论、新学说、新定律等等。应用研究是指为了某种应用的目的,运用基础研究所取得的知识,探寻可能实际应用的技术途径或者从实际工作中抽出某些科研课题进行系统的研究,目的是为了解决实际问题。其研究结果是提出改进方案、方法,采用新技术,采用新设备等等。所以我们可以说,基础研究是为了取得知识,应用研究是为了解决实际问题。但是应该看到,这种区分有时是不恰当的,因为许多重要的新知识都是通过应用研究发现的。有人以为理论研究是高级脑力劳动,需要更高的科学研究能力。其实应用研究有时比理论研究更难出成果。因为在应用研究方面,许多问题已被人探索过,很多显而易见的问题已经解决了。当然,如果应用研究只限于解决眼前的问题而不去努力探索其内在的原理,这种研究就没有普遍意义。虽然应用研究是把新知识新理论应用于实际问题,但应用研究并不满足于等待理论研究的新发现,而是在理论尚未建立起来时,应用研究就在进行了,往往是应用研究之后,产生了新理论。所以理论研究和应用研究都是重要的,不可缺少的,而且是相辅相成的。

第二章　图书馆学研究的原则

为了保证图书馆学研究的创造性和科学性,发现支配图书馆事业运动的客观规律,研究工作必须遵守以下各项原则。

一、以马克思主义哲学为指导的原则

马克思主义哲学是关于自然、社会和思维发展普遍规律的科学,是科学的世界观和方法论。马克思主义哲学依赖于具体的科学,具体科学的进步推动着哲学的发展。但同时,马克思主义哲学又给予具体科学以世界观和一般方法论的指导。不论科学家是否意识到,他们都不能不在其研究工作中以某种哲学为指导:依靠哲学所作出的一般结论,运用哲学所提供的一般概念和范畴,按照某种一般方法论进行分析、概括和推理等等。历史上许多有重大成就的科学家都比较重视哲学的作用。爱因斯坦就说过:"科学要是没有认识论——要是这真是可以设想的——就是原始的混乱的东西。"

马克思主义哲学对各门科学的指导作用,首先表现在以关于客观世界和人类思维的一般规律的知识,为科学研究提供了正确的思维理论和研究方法。一些科学家,尽管不是马克思主义者,但他们的世界观往往具有朴素的辩证法和唯物主义的因素,他们的一些成就实际上是运用唯物主义和辩证法的结果。其中有一些人,还由此成为一个自觉的辩证唯物主义者。

马克思主义哲学对具体科学的指导作用还在于它是排除唯心主义和形而上学干扰的思想武器。在科学领域中，从来就存在唯物主义和唯心主义，辩证法和形而上学的斗争，在当代更是如此。尤其是社会科学领域，研究人员自觉地掌握马克思主义哲学这一武器，以抵制资产阶级世界观的影响是非常重要的。图书馆学是社会科学。图书馆学研究中，唯心主义形而上学也是大量存在的。图书馆学的研究者，必须学习唯物主义和辩证法的规律及有关知识，用以指导自己的科学研究工作。

二、充分占有事实的原则

图书馆学研究是通过对充分的客观事实的分析和概括，来揭露现象的本质，发现规律性的过程。没有客观事实就不可能进行图书馆学研究，也得不出科学的规律性来。所谓"实事求是"也是这个道理。毛泽东同志说："'实事'就是客观存在着的一切事物，'是'就是客观事物的内部联系，即规律性，'求'就是我们去研究。"没有"实事"就不能"求是"。规律性是不能臆造的，只能从客观事实中引申出来。

不但要有事实，而且要有充分的事实，才能进行科学研究，从少量的事实出发不能保证研究结果的科学性。研究结果是否可靠，是否深入，在很大程度上取决于所根据的事实是否充足，是否能足够全面地反映研究对象的本质。

我们知道，科学研究工作依据的事实主要是由文献资料反映出来的，无论是通过观察调查还是科学实验得到的事实，最后都要形成文献资料。所谓充分占有事实，实际上主要是占有充分的文献资料。所以诚如马克思所说："研究必须充分地占有材料，分析它的各种发展形式，探寻这些形式的内在联系。只有这项工作完成以后，现实的运动才能适当地叙述出来。"马克思把充分占有文献资料放在极重要的位置。他在自己的研究实践中，就曾博览了伦敦大不列颠博物馆里一切与研究有关的资料。恩格斯指出,马克思在写作时,如果他不确知所有有关书籍都已参考完,他绝不肯下笔写作。列宁在研究中也极重视充分占有文献资料,例如,他在写《俄国资本主义的发展》时,就曾阅读并批判地运用了583册书籍。所以,我们进行图书馆学研究就要以严格的科学态度、老老实实地详细地利用充分反映事实的文献资料,从大量的实际资料出发,加以分析和概括,抽取出研究对象的内在联系。

三、客观性原则

在图书馆学研究中,只有当我们采取严格的客观态度,忠实地反映客观现实,才有可能正确地认识研究对象之间的必然联系,才有可能获得科学的结论。图书馆学研究者必须对所研究的问题和对象不抱任何成见或偏见,对观察和搜集的事实如实记录,如实反映,处理资料和概括结论严格地按客观实际进行。须知,缺乏客观性的科学研究既不能解释现实,也不能指导实践。

当然,在分析初步积累的事实的基础上,为了便利于下一步研究,提出一定的假说是完全必要的。但是,假说不是结论。研究过程中不要企图找某些事实证实假说,而是要用大量的客观事实检验假说。在检验过程中,或者假说得到了证实,或者被修正,或者被推翻。无论如何,研究工作者都必须绝对尊重事实,既不创造事实,也不掩盖事实;既不夸大事实,也不缩小事实。研究工作者要无条件地接受真理,即使它是与自己的愿望相违背的,或者是使自己的研究前功尽弃的。科学的态度必须正视客观事实,不以个人的利害得失为转移。

四、全面性原则

为了得到反映客观情况的科学结论,不仅要遵守客观性原则,还要遵守全面性原则。要真正从实际出发就要从事实资料的全部总和出发。仅根据某些零碎片段的或片面的资料进行分析判断，并不是尊重事实，并不是唯物主义的态度。

客观现实是十分复杂的。在研究中必须占有反映研究问题的全面复杂情况的具体资料，才能反映事物包含的各种矛盾，才能为分析研究提供可靠的和充足的依据。因此，为了研究一个问题就必须搜集与问题的各个方面有关的足够的资料。搜集的资料越广泛，越丰富，就越有代表性，越能反映问题的本质。如果没有大量的从各个不同方面搜集来的资料，就很难保证问题的各个不同方面都得到了充分的反映，也很难从中得到能说明问题的典型资料。

反之，如果搜集资料没有耐心，不细心；信手拈来什么资料，就用什么资料；拈来多少，就满足于多少；或者道听途说，以点代面；或者浅尝辄止，不求甚解；既不系统，又不深入，碰到什么就抓点什么的态度，就违反了全面性原则。

五、可靠性原则

图书馆学研究必须坚持高度的可靠性原则。而这一原则往往容易被忽视。特别是科研成果应用在图书馆的实际工作中时，往往需要较长时间才能暴露出不良影响。如果研究的结果不是准确可靠的，那么运用到实践中去就会造成严重的后果。所以，图书馆学研究对保证最大限度的可靠性应倍加重视。

为了保证科学研究工作的可靠性，除了必须有严肃的科学态度和采用恰当的研究方法以外，尚应做到以下几点：

1. 必须保证所搜集的资料的可靠性

不能认为一切从实际中搜集来的资料都是可靠的。例如，通过谈话得来的资料有时就不一定可靠。这里不仅关系到谈话人的认识问题，而且也牵涉到他是否无保留地说心里话问题。通过回忆记录的资料，可靠性也可能有问题。这些资料都需要仔细辨别。此外，搜集的资料是否可靠，与研究者的立场、观点和方法以及研究者的技能技巧、工作经验也有很大关系。当然,资料本身是否可靠,必须经过鉴定和核对。而且必须使用第一手资料,第二手资料只能作为参考、辅助性的或者不得已时才使用的资料。

2. 必须科学地处理资料

正确的资料处理不科学、不恰当,也会产生差错。我们必须抓住那些反映客观事实的资料,舍掉那些对研究无意义的资料。要严格区分资料反映的事实是个别的还是普遍的,是偶然的还是一贯的,是枝节的还是主流的,是现象的还是本质的。对于具体资料,还要注意它产生的条件、历史背景、时间地点等特征。这样,才能保证处理资料的科学性。

3. 必须用严密的科学方法推断出真实结论

这一点要求我们必须采用辩证思考和采用正确的逻辑推理,并有真实的前提。如果以部分概全体,以偶然当必然,以相对为绝对,以现象当本质等等,都可能推断出错误的结论。

4. 研究结果的表达也必须可靠

如果研究工作本身是可靠的,但是研究论文不能准确地把内容表达出来,也会使研究成果不能得到恰当的理解和应用。这就要求研究者既要有较高的表达技巧,也要有准确地运用文字的能力。

第三章　图书馆学研究的程序

科学研究活动是人类认识世界和能动地改造世界的过程。由于这种过程在实际运动中不断的深化和提高，所以任何一个科学领域的研究活动，都不可能一下子全部完结。但是，对于某些具体的科研任务却应该是一项有始有终的研究工作。

对于一个具体的研究课题，从选题开始到研究工作结束，必须按照一定的程序，完成各项必要的工作。当然，由于课题性质，采用的研究方法，研究人员的水平和能力等多方面差异，从原则上讲，科学研究的程序是极不统一的。本章下面所述的图书馆学研究程序只是一般情况下的程序。读者不应认为图书馆学研究工作都要经过这样的程序，也不要认为这些步骤的顺序是不可改变的。如果某一项图书馆学研究完全不按此步骤进行，也得出了科学的结果和结论，那也是完全正常的。研究者根据自己课题的具体情况，来确定自己的研究程序是完全应该的。不过这里介绍的研究程序(见图1)作为研究工作的一般规律，基本上概括了图书馆学研究活动的各个阶段，是有很大参考价值的。

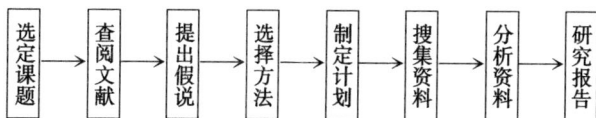

图1　图书馆学研究的一般程序

第一节　选定课题

千里之行,始于足下。不管用何种方式选择研究课题,都是科研活动的重要开端,是进行科研活动迈出的第一步。这第一步的意义就在于它要确定整个研究的对象、内容和目的,以及主要解决什么问题,怎样解决问题等等事项。这一步关系到整个研究过程和结果,甚至关系到科研工作的成败。如果课题选择适当,就为以后的工作打下了良好的基础,如果选择不当,选得不准,不管采用的方法多么先进,研究人员的能力如何高超,都难以取得卓有成效的结果。在科学史上,由于选题错误而长期得不出研究结果的,也不乏其例,即使是最伟大的科学家都不能有所建树。例如,伟大的科学家牛顿在50岁以后,选择神学作为研究课题,以至于毫无成果。正如科学家李四光所说:"做科学工作最使人感兴趣的,与其说是问题的解决,恐怕不如说是问题的形成。任何一个实际问题很少是单纯的,总要对构成一个问题的各项事物,实际上就是代表事物的那些词句的意义,和那一个问题展开的步骤,有了正确的认识,方才可以形成一个问题。做到这一步,问题可算已经解决了一半。"可见,提出问题和形成问题是多么的重要。爱因斯坦也说过:"提出一个问题往往比解决一个问题更重要。因为解决问题也许仅仅是一个数学上或实验上的技能而已。而提出新的问题、新的可能性,从新的角度去看待旧的问题,都需要有创造性和想象力,而且标志着科学的真正进步。"爱因斯坦在这里不单说明了科研选题的重要性和关键性,也说明了科研选题需要有极强的创造性和丰富的想象力。其实,选题本身就是一种科学研究工作,选题过程就是科学研究过程。能不能选好题也是一个研究工作者研究水平和能力的重要标志。因此要求科研人员在选择某一课题时,必须具有该课题的相当的学识。尤其是提出既能适应现时需要又能反映未来发展方向的或者开拓性的选题,更需要有超群的想象力和创造精神。所以有时,单纯从研究方向和课题选择得是否恰当,就可以反映出研究工作者的业务水平和是否有远见卓识。

课题选择是一个艰苦的劳动过程。从初步选出课题到最后确定课题需要一定时间的调查研究、周密思考等艰苦劳动,并不是轻而易举就能选好课题的。但是也不应把科研选题看作是特别困难的。从图书馆事业的客观现实中存在着的许多亟待解决的理论问题和实践问题中,选择出研究价值可观的课题还是完全能做到的。事实也充分证明,许多研究人员都选择了相当好的题目。

一、选择课题应考虑的问题

1. 选题的研究意义

选择课题首先要考虑的是,该课题是否有一定的理论或实践意义,是否能对科学的发展及当前和长远的需要作出一些贡献。

图书馆学研究应着重于解决客观实际所提出的迫切问题,应当选择那些能够帮助我们圆满地、迅速地完成既定任务的课题。换言之,研究题目应该从图书馆工作实践和发展图书馆学研究的需要中产生,研究的成果应是有助于促进图书馆事业的发展和图书馆学科的完善。

为了能正确选择研究题目,就必须善于找出最关重要的关键性问题。要找到关键性问题,就要明确地看到当前图书馆学发展进程中所提出的目标,清楚当前的实际工作情况,所取得的成就和存在的问题,了解在这个发展进程中所具有的条件和能使用的力量。

在图书馆事业中,所谓关键性问题自然是相当大的问题,是靠许多人的集体力量和共同协作才能解决的。但总的问题可以分为许多小问题或总问题的组成部分去进行研究,并且可以从各个不同角度,采用不同的方法,利用不同的研究对象去研究。每个单位和每个研究者都可以在总的问题中找到自己力所能及的最适合于自己条件、能力、志趣和愿望的研究题目。

图书馆学研究虽然应当从当前图书馆事业的实际发展所提出的任务出发,但同时也不应忽视长远的基础理论研究。组织专门力量,进行长远的、专门的理论课题研究是完全必要的。但是,基础理论研究,一般说来要费时费力,不容易出成果,所以选择这种理论研究题目时,应当考虑本单位的性质、基本任务和特点,所具有的条件和力量,以及研究者的基础、经验、专长、志趣和能抽出的时间。不可不顾条件和可能来确定理论研究课题。

2. 选题的独创性和新颖性

确定研究课题,最重要的问题莫过于研究课题的独创性和新颖性。所谓选题的独创性和新颖性,就是指前人没有研究过的,而今人也没有开始研究的课题。要想使自己的课题具有独创性和新颖性,必须掌握国内外的研究水平和动向以及自己课题所处的地位,必须把研究课题选择在总结和发展过去图书馆学领域的实践研究成果和理论研究成果的基础之上。也就是说,在选题时,必须了解当前国内外图书馆学研究中,是否有人已经或正在研究类似的问题。如果是没有人研究过的课题,无疑具有独创性和新颖性;如果过去已经有人研究过类似的问题,就应该认真调查研究,仔细消化其研究内容,并进行批判性的分析,继承有用的成果,剔除其糟粕,提炼出自己的观点和方法,在他们的基础上确定自己的研究课题。这样的研究课题也具有独创性和新颖性。特别是在一项独创的新成果的基础上继续研究,更可以保证研究课题的独创性和新颖性。如果今人正在研究类似的课题,那就要慎重考虑。必须考虑自己课题研究的内容,研究的方法,研究的对象与类似的研究是否有区别,有什么区别,是否有先进性,先进的程度如何。如果没有比较大的差别,没有比较大的先进性,就要冒重复劳动的危险。所以最好不要选择这样的课题。当然,如果该选题确实价值很大,而且研究速度又能超过别人,也不是不可以考虑的。

我们要求选题的独创性和新颖性,不是一味追求离奇,更不是选择没有理论价值和实用价值的荒诞的课题,而是要求立足于图书馆学研究的前沿,有所创新,有所创造,有所前进。虽然科研成果的水平有高有低,贡献有大有小,只要不是重复别人的劳动,有一定的新意,这样的课题一般都具有独创性和新颖性。

3. 客观条件是否允许

客观条件加上主观条件是可行性的依据。只有客观条件允许,客观环境适应,才能顺利开展研究工作。所以研究者在选择课题时必须充分认识客观条件的重要性,对客观条件有足够清醒的估计,否则研究工作很难顺利进行。

客观条件主要指:研究经费是否有可靠的来源;必要的图书资料和设备是否充足;是否有足够的研究时间;地点是否适宜;协作问题是否能解决;主管部门和单位领导是否支持等等。

4. 研究者的力量是否足够

研究者一定要对自己的研究能力以及自己的长处和短处有清醒的认识。选择难度小的课题,取得的成果比较小;选择难度大的课题,不容易完成。特别对于刚刚从事研究活动的青年工作者来说,不宜把课题选得太大、太宽、太复杂。正如 W. I. B. 贝弗里奇指出的那样:"初学研究工作的人最好选择一个很有可能出成果的题目,而这题目当然不能超过他的技术能力。成功是对进一步发展的有力推动和帮助,而不断受挫则可能起到相反的效果。"所以,如果研究者选择的课题难度超过了自己的技术能力,就会出现:虽然搜集了大量的资料,却不知从何下手进行分析;或者由于难度太大,久攻不下,最后导致失去信心,半途而废。在一般情况下,研究者的基础打得越宽越牢越好,而研究课题越具体越好。这样容易攻破,增强对研究工作的兴趣。

应当肯定,科研工作必须在个人独立刻苦钻研的基础上进行,缺乏个人钻研,任何研究工作都不会取得成绩。但是这完全不应该理解为研究工作只能个人搞。事实证明,科学研究可以个人做,也可以集体做。对有些问题以及在某些具体情况下,个人研究可能方便些。但对有些项目,如牵涉到较广泛的调查或较复杂的实验或工作量很大的研究项目,只能集体做。当研究工作由个人做的时候,也不应忽视集体的作用和相互协作问题。个人所见毕竟是有限的。所以在选择题目、设计方法、分析问题、写出论文初稿时,都应当举行一定的集体讨论,以便集思广益。

5. 研究者的心理因素

除了国家或有关部门提出的任务性课题外,题目最好由研究者自己选定。因为这样可以最符合他的志趣或者就是他平时最关心的问题。这样的课题,研究者最熟悉,兴趣最大,本人考虑的时间最长久,也最容易发挥他的创造性和想象力。由于题目是自己选定的,就更容易激发研究者的热情和信心,因此会比研究别人的建议或设想,有更大的毅力和责任感,积极地把它做完,甚至经过多次失败也不灰心。

当然,选题不应单从兴趣出发,首先应考虑客观的需要。不过只要与需要不产生重大矛盾,尽可能结合研究者个人的专长、经验、兴趣和愿望,会激起更大的研究积极性。有时由于客观需要,题目必须是指定的,那么专心研究也会培养出兴趣和新的愿望来。而且有些条件,包括研究者的水平、经验和专长也是可以经过努力创造出来。所以不应该过分强调个人的兴趣,而主要看工作的需要。

二、课题的可能来源

图书馆学的科研课题来源不外是上级下达、外部委托。这两种课题均系任务性质的。还有学术团体的征文,个人自己选题,学位论文选题等等。后三种来源的课题有一定自主性。

在此仅就个人自己选题的来源,或者说从什么地方寻找和发现科研课题简述如下:

(1)从国际国内图书馆事业发展的进程中,从图书馆事业的各种方针政策、条例、规程、标准、规定或分类法以及其他各有关政策法令方面的文献中,发现研究课题。

(2)从图书馆实际工作中发现课题。实际上,取得研究课题更有成果的途径可能就是那些来自图书馆日常工作中的问题。所以每个研究者,平时应该注意观察了解图书馆日常工作情况,从其中大量的矛盾中发现选择自己的研究课题。

(3)从整理古籍和历史文献中发现研究课题。古籍中的研究课题应该是有一定专长的人才能承担。但是历史文献的研究却是很多研究者比较合适的研究内容。历史是一面镜子,研究历史可以指导当前的工作。历史文献中有许多很好的研究题目。

(4)从阅读启迪中选择课题。有的研究者在期刊上读了一篇学术论文,特别是有争议的文章,或是读了一种专业书籍,特别是最近新书,或是读了学术研讨会的纪要或论文集,受到启发,受到鼓励,进行积极地有条理地思考,从而形成了自己的研究课题。

(5)从以往的专业知识的疑问中选择课题。有些研究人员在他们过去积累的经验和教训中,或在受图书馆学专业教育时没有得到解决的疑难问题中选择一些研究课题。

(6)有些论文或高级研究报告,作者往往提出某些有关问题尚需再度研究,也是研究课题的一种来源。评论性的文章也可能提出当前急需解决的研究课题。

(7)偶然的发现也可能是新研究的可能起点。例如,研究中偶然碰到一个不可理解的问题,有时需要脱离原来方案另行研究。这就是一个新课题。

(8)与同行进行非正式的交谈或是听了在会议上发表的演说

也可能引起对某个问题的好奇心。这样发现的问题不论是初次遇见还是已经遇见过多次，都可能有必要进行深入探讨，成为科研的选题。

（9）其他感兴趣的问题。

第二节 查阅文献

查阅文献是图书馆学研究的重要步骤，是选题确定后要集中精力去做的一件事。当然，确切地讲，查阅文献应在最初拟选题目时便开始，经过初步系统的文献查阅才能把研究题目基本上确定下来。题目确定以后，就要更深入地查阅文献；到搜集资料和分析研究阶段，仍然要反复查阅文献。有些人贪图省事，进行研究而不先查阅文献，以为可以节省劳动，岂知恰恰会浪费更多的劳动。

一、查阅文献的目的

（1）通过查阅文献，了解前人对本问题或有关问题的研究状况，避免不必要的重复，避免重蹈前人的故辙，以便在最先进的科学成就基础上进行自己的研究。通过查阅文献，还可以了解本课题是什么更大课题的组成部分，与相关课题是什么关系，目前有什么理论予以指导，从而确定自己课题的研究范围，看出本课题完成以后的实用价值和理论意义。

（2）通过查阅文献，可以了解本课题的研究有哪些可用的或可参考的资料和科学理论根据，特别是马克思主义经典作家的论述等等，以便无遗漏地对有关资料全部加以利用。我们不应放弃任何有关的资料，甚至是价值不大或错误的资料。

（3）通过查阅文献，可以吸取前人类似的或同性质的研究中建立假说，选择研究方法和进行分析概括的经验教训。也就是说，查阅文献不仅帮助我们了解前人的研究情况以及可能获得什么资料,同时也对建立假说,选择研究方法和分析概括提供有力的启发,预防前人的错误。广泛地参考各近似研究所采用的手段,了解其优缺点及成功失败之处,才能使自己的研究超越前人的水平。

(4)查阅文献有助于熟悉相关学科领域各方面的情况,最新的动向和进展。广博的学术眼界是研究工作取得有价值成绩的必要条件。科学工作者应当熟悉比自己所从事的科学研究更广泛的领域的发展情况。这要通过阅读一些文献综述、文摘和研究动态一类的文献才能达到。

二、查阅文献的步骤

1. 普查

查阅文献的第一步工作是对有关资料作初步普查。普查之前应考虑需要查哪些主题,然后一一系统地进行。普查得越全面且无遗漏,对研究工作就越有利,走的弯路就会越少,越能把一切可利用的先进科学成就运用到自己的研究中去。

虽然现代文献检索中,随着电子计算机的应用和各种专业数据库的建立,机检正在广为利用,但是对于较小的课题,特别是图书馆学研究,多数还是采用手检方法。所以,下面仅就手检普查做一些介绍。

普查首先依靠各种书刊目录和资料索引等检索工具进行。如果是利用图书目录,应从分类目录入手为宜,系统地查看有直接关系的类别之后,再查一切可能有关的类别。一般可以从最近查起,再到年代较远的。如果有主题目录和专题目录,更应尽量利用。如果查阅期刊论文,可查阅期刊的年度目录,一般登在每年的最后一期上。各种资料索引多数采取分类编排的形式,应以分类索引入手,再及其他索引类别。

其次,各有关方面的专业文摘、文献综述、述评、图书介绍或指南、研究工作动态,以及各种有关的档案目录,对查阅文献都是很有参考价值的。

此外,各有关书籍(特别是专著)和论文后面附录的参考文献,对文献查阅都可提供重要的线索。有些学术性著作还附有重要参考书籍提要,把有关图书的内容加以简单的介绍。总之,查找文献是图书馆工作人员的基本功,其方法和途径较多,不难掌握。

为了使查到的文献记载无遗,且便于检阅,应当随即编制自己的文献目录或资料索引。其方法是把查出的一切可能有参考价值的资料分别登记在一定规格的索引卡片上。卡片的形式如下图:

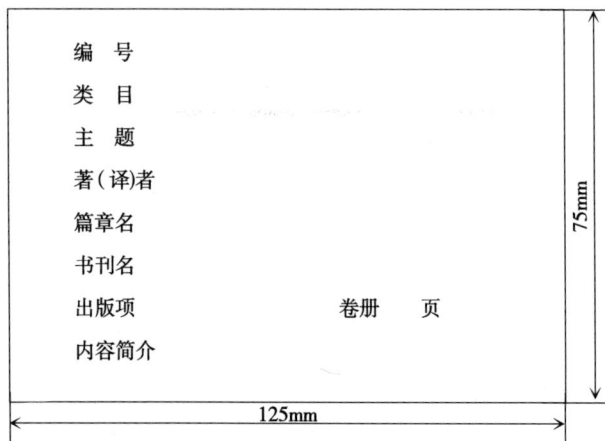

```
编  号

类  目

主  题

著(译)者

篇章名

书刊名

出版项              卷册    页

内容简介
```
75mm
125mm

采用这种卡片,可将项目印刷在卡片上,也可以使用空白卡片,在相应的位置填写各个项目。填写说明:

编号:指卡片的编号。可采用适当的系统自行编写,以便排列。

类目:指索引细分的类别。

主题:用简明的文字说明资料的具体内容。

著(译)者:要登记全名,如果是外国人,用括号注明国别。

篇章名:指原书章节名,刊物上的文章登记文章名。

书刊名：上述章节或文章所在的书刊名。

出版项：指出版社及出版年月。

卷册页：整册书列出全部页数。如果是篇章，列出其所在的页数。

内容简介：用简洁的文字，尽可能全面而具体地把资料内容介绍出来（主要包括资料的范围和提供的结论）。正面写不完，在背面继续写。

2.选择

查阅文献，首先要查出有哪些可用的文献存在，这是普查，然后从中选择重要的和确实可用的，分别按照适当的顺序去阅读。"查"是为了阅，只"查"不阅是没有意义的。但是查一件，阅一件，也是不妥当的。这就要在阅读之前，下一番选择的工夫。选择时，可首先看文献的题名，题名会在一定程度上告诉我们文献的内容。但要注意，有的题名与内容不一定完全相符。其次，有些目录和索引附有内容说明，有些论文有文摘，有些著作有书评和介绍，都可以用来了解文献的内容，选择文献，进行阅读。

3.阅读

在图书馆学研究中，要阅读的文献很多，不能采取通常读书的方法，把每一件都从头到尾系统地阅读一遍。为了节省时间，提高效率，就要掌握正确的阅读方法。科研阅读文献的方法可分四步：

（1）"侦察"。"侦察"是为了寻找所需要的资料，是查阅文献首先采取的阅读手段。在侦察之前，必须明确要寻找什么资料。文献到手，翻阅一下文献的目录和导言，如果是期刊论文，要看一下摘要；了解一下全篇的范围、结构和特点，然后迅速地看一看全篇或有关部分的内容，看有没有所要寻找的资料，内容上是否大体符合要求。侦察不是逐句阅读，只是走马看花，要在有限的时间内翻阅较多文献，大致了解各文献的基本情况，选择其中有用部分，以便进一步阅读。

忽视首先侦察这一步,会把时间不必要地花费在阅读关系不大的东西上。有效的侦察,关键在于有明确的侦察目的。这就要求,在侦察之前,应向自己明确地提出要完成什么任务,解决什么问题。只有有了明确的目的,才能把自己的注意力集中到一个具体的对象上,才有可能敏锐地感知它。

(2)浏览。浏览是为了了解文献的全局情况,为细读作好准备。对经过侦察认为有阅读价值的文献,应对可能有用部分浏览一番,一方面掌握其全貌,确定它对自己的研究有什么参考价值;一方面分辨出重要的部分,以便再作细致的钻研。浏览是高速度的阅读,只求大略了解其基本内容和特点,不要求掌握、理解或记忆其中的具体内容。总之,浏览不应占用很多时间,速度要快。有时,可以首先浏览书的导言、第一章和最后一章,因为这些部分往往将著作的目的,讨论的问题和得出的结论提出来。经过浏览,可以分辨出哪些部分需要细读,哪些部分可以一掠而过;同时也可以使下一步细读得以从大处着眼,抓住关键的来龙去脉。忽视浏览这一环,不仅会造成时间和精力上的浪费,也会影响阅读的效果,使阅读只见树木不见森林。有人觉得阅读不容易抓住关键,找不到重点,正是忽视这一步的结果。

(3)细读。细读或精读是为了深入地和正确地理解文献有用部分的内容,掌握作者意图的精神实质,并给予恰如其分的评价。为此,在细读过程中,必须积极地运用自己的审视力和判断力,切忌消极地死记内容。"学而不思则罔",应当边阅读,边进行推敲,同时应把文献内容与自己的研究任务联系起来。细读的速度要随具体内容而异。对关键性问题或疑难之处可以慢些,必要时可以反复阅读,把内容弄懂弄通;对简明的地方或次要的内容可以快些,尽量节省时间。

(4)作笔记。搞科学研究工作是不能全靠记忆的,遇到有用的资料应作一定的记录。侦察时没有记笔记的必要,因为目的只

24

是寻找所需要的资料。如果发现有参考价值的资料而不打算随即进行阅读，可把情况记在索引卡片上。浏览时，一般不必记笔记，但如果资料是自己的，可以用铅笔在需要细读的地方作一定的记号，以便下次阅读时不致忽略。如果资料不是自己的，可夹上纸条，在纸条上写上批语或记号。

记笔记应当在细读之后，认为确有摘取的价值时，才开始。一般说来，需要将内容的关键部分和精华所在予以消化，然后再作笔记。笔记可分为"摘录"、"摘要"、"评论"、"提纲"等几种。

"摘录"是将以后可能需要直接引用的重要内容按原文一字不漏地（包括标点符号）抄录下来的一种笔记形式。它不应占很大比重。"摘要"是将有用的内容要点或思想观点用自己的语言复述出来、记录下来的一种最常用的笔记。它可以扼要地记录，也可以较详细地复述，但要忠实于原著。"评论"是对文献的全部或某一部分、某一人物进行评价，提出看法的一种笔记。"提纲"是指用纲要的形式，将论点或基本内容提取出来的一种笔记。四种笔记形式是互相联系的，使用时可以结合起来。

作笔记应该注意以下几点：

（1）必须深刻理解原文，特别是与研究课题有关的部分更应领会深透。不论任何一种笔记形式都要搞清原文真意之后，才能作笔记。只有对原文内容深刻理解了，才能保证笔记不会歪曲原意，才能使"摘录"、"摘要"可靠，使"评论"、"提纲"准确。

（2）掌握各种笔记形式的特点。摘录是按原文抄录，不能有任何修改、遗漏或错误。如摘录时省略中间文句必须加省略号。如果原文有错误或遗漏，仍照原样记录，但在误漏处后面用括号注明"原文如此"的字样。摘录内容只应占搜集资料的一小部分，只有需要直接引用或作精细研究的资料，如关键性语句、证据、数据、有必要加以考据的或非常重要的资料，才作摘录。摘要用得较多，但一定要反映资料的内容要点。提纲一定要概括原文内容。评论一定要切中要害,褒贬分明。

(3)记录形式要整齐划一。作笔记要采用整齐划一的记录形式,例如用固定符号标明笔记内容是摘录、摘要,还是评论或提纲;在固定的位置书写名称、类目、出处等内容;资料出处一律注明著者姓名、出版单位、地点、时间及页码等等,如果是译著,还应注明译者姓名。如果是档案材料或未发表的资料,要注明原件的存放地点,原件编号以及原件产生的时间、地点等等。如果文献是图书馆收藏的,应记录书刊的索书号或卷期号。也可将资料复印、翻拍、剪贴在笔记上。如资料上图表或图解有助于说明问题,应该附上。

(4)一律用卡片或活页记录。为了便于分类、排列、整理、补充和查找,作笔记应一律用卡片或活页记录,并且每张卡片或活页上不记录两条以上的内容。如果一条内容占用两张以上卡片或活页,应在每张上都书写名称,并注明(用括号)顺序,在最后一张上标明"续完"字样。卡片或活页要采用规格尺寸相同的纸张做成。

(5)文字应当讲究。无论是摘要,还是提纲、评论,文字都应当简洁、通顺、清楚、明确,不应有含混模糊之处。可以用速写符号代替经常出现的词句、术语、名称等等;只要不致产生误解,也可以用不完整句或缩略语。为使记录准确,记录后应进行仔细校对。

(6)为便于查找和补充,必须对笔记进行分类排队,使之系统化。

以上就是查阅文献这一步要做的工作。在查阅文献之后,还应进行某些必要的调查。调查的内容主要是没有形成正式文献的研究成果和情况,如前人研究并未形成正式文献的研究成果或今人正打算研究或只做了初步研究的情况。还要粗略调查本课题研究对象的大概情况。调查方法请参阅本书第二部分第二章。

第三节　提出假说

　　人类的任何活动,都具有预定的目的性。人类在认识世界和改造世界过程中的一切活动都不是简单地取决于外界的消极过程,而是一种积极能动的创造过程。人们在做一件事之前,在头脑中就预先做出了关于这件事情的预言或猜测。开始并不能完全准确地肯定应该如何去做,但是,根据自己的经验和知识,或者通过调查了解有关的资料,在头脑中往往形成了一个解决问题的初步猜测或设想。这种猜测或设想就是我们说的假设或假说。科学研究中,为了探求客观真理也往往对某些未知的规律或事实进行必要的猜测或设想。凡是以客观事实和科学知识为基础,对自然现象或社会现象中尚未揭示的规律或事实进行的有根据的猜想,都是假说。它是科学研究使用的一种特殊手段。

　　图书馆学研究在课题已经选定并做了大量文献查阅之后,当确定研究工作的技术路线时,往往要对所得到的资料进行一些推测性的解释或猜想,这就是提出假说。然后,根据这些假说再深入研究,验证和修改假说,直到达到预定的目的,即找出事物的本质性规律,或上升为正确的理论。人们的科学研究实践证明,形成假说是科学研究活动中的基本程序之一,是研究工作者最重要的思维方法,也是研究工作中十分重要的智力活动形式。

一、假说在图书馆学研究中的作用

1. 假说指示了研究方向

　　假说的提出可以使研究工作有明确的方向和目标。在某种意义上说,科学研究就是验证、修改、补充或否定假说。有了假说,就能指引研究人员沿着某种路线达到研究的目的。

2.假说可以引发研究兴趣

因为假说能把事物看得更深刻,所以如果有人提出了某种崭新的假说,就会激起人们追求真理的热情,引发人们强烈的研究兴趣。

3.假说是获得新知识的工具

有了假说,我们就可以假说为起点,展开研究工作,通过假说的各方面研究,验证它所预测的结果,就可以从中发现新知识、新理论。

4.假说是理论思维的一种形式

人们在实践活动中,积累了一定的事实资料,经过研究和推理,建立了假说,形成了理论观念。在检验假说的过程中又会引起新事实的积累,新事实的发现,或者是证实原有的假说;或者是仅仅证实了原有假说的一部分,此时就必须修正原有的假说;或者是推翻原有的假说,这时就必须提出另一个假说。如此循环往复,最后导致科学规律的发现和可靠理论的建立。可见,假说在人类思维中起着极为重要的作用,是理论思维的形式之一。

5.错误的假说,有时会导致意外的发现

科学史证明,人们为了验证某个假说,要做大量的研究工作,如果最后证明某种假说是错误的,那么正确的假说往往会从反面诞生。所以,大胆地、有根据地提出假说,即使是错误的假说,对科学研究也有促进作用。当然,不能无根据的乱提假说。

二、提出假说的方法

对于不同的课题和研究工作的不同阶段,提出假说的具体方法可能并不相同,归纳起来,大体上不外乎有如下几种:

1.由特殊到一般的方法

把在特殊情况下已被证明是正确的思想或事实,提高为一般情况下的假说,是提出假说的一种比较重要的方法。例如,通过查阅文献或调查获得的某种思想或事实,甚至某个经验公式进行推广而提出假说。当然,把一种观念从特殊情况推广到一般情况是否正确,仍然需要验证,这正是假说的特征。

2. 类推方法

有许多现象和过程,具有很好的对称性和相似性。利用这种对称性和相似性可以提出假说。

如果已知在对称的一面某个结论是正确的,那么,在对称的另一面类似的结论也可能成立。如果已知在情况甲时结论 A 是正确的,又知道乙与 B 分别和甲与 A 相似,于是自然想到在情况乙时结论 B 也可能是正确的。研究者可以利用这样的类推方法提出假说。

一般说来,人们对于所研究的对象愈陌生,就愈希望拿熟悉的事物、过程和规律来和它类比。许多本质上不同的现象,只要它们符合相似的规律,就往往可以运用类推方法提出假说,进行深入研究。不过使用类推方法一定要注意类推事物的特殊本质,因为有些看来相似的事物,实际上并不相似,所以使用类推方法要谨慎。

3. 分类归纳方法

将在查阅文献或调查中获得的事实分类归纳并进行排列整理,从中找出某些规律,以这些规律为基础,对某种未来事件做出猜想或预言,提出相应的假说。这正是图书馆学研究经常使用的提出假说的一种方法。

假说尚可分为理论假说和作业假说,上面所说的都是指理论假说而言的。在形成理论假说之后,还要建立作业假说。作业假说就是把理论假说化为最简要素,这些最简要素是可以通过观察测量直接得出结果的。例如,如果我们采用调查法来研究,理论假说作出推断后,作业假说就把理论假说的推断,化为具体的调查项目,这些项目可以综合地反映理论假说并能列入调查表进行调查,可以用具体事实或数字来回答。

三、提出和应用假说的注意事项

为了使研究工作顺利进行,提出和应用假说必须注意以下几方面的问题。

1. 必须以唯物辩证法为指导

在科学发展过程中,有不少研究者提出了错误假说并顽固坚持是由于他们的世界观和方法论错误造成的。所以,为了提出和应用假说,必须以科学的世界观和方法论为指导,即以唯物辩证法为指导。

2. 必须以事实为基础并用事实来检验

任何假说都必须从事实出发,以事实为根据,不能凭空想象出假说来。但另一方面,我们也不要等待事实资料全面系统地积累起来之后,才提出假说。因为事实资料全面系统积累起来了,从这些资料中总结出来的就是真正的理论了,而不需要提出假说了。实际上,全面系统地积累起资料是不可能的,所以假说在一定事实资料基础上就可以提出了。

假说一旦形成,就必须用事实来检验。所以当假说与我们观察到的现象或调查研究结果不相符合时,或者截然相反时,最好放弃原来的假说或者进行修改。但是,对于与事实未发生矛盾的假说,则必须承认它们。

3. 假说必须能解释已有事实并预言未来事件

我们知道,形成假说是为了揭示现象之间的规律性联系,并能对已经发现的各种有关事实资料给予正确的解释。不言而喻,如果所形成的假说无法解释已经掌握的有关事实资料,那么,这个假说就是毫无意义的。与此相反,如果一个假说能够对已经得到的现象作出满意的解释,就证明它是正确的。因此,任何一个假说,对已知现象的解释范围越广,则越好。当然,一个假说对于有关事实的解释,要做到完美无缺是很困难的。如果对于少数个别的事实还不能作出圆满的解释,可以等待进一步的研究,不一定要立即怀疑或否定现有假说。

此外,还要求假说必须能够预言某些事件的结果。如果我们根据某个假说对某一事实的结果进行预言,而发生的事实否定了这个预言,则表明该假说的预言,乃至假说本身是错误的,应该予以摒弃;反之,如果假说的预言为新的事实所证实,则表明这个假说是正确的,必须予以承认。

4. 充分运用已有理论,不受传统观念束缚

我们知道,形成假说是人类认识扩大与深化的过程,因而,科学的假说不能与科学中已被证实了的理论相矛盾;恰恰相反,应当运用和遵循已有的理论。另一方面,我们也应该认识到,许多现有的理论,并不一定都是完美的。特别当现有理论与新的事实发生矛盾时,就表现出了它的缺陷。此时,就不要抓住已经被证明无用的假说或理论不放。然而,错误的传统观念往往形成了牢固的习惯势力,并不是很容易突破的。这就要求研究者在形成新的假说时,要有革新的勇气。

放弃错误观念,不仅仅是针对现有理论观念而言,而且对于自己研究工作中正在进行验证的观念,也应该如此。因为一些根深蒂固的错误假说,不但不能带来收获,反而阻碍研究工作的进展。如果不及时放弃,将会白白浪费时间,而且还有可能使研究者失去一些重要的新线索。

5. 正确对待不同的假说

对待与自己假说相对立的假说,应该采取摆事实讲道理的态度。寻找充足的根据以证明自己假说的正确性和可靠性。在相互的争论中,发现真理,发展真理。

在实际研究工作中,经常是提出一系列的假说,并选择可能性最大的进行检验。如果检验结果证明该假说不正确,再转向其它假说。特别是在两种完全相反假说相对立的情况下,往往否定一

个假说的事实,恰好是另一个与之相对立的假说的良好佐证。所以,研究人员不要固执于某一个假说,而应该对所有假说都采取科学的态度。

第四节　选择方法

当我们已经查阅了必要的文献,掌握了有关的基本理论,熟悉了前人对本问题已做过的研究并提出了假说之后,便开始确定用什么方法来研究自己的问题。换句话说,就是选择什么方法来搜集、分析资料,寻找规律,证实情况,检验效果等等。

众所周知,做任何事情都应该讲究方法,方法正确,才能事半功倍。科学研究工作也是如此。没有正确的研究方法,就会在研究工作中常常碰壁。毛泽东同志指出:"我们不但要提出任务,而且要解决完成任务的方法问题。我们的任务是过河,但是没有桥或没有船就不能过。不解决桥和船的问题,过河就是一句空话。不解决方法问题,任务也只是瞎说一顿。"科学方法是科学研究的三要素(研究人员、研究方法、研究对象)之一,其主要作用在于它能引导研究工作沿着正确的方向走下去,不致误入歧途。如果我们选择了适合本课题的科学的研究方法,就能加快研究速度,提高科研质量,取得高水平的研究成果。如果选择了不适合本课题的研究方法,很可能得不出正确的结论。即使能成功,也要费时费力,多做许多多余的工作,成果也不一定很理想。

由于图书馆事业的现状和发展是极其复杂的,图书馆学又具有对多学科的依赖性和相关性(或者说,它的背景学科很多),所以我们可以从不同角度、多侧面、多层次地对图书馆现象进行多变量的研究。研究课题的多种多样,决定了研究方法的多种多样。目前,仅就我国和美国、前苏联图书馆界认定的图书馆学研究方法就有 50 种之多,其中用途较广,使用价值较大并代表发展方向的研究方法也有 20 种(详见本书第二部分)。这些方法都有自己的特点、长处、特有功能和适用范围,研究者必须根据自己课题的特殊性质,恰当地选择研究方法,才能使自己的研究工作取得最好的研究成果。

一、选择研究方法的主要根据

研究方法的选择,主要根据方法本身的特点和研究任务的具体要求来综合考虑。有时一种方法的选择很容易断定,有时方法的挑选要通过论证,甚至靠实际应用才能做出决定。

1. 根据课题的性质和研究对象的特点来选择研究方法

研究方法必须最适合于研究内容的性质和研究对象的特点,最能全面地揭露有关现象的矛盾及因果关系。通过它最便于搜集资料和处理、分析资料,最能完善地反映研究对象的规律性。我们知道,研究课题本身总是明显或内在地对方法有一定的要求,这种要求是受课题的展开以至要达到的最终目的所决定的,所以方法的选择要服从研究课题的需要。

2. 根据研究方法的特点和功能来选择方法

每一种研究方法都有自己的特点和适用范围,都有自己的长处和短处,所以选择方法时,就要根据其特点、适用范围来选择。并且要扬长避短,充分显示出所选方法的活力,使其发挥出最大的功效。

3. 根据方法与课题的吻合程度来选择方法

每一个课题都为研究方法创造了发挥其功效的环境,但是各种方法的功能与课题性质的吻合程度有很大不同。选择方法时,要分析科研课题为某种方法创造了怎样的客观条件,以使该方法能够顺利地发挥自己的长处。而对另一种方法就没有创造必要的客观条件,使用这种方法就很难取得良好效果。我们要从中选出与课题吻合程度最好的。

例如,我们的课题是研究人们过去的实践和思想:如对某一时期图书馆事业发展状况的研究;对某个图书馆学家的理论或观点的研究;对图书馆理论与实践的评价;对国外图书馆学发展状况的分析等等。我们选择什么研究方法呢? 因为这些课题是研究历史上的事物并且是通过对过去的事实的不同形式的记载去恢复过去的事实以供研究的,而历史研究法的基本特点又在于通过分析研究过去事物运动形式来认识事物的发展规律,继承前人创造的经验和成就,吸取前人的经验教训,使之"古为今用"的。所以,以课题的性质,历史研究法的特点及其相互吻合程度来看,研究人们历史上的实践和思想,选择历史研究法是完全恰当的。

但是,如果我们的研究课题中的研究对象是能够直接接触的,而且所研究的现象能全部被控制在研究者视野之内的,我们就可以采用观察法。如图书馆借阅台前读者和工作人员的关系的观察;阅览室内读者阅读心理和阅读活动的观察;图书馆工作人员的心理素质和劳动强度的观察等等。我们通过实地观察去了解实际情况,发现矛盾,摸清存在问题,从而达到解决问题的目的。

如果研究的现象不能或不便于全部被研究者所直接观察到,便需要用间接的方法去掌握实际事物。这种情况下,我们就选择调查法,通过谈话、填调查表、座谈等形式去搜集反映客观现实的资料。调查法的特点在于它能研究范围较广,牵涉时间较长的现象,并能得到比较系统的事实资料。

此外,如果研究课题所搜集的是数据型资料,我们可以选择统计分析方法、数学模型方法、比较方法等等。如果所搜集的是事实型资料,我们可以选用理性思维方法等等。

二、选择研究方法应注意的问题

1.有经验的研究人员都知道,没有一项研究方法是十全十美的。虽然，每一种方法，如果运用得当，都能在研究工作中有它的地位，为我们良好地服务。但是，在不利或不适宜的环境中，各种研究方法都会暴露出其方法学上的弱点。一种研究方法对于研究某一问题可能很合适，但拿去研究另外一个问题就不一定合适，有时甚至是完全错误的。如果选择或运用得不当，都可能出现严重问题。而且方法本身随着科学的发展也在不断变化，所以我们不应该把某一种特殊的方法看作是万能的，什么地方都适用的，而不去认真地选择。

2. 有时同一个题目可以运用几种不同的方法进行研究，这就要注意选择其中优越的方法，以便使研究结果达到高度的科学性。但由于研究任务和研究对象的特殊性质，有时只能采用某一种方法，所谓选择就不复存在。然而，在实际研究工作中，只有很少的研究课题仅依靠单一的一种研究方法来研究。客观事物是错综复杂的，一般都需要几种研究方法的配合使用，才能揭露事物的本质。我们应当善于按照具体情况，把各种研究方法配合起来，以便取长补短，最妥善地达到研究目的。在多数研究中，所谓某项研究采用某种方法，是指这种方法起主导作用，其他方法起辅助作用。

3. 研究过程中，往往在不同的研究阶段上，由于具体研究任务性质的差别，而要求采用不同的研究方法。例如，在开始阶段可用历史研究法去整理前人对这个问题作出的成就，用调查法了解现存的问题和经验，再用观察法去重点核对调查资料，掌握实际情况和发现问题，最后用实验法检验改进方案等等。

4. 如果是从其他学科移植研究方法，就要结合本学科的特点来移植。因为任何移植的方法都要随着研究对象的改变而变化，形成在本学科使用中的特殊性。例如调查法从社会学移植到图书馆学中就形成了与社会学中运用时许多不同的特点。目前，特别是对数学方法和系统论、控制论、信息论研究方法的移植，一定要吃透这些方法的实质和自己课题的特点，下一番制作改造的工夫，使之适合于图书馆学的研究,不能生搬硬套,弄得不伦不类。

第五节　制定计划

"凡事预则立,不预则废"。做任何事情,事先都应该有个全盘的安排或计划,没有事先的计划或计划制定得不好,就不能保证工作的顺利进行。为了使研究工作和有关的实际工作协调地配合起来,为使研究任务能按时完成,在其他研究准备工作做好以后,必须认真地制定研究计划。

一项研究计划是一篇描述将要进行的研究及其主要特点的文献,是对一项研究的全面说明,是一组计划好的研究活动的表达手段,也是这项研究能够圆满完成的策略。制定研究工作计划,就是根据大量文献查阅所得到的资料,吸收别人成功的经验和失败的教训,针对自己研究的课题,分析矛盾,选择突破口,安排工作任务进程,确定切实可行的技术路线的过程。

没有详细的研究计划,说明研究者没有事先对研究对象进行深入的分析,对研究过程没有明确的判断,对研究结果没有清楚的预测。简言之,没有研究计划,是对研究工作心中无数的表现。所以制定研究计划是必不可少的一步。

一、研究计划的作用

1. 好的研究计划能使研究人员明确研究目的,看清研究方向,了解自己课题的地位、意义和预想的结果,从而增强信心,鼓舞士气,为完成任务而努力工作。

2. 有了研究计划就有了科学研究的程序,研究人员掌握了每一步骤的先后次序,就能紧张而有秩序的工作,一步一步地达到研究目的。

3. 由于研究计划中规定了研究的内容和范围以及资料来源、研究方法等事项,研究人员就可以用较少的力量,花费最少的时间,集中精力于有限的范围内来完成研究任务。此外,研究计划能帮助研究人员对一项科学研究的关键阶段和重大难点作好充分的准备。

4. 如果是集体研究,研究计划能使研究者不仅了解自己负责的那一部分任务,而且能够掌握全局,知道自己的一部分在全局中的地位,从而加强协调行动,便于互相配合。

5. 研究计划可以向上级主管部门呈报,供审批,便于主管部门掌握进程,得到他们的支持和帮助。有了研究计划,也便于专家们在课题论证会上评审。

二、制定研究计划的注意事项

1. 从实际出发。制定计划必须正确的估计各种可能情况,一切从实际出发,不应单凭主观愿望行事。要根据文献查阅结果和实际情况的大略调查,要根据主客观条件来制定工作计划。只有从实际情况出发来确定研究计划,才能使计划建立在可靠的基础上,才能使计划是切实可行的,是能够实现的。

2. 计划必须是促人上进,只有经过努力才能达到的。不能把计划定得很松弛,轻而易举就能完成,计划必须催人奋进,促人向前,经过努力奋斗才能完成。如果计划定得标准很低,自然得不到高水平的科研成果。

3. 定计划必须留有余地。因为客观情况是不断变化的,在研究过程中,各种偶然情况都有可能发生,所以定计划要留有余地,不能定得太死,以便在一些预想不到的情况发生时,也能比较顺利的完成研究任务。

4. 要有初步的工作计划。在初步确定题目后,应当先拟定一个初步工作计划,最少包括:查阅文献、大略的调查、掌握理论、设计方法等几个步骤如何进行和完成期限。而总体计划需要在以上几个步骤基本完成的基础上去制定。如果题目刚确定,便立即凭主观愿望信手把计划制定出来,多半是不切合实际的。但另一方面,如果拖延制定研究计划,必然妨碍研究工作的开展或盲目地进行研究工作。

5. 在制定出总体计划之后,也应制定各种必要的具体工作计划(局部工作计划和各种技术计划),如研究方法设计、搜集资料计划、处理资料计划、分析资料计划和论文内容计划等等。

6. 要避免研究计划的错误是不容易的,有时甚至是不可能的。在具体执行时,有可能出现预想不到的问题和产生新的情况,这就必须修改计划,如补充必要的内容或删掉某些部分,改变研究方法,改变题目的名称等等。如果确有必要,对原有计划推倒重来也是允许的。但是要防止,遇到一点困难或忽然产生某个念头,就随便更改原来的计划。这种轻率行为是不可取的。

三、研究计划的内容

研究工作计划的主要内容应该是划分工作阶段与程序,明确每一阶段的工作任务和要求,估算每阶段需要的工作时间,确定研究的组织形式,列出研究人员之间的分工职责与合作项目,规定对研究工作开展状况的检查时间与方法,以及研究成果的形式、评价与鉴定,研究经费的预算等。现详述如下:

1. 研究题目

在计划中,首先要写明研究题目的具体名称。名称必须简单、具体、明确,并要同研究内容、拟完成的任务或准备解决的问题完全相适应。

2. 研究的单位和人员

由于研究单位和人员的学术水平、研究能力是完成任务的主要条件,所以计划中应写明:什么单位来完成,要用多少人员,人员的素质如何,是什么职称,以往有什么研究成果及在本课题中担任什么职务等等。

3. 研究的目的和意义

目的明确、意义重大才能使研究工作有方向有价值。在计划中应叙述研究的目的和意义,以及要解决的问题。

4. 研究对象和内容

研究对象是指该课题研究的是人还是物,是读者、工作人员还是图书、期刊、设备等等。研究内容是指某种人物的具体思想行为、心理素质、职业道德等表现,某种文献或设备的特征、性质以及和读者、工作人员的关系。这些也应在计划中写明。

5. 研究范围

计划中应指出研究的范围,它包括研究对象和资料的范围及获得的途径。一般说来,研究范围不宜过大,研究越精深,研究范围会越小。

6. 国内外进展情况

计划中应根据查阅文献和粗略调查结果,叙述国内外本课题和相关课题的研究进展情况,从而明确本课题的地位和作用。

7. 研究方法

在计划中也要列出拟采用什么研究方法,包括每个研究阶段采用的不同方法。把研究方法的轮廓进行概括的描述,但不必把方法的细节都列出来,因为那应该是专门另写的研究方法设计的内容。

8. 主要资料来源

在计划中,应列出主要资料的来源,即主要从哪些文献或档案,哪些观察或调查中得来。没有必要详细列出全部资料来源,只是表明是以什么资料为主要依据,说明资料来源是丰富而可靠的,以及指示寻找资料的可能方向或途径。

9. 研究步骤

在计划中要规定研究的步骤,估计各个研究步骤所需要的时间。如果是集体研究或牵涉协作问题,必须明确规定人员的具体分工和责任。

10. 完成日期

要根据课题的难度和主客观条件确定出最后完成日期。最后完成日期是根据每个阶段或具体步骤的完成时限,留有余地的确定的。

11. 所需条件

所需条件包括,需要的人力和经费,需要的资料、工具和设备,是否需要专用地点等等,并指明这些条件是什么单位或个人,在什么时间内解决。

12. 预想的结果

计划中要预计能取得什么成果,这个成果对图书馆事业,对图书馆学的理论和实践有什么贡献,能解决哪方面的问题,都是什么问题等等。

13. 成果形式

成果形式是指最后拿出的成果是研究报告还是科学论文,还是其他种类的文献或设备成品实物。

14. 单位意见

主要写管辖单位对本计划的意见。一般经课题论证后,由单位领导或技术负责人填写。

15. 上级主管部门意见

计划要送上级主管部门批准,列入年度或短期科研计划。此项内容由上级主管部门签署。

如果是个人自由选题进行的科研,或者自行组织的集体科研,就可不必有14、15两项内容了。

第六节　搜集资料

图书馆学研究工作必须占有十分丰富的资料,只有资料丰富,才能使研究建立在可靠的基础上,研究的结果才是可信的。所以,在完成一切准备工作,在选择了研究方法,制定了研究计划之后,便进入到研究工作的主体阶段——搜集资料阶段,这个阶段也是工作量最大的阶段。

搜集资料是按照研究任务和研究对象的性质和特点,采用一定的方法,搜集反映与本课题有关的事实材料和数据资料。

搜集资料的方法是各种各样的,这是由课题的特点决定的。科研课题确定之后,就要选择研究方法,所谓选择研究方法主要是选择搜集资料和分析资料的方法,例如,课题所需的资料是可以观察的,那么搜集资料就用观察法;如果课题所需资料是不能直接观察的,那么搜集资料可以用调查法;如果课题所需资料是以往时代的资料,就用历史研究法,等等。对于某些课题只用一种方法搜集资料就够了,但是,许多课题的资料搜集都需各种方法的配合使用。总之,某一课题的研究方法一旦选定,搜集资料的方法也基本随之确定。实际上,研究者在选择研究方法时,就已经将搜集资料的方法考虑进去了。

搜集资料要边搜集边进行分类整理。要做好分类整理工作,必须首先制定一个分类整理方案,随时将搜集来的资料按照既定系统,分门别类地排列起来,以便于将来查阅分析。有些资料在使用之前,还需要经过加工、核对、考证、挑选、汇总、统计等过程,以保证在分析研究阶段所用的资料是真实的、准确的和典型的。

必须指出的是,本步骤是搜集资料的主要阶段,但不应该认为只有在这一阶段才开始搜集资料的活动。其实,在查阅文献时,便应当开始注意搜集资料。如果做得好,查阅文献阶段就可以为搜集资料打下良好的基础。有些资料可以被直接利用,有些工作可为搜集资料留下宝贵的线索。当然,搜集资料的活动也并非在这一阶段终止,在分析资料阶段,根据需要,可能再搜集资料。甚至在撰写研究报告或论文时,还可能有必要进一步搜集一些补充资料。即使在课题完成以后,继续注意搜集本问题的资料也是有好处的,将来补充研究或进行相关课题的研究都是可能用得上的。总之,要抓住一切可能的机会集聚资料,将前人可供参考的资料继承下来。

搜集资料的具体方法,请参阅本书第二部分,特别是第一章到第五章和第十六章到第二十章。

第七节 分析资料

搜集充分的反映研究对象的资料是科学工作中一个极其重要的方面,但仅仅掌握了丰富的现象资料,并没有完成科学研究任务。科学研究的主要任务是通过对大量现象资料的分析研究,掌握事物的本质,揭示事物的规律性。

图书馆学研究中的分析资料,要根据资料的性质,分别采用不同的分析方法。例如对事实性的资料,可以采用理性思维方法,即采用分析和综合、抽象和概括、归纳和演绎等方法;对数据性的资料可以采用描述统计方法、推断统计方法或数学模型方法;对有些资料可以采用文献计量学方法、引文分析法以及心理学方法等等。对于某些研究对象可能以某一种方法为主,其他方法为辅,多数情况是多种方法综合使用。与搜集资料一样,一旦某一研究课题的研究方法选定了,这一课题的分析资料的方法也就基本上确定了。分析资料的方法蕴含在整个课题的研究方法之中。无论采用何种方法,分析资料必须以辩证唯物主义和历史唯物主义为指导,必须经过认真研究,反复推敲,从而造成概念和理论。

当然,分析研究也是一个逐步完成的过程,所以对资料的分析研究不应等待其他环节都已完成才开始,而应随着搜集资料的进行,随之进行一定的分析研究,并且根据所搜集资料的特点,采用更适合更先进的方法进行。

分析资料的具体方法,请参阅本书第二部分,特别是第六章到第二十章。

第八节　科研报告和科学论文的撰写

科研报告和科学论文是科学研究成果的具体体现,是科学研究结果的有条理的、翔实的、永久性的记录。进行一项科学研究,必然要付出人力、物力、财力和时间的代价,对于所取得的成果不论是大还是小,都应该有所记载,即便是不成功的研究,其教训也是可以供后人借鉴的,所以,每项科研到最后都要认真总结写出科研报告或科学论文。撰写科研报告和科学论文的意义还在于,科研人员通过对它的写作可以使研究工作和研究成果条理化、系统化;可以使一些若明若暗、似是而非的问题暴露出来,经过研究清晰起来、确定下来;可以发现以前满意和信服而现在不满意、不信服的问题,使研究成果得到提高和精确化;也可以产生许多联想,发现以前没有发现的新问题,使研究工作进一步深化。科研报告和科学论文写的好坏,直接影响研究成果的评价,直接影响对外交流,影响社会的承认、吸收和利用。写作科研报告和科学论文对研究者也是一个锻炼和考核。通过写作,不但可以提高研究人员的思维能力、写作能力及学术素养等的水平,而且科研报告或科学论文写的好坏也是研究人员研究能力的标志之一。所以科研人员对于图书馆学研究中这个最后程序要给予特别的重视，要下大力气，全力以赴地把科研报告和科学论文写好。

科研报告和科学论文，虽然就它们的性质、内容和作用来讲，都是科学研究工作的总结，但是又有一定的区别。研究报告是为了向上级或委托单位报告研究工作的进度和经过，为了形成历史性档案而撰写的学术性工作文件。它可以是一次研究工作的最终结果报告，也可以是进展到某一阶段的阶段性报告。如果没有其他限制，可以经过适当的修改，送交学术刊物上发表。而刊登在学术性刊物上的文章，就是科学论文。具体说来，研究报告比科学论文通常要更为详细。例如，题目的来历、意义，工作进展经过，详细的研究方法，数据处理和证明过程，以及研究工作中的经验教训等等，可以应有尽有地写入。它即包含研究工作者创造性的工作成果，也可以比较详细地写上重复别人的工作。但是科学论文则要求比科研报告更为简练。因为阅读学术性杂志的人都是本学科的"内行"，他们对该学科的一般基础知识和专著中已经写过的内容都了如指掌，所以科学论文仅仅突出地叙述该项研究工作中最精彩的部分、有创造性的成果也就足够了。重复别人的工作，并且得到同样类似的结果，就没有必要写入。如果为了与自己的工作进行比较，最多也只能略提几句。至于创造性的成果，虽然有大有小，但是凡是别人没有做过的工作，或者没有取得的成果，都可以写入科学论文。此外，论文不包括一般研究过程的叙述，也不要罗列过多的具体资料。撰写科学论文的目的在于说明研究的结果以及让读者了解这些结果是怎样获得的。不是让读者了解详细的研究过程和使用了哪些资料。总之，科学论文要求新颖性和独创性，必须对学科的发展有推动作用。而研究报告，则不着重于这些。

一、写作注意事项

1. 要及早开始，有明确的计划和提纲

44

明智的做法是，当研究工作仍在进行时就着手写文章。因为这时对每件事都记得很清楚，写起来就容易些。同时，在写作过程中也可能会发现某些互相不一致的研究结果，使之得到及时调整，或者联想起一些有趣的事实，使研究工作得以充实。

与写任何文章或著作一样，在撰写研究报告和学术论文之前，要根据所写的中心内容，列出写作计划或提纲。在没有草拟一个总轮廓之前，就不应该写各部分内容。编制写作计划或提纲是写好文章的必要条件，它好像是整个文章的骨架。其实在提出假说时就应该对论文或研究报告的轮廓甚至纲目具有一定的设想。论文内容的设计应紧接着研究工作计划的制定而开始，随着研究进程的发展而不断加以修正和补充，使这种设计逐渐发展为详细的提纲。当然，在具体写作过程中，事先编制的提纲，做些修改或补充也是正常的。

2. 要有明确的目的和主题思想

对于任何一种研究报告和学术论文，头等重要的是必须有明确的目的。例如，文章要论证的中心内容、基本主题思想、读者对象等等，都必须十分明确，不能有任何含糊不清。文章的各部分要说明什么问题，要讨论的基本内容，在整体的作用和地位，上下文的逻辑关系，都应该一清二楚。文章的整个叙述过程，都必须服从它的中心内容和基本主题思想，与这个基本主题思想无关的东西不应包括进去。

此外，在撰写文章时，首先必须对所想象的读者的特征进行认真的分析，要在自己的著作中处处替读者着想。作者必须考虑如何使读者不费多大力气就可了解本研究的意图，论文的主要内容和论点以及证据，所采用的资料等等。

3. 结构要严谨，层次要分明

撰写报告或论文时，必须依据事先拟定的写作提纲，始终坚持结构严谨，层次分明的标准。必须安排好先写什么，后写什么，要把问题阐述得清楚明白。要实事求是,有多少写多少,决不能拖泥带水。文章中引用的插图和表格,也应主题突出,说明问题,便于阅读。对于每一幅插图或表格,都必须有简洁的说明,并依次编号,放入正文中的适当位置。在插图和表格中,不应出现正文中没有叙述到的术语或符号。

4. 要有诚实的科学态度

撰写报告和论文,也要有诚实的科学态度。一定要客观地对待一切,时刻牢记要"敏于事而慎于言"。对于研究成果要客观地、真实地反映出来,既不要夸大,也不要缩小。对待别人的工作,要给予恰如其分的肯定,自己做了多少工作,就是多少工作,不能抬高自己,贬低别人。对有争论的问题,要摆事实讲道理,求得认识上的一致。

5. 题目要简洁明确

研究报告,尤其是科学论文的题目,应当尽量简洁明快。既要能够反映文章所论证的中心内容,鲜明醒目,又不能搞得复杂冗长,更不能文不对题。为了使标题能够确切地反映正文中所论证的内容,除了在写文章之前要仔细斟酌以外,在文章写好后,还要经过反复推敲选择,最后才能把论文题目定下来。读者需知,报告或论文写好以后再确定标题是常有的事。

6. 注意文字修饰

要正确使用语言,因为语言是交流思想的主要工具。文字修饰应该以文理通顺,能够准确表达思想为原则。虽然也应注意生动形象,但是不可华而不实,一切形容都应恰如其分,不应给读者造成含糊或错误的理解。此外,应注意文字的简洁洗练,罗列事实作为证明材料不能过多,要恰到好处,应毫不吝惜地删去不必要的说明材料和那些可有可无的字句和段落。

要强调,文章写好后,反复地孜孜不倦地进行修改,重要的文章要多遍修改,甚至修改十遍八遍,尤其是准备送交学术性刊物发表的论文,应该在论文写好后放一段时间,等头脑冷静下来后,再进行修改定稿。

7. 要善于征求和听取别人的意见

文章写好后,要主动征求周围同志的意见,运用集体智慧,消除文章中的隐患,堵塞漏洞。特别要注意听取老一辈图书馆学家的指导,也要注意听取水平不如自己的人的意见。听取别人的意见时,要坚持"以自己为主"的原则,仔细分析决定取舍,合理的部分采纳接受,不合理的部分作为今后注意。

二、写作格式

研究报告和科学论文的结构没有统一的格式,各人都有自己的习惯写法。下面介绍的是比较常见的写作格式:

1. 标题

标题是报告和论文内容的简洁代表,它应能准确地反映研究的性质和范围。标题要充分表达文章的内容,要用确切、简短的常用词汇,不要用模棱两可、笼统的词汇,以免模糊文章的主题。标题长短要适中,太短,不易使读者了解文章的内容,太长,使人不易抓住中心。标题应该醒目鲜明,使读者一眼就能看出文章的内容是什么。

标题之所以重要,是因为许多读者是通过标题来查找自己所需要的内容的。文章标题的读者要比文章内容的读者多得多,由于标题不恰当,使文章被搁置,甚至永远不能与读者见面是常有的事。所以,许多作者都十分注意论文标题的写作。有的文章还设立许多小标题,反映文章这一部分内容。这些小标题是读者的路标,而且每个小标题都要有承上启下的作用。

2. 作者

作者可以是个人,也可以是机关团体的名称。如果是个人,应在标注作者时写上服务单位。对作者有说明的事项,可用" * "引见于本页的下端。

如果是几个人合写的,谁的贡献大,谁应在前,贡献小的在后,依次排列。

3. 摘要

处在题目与正文之间的摘要应是以最概括、最简洁的语言写成的正文全部内容的概要。所以,要求作者在写摘要时,只用几个句子就能表达清楚。摘要应该包括:1)阐明该项研究工作的基本目的和范围;2)描述所使用的方法;3)总结研究成果;4)阐明基本结论。

一篇写得好的摘要能使读者迅速而又准确地了解文章的基本内容,决定他们对此文是否感兴趣,是否需要去阅读文章的全文。摘要是为那些工作繁忙而没有时间阅读全部有关文献的人使用的,学者们依靠这些摘要很快找到自己所需的文献。

摘要的重要性还在于,编辑人员(包括审稿人)首先要看摘要。在审稿过程中,摘要是编辑所要看的手稿中最重要的部分。最常见的情况是,编辑(或审稿人)往往在仅仅读了文章的摘要之后,就可能对文章作出最后的判断。如果摘要写得清晰简练,又概括了全文,论文便很容易被采纳。因为,就一般而言,一篇好的摘要的后面,往往紧接着是一篇好的文章。

摘要一般是在全文写好后写出的。如果论文在供国际交流的高水平刊物上发表,还应该把摘要以外文方式写出一份。

4. 引言

引言亦称序言、序论、前言等等。这部分内容主要是引出研究课题的理论与实践的来龙去脉。意在提供背景资料,以便使读者不必阅读有关此课题过去所发表的文章,就能了解和评价目前的研究成果。引言要求写得有特色,篇幅不能太长。

一篇好的引言,一般应包括下述内容:

1)尽可能清楚地提出所研究的问题的性质和范围,因为只有把问题是什么阐述清楚,才能引起读者的兴趣。

2）对有关文献进行评述，以阐明本题目的背景科学环境。

3）阐述研究工作的理论基础，以便把本项研究置于适当的位置。

4）阐明研究方法。如果有必要，还应阐述选择特定方法的理由。

5）阐述研究的主要结果或结论以及在图书馆学理论和方法上的实际意义。

6）为了使那些不熟悉本课题的读者理解本文，对于那些专门术语（指那些不常用的或不为人所熟悉的或是特殊用法的术语）给出定义。

7）如果作者认为适当，还可以列出本研究结果的局限性，以便引起读者应用本结果时注意。

有的作者把"引言"分成两部分写，即问题的提出（或缘起，写得比较概括）和发展现状（或文献评述，写得比较详细）也是可以的。

5. 搜集资料

这一部分和分析资料部分是整篇论文的主体，必须详细完整地写好。在这一部分，作者把注意力集中在说明自己是怎样攻研这个课题的，并列出有关的数据、资料，其中包括获得资料的方法。对搜集资料的全部步骤提出准确、详细的描述。例如，在什么时间，什么地点，用什么方法搜集资料，怎样鉴别和验证资料的可靠性，用什么方法记录、整理和加工资料。

这样详细地描述，可以便于更好地理解这项研究是怎样完成的，以使有能力的研究工作者可以重复这种作法。而且编辑人员（或审稿人）也很注意审查搜集方法的科学性，以及所搜集的资料和数据的可靠性。

6. 分析资料

这一部分要详细写明对于所搜集的资料是如何分析研究的。

对分析的方法要充分描述。如果是数据资料,先要用图表、数字等直观形式表达出来,然后进行统计分析或采用数学等分析方法。如果用描述统计,对于大家都较熟悉的普通统计方法,不需长篇叙述,只对先进的或特殊的方法进行描述或作为附录放在文后。重要的是描述和讨论数据的特点及规律性。如果是事实资料(也可能包括简单的数字),主要应该描述采用何种逻辑推理进行分析并作出判断的,并要使分析既要符合辩证法,也要符合形式逻辑。

7. 结果和结论

这部分是整个论文的中心,是整个研究的结晶。一般地说,文章的前几部分告诉人们,是为什么和怎样得到这些结果的。而文章的这部分则告诉人们结果是什么,或者说,这些结果的含义是什么。很显然,整个文章的重点必须落在结果这一点上。

这部分之所以重要就在于,这一部分内容是研究者贡献给世界的新知识,编辑(或审稿人)和读者都希望从这一部分中得知最新成果或发现的新规律。

一般说来,研究结果可能是数据、曲线、图表、公式或者是文字叙述的结论。但是也有的研究结果需要与以往的研究结果结合起来,归纳出几条结论。不论何种研究结果,都要准确可靠,结论都要恰如其分,令人信服。而且文字叙述应该简短精练。

8. 讨论

"讨论"这一部分的写法与其他部分相比,更难于确定它所写的内容。通常它是最难写的一部分。有时,虽然文章的其它部分都写得很好,且引起了人们的兴趣,但是由于"讨论"写得不好,或者没有把所得结果或结论的真正含义阐述清楚,那也会使论文被编辑部拒绝采纳,或为读者所贬责。有一些论文的"讨论"写得太长,或者绕弯子,使人读了迷惑不解,这是不好的。

写得好的"讨论",其主要特征应该是:

1)要设法提出研究结果或结论中证明的原理以及相互关系

50

的归纳性解释,阐述其重要性或意义。写得好的"讨论",应对结果或结论进行论述,而不是重述。

2)要指出任何例外的情况或研究结果、结论之间有矛盾的地方。并且应明确地提出尚未解决的问题,有可能的话应提出解决这些问题的设想或建议。

3)要指出研究结果或结论与以前所发表的著作或所得的结论的一致和不一致的地方,其原因是怎样的。

4)要大胆地讨论研究结果或结论的理论意义以及实际应用的各种可能性。

5)如果是由数学推导得出的结论,应写出检验的情况,看与实践情况符合的程度。

9. 感谢辞

在研究报告或科学论文的结尾处,以简短的文字,对于在该项研究工作中曾经给予帮助、参加讨论、审阅或提出批评建议的单位和个人,提供条件设施的单位和个人,表示感谢。这一方面是一种礼貌,另一方面,也是尊重别人的贡献和劳动。即使有的人作了少许工作,也应该表示感谢。感谢辞要在最后定稿时写入论文或者著作中去。

10. 参考文献

在研究报告或科学论文的正文之后,应该按顺序列出论文中所参考或引证的主要文献资料。列出参考文献一般有两种形式:一种是按顺序列出与正文对应的引证文献;另一种是无需依顺序与正文对应,只是集中罗列出来。前者意在出示引证,便于读者考证,后者是正文的补充读物,便于读者扩展知识。也有的将引文出处放在同页的下端,或称脚注。

参考文献的著录要按国家标准 GB7714 – 87《文后参考文献著录规则》和特定刊物的要求进行。参考文献所采用的格式,不同期刊要求并不一样,有些期刊要求标出文章题目,有些期刊则不要求这样做;有些期刊要求标出文章的页数,而有些期刊,只要求标出起始页码。有些期刊(特别是较低档次的)不要求列出参考文献,有时还要删除文章中已列出的参考文献。如果参考文献是期刊论文,其著录的通用格式为:序号.责任者.题名.期刊名,年(卷期):起止页码。如果参考文献为专著,其著录的通用格式为:序号.责任者.书名.版本.出版地:出版者,出版年.起止页码。如果是外文文献,要注意期刊名和作者名的缩写。如果有两位作者(或译者),则照录;如果两位以上,只著录第一作者,后加"等"字。

列出参考文献应注意以下几点:

1)一般说来,只有那些正式发表的文献才能引用,尚未发表的或正在印刷中的文献,不要列在参考文献中,因为读者无从查考。但是如果某种未正式发表的文献确实重要,在征得作者同意之后,也可以引用并列人参考文献,还可用附带说明方式或作为脚注放在正文中。不过,这毕竟是少数。

2)只有自己参考过的重要的文献才能引用。不要列入与本文无关,或自己根本没有读过的文献。

3)在送交稿件前,对每一篇参考文献的所有著录项目都应与发表的原文进行核对。因为,参考文献部分有时比其他部分出现错误的可能性更大。

4)明智的作者最好把所有参考文献都完整地著录在统一规格的卡片上。有了这样的工作基础,以后在编排参考文献时,要删去某一文献或增加某一文献,将会很方便。即使准备投交稿件的期刊是使用简短格式的,那也应该以完整的格式列出参考文献,这是因为:当稿件被某一期刊拒绝,想要投送另一个要求详细参考文献的期刊时要用到它,而且在以后进行与该课题有关的课题研究时,还可能用到它。

11. 附录

为了使研究报告或论文正文的结构严谨起见,通常把详细的原始数据、实验调查记录和较为繁琐的数学推导过程以及其他不便于放入正文的资料,以附录的形式放入论文的最后,以便个别读者利用或查证。或者,当论文已经投寄到杂志编辑部,临时又有新的资料必须补充,也可不用改写原文,而以附录的形式一齐刊出。

总之,研究报告或科学论文的主要构成一般不外乎这十一个部分。实际上,并不是每一篇学术文章都要用这些部分。对于不同的题材内容,上述各部分完全可以而且应该根据需要,自行增加或减少,合并或分开写出。但是,业已证明,文章的这种基本思路和结构安排能够有效地符合逻辑地表达大多数研究类型的成果。

三、如何选择发表论文的期刊

科技论文写好之后,要想实现正规情报交流,就要将论文送图书馆学期刊或相关期刊去发表。这时如何选择投稿的期刊就是关键性的了。选择向何处投稿是很重要的,因为稿件送到不合适的期刊就会被埋没或耽搁。实际上,稿件投向何种期刊,在完成底稿前,就已经作出决定了。很明显,选择投稿期刊,应由科研性质决定,即必须投寄给与研究课题有关的期刊编辑部。

每一种图书馆学刊物都有其自身的编辑出版方向。选择出版刊物,要依据研究的课题和该文读者群的情况而定。如果该项研究对将来的研究工作具有广泛的理论指导意义,可以选择理论性强的期刊;如果是为了解决实际问题而进行的研究,可以选择面向实践的期刊。如果觉得自己的研究有较高的理论价值和实践意义,或者是论述全局性的问题,读者对象是理论工作者和专家学者,可以选择国家级的刊物发表;如果觉得自己研究的问题范围较小,是一般图书馆工作者需要阅读的,可以选择省级刊物发表。

为了使图书馆学期刊能发表自己的学术论文,谨慎的学者经常参看从编辑部得到的各种出版说明。有些研究人员经常征询编辑人员是否能发表自己论文的意见。精明的研究人员对于发表文章的编辑部和杂志的特点是极为熟悉的。此外做好如下几件事是很有必要的:查阅《全国最新期刊要览》等有关期刊工具书,认真阅读有关刊物的简介;阅读拟选期刊刊头说明;阅读"投稿须知"和"作者须知";翻阅该刊的近期目录,了解该刊近期确在报道什么内容;仔细审视该刊所设栏目,看与自己的论文内容是否符合。

如果有几种期刊都适合发表自己的论文,那末选择哪一种也是事关紧要的。这是因为在有名望的期刊上发表一、二篇高水平的文章,比在第二流期刊上发表十多篇论文给人的印象更深刻。权威的期刊虽好,但不易采纳一般稿件。所以进一步地选择要看以下几点:

1. 要看期刊是哪一级学会办的。国家级学会办的刊物一般发表造诣很高建树很大的文章;省级学会办的刊物经常发表有建树的文章,也发表一般性的文章。

2. 要看期刊发表文章的分量和深浅程度。国家级刊物发表的文章,自然是分量重而程度深。都是省一级学会办的期刊发表的文章也有不同的分量和深浅程度。

3. 要看期刊是国内外发行的,还是只在国内发行的。国外发行的期刊有国际刊号 ISSN 和外文刊名及发行单位。有的有外文目录和中外文对照的版权页。

4. 要看期刊是国内正式发行的,还是内部发行的。国内正式发行的有国内统一刊号:CN。

5. 要看期刊内容的理论性、实践性和知识性等特点。

6. 要注意了解该期刊稿件的积压情况。

7. 要看期刊的读者群:有的期刊面向全国图书馆学读者,有的只面向高校馆的读者,有的面向图书馆学系的教师和学生。

8. 要注意在相关学科期刊上发表文章,例如文献学、情报学、教育学、管理学、经济学、科学学及计算机科学等的期刊,只要你的文章涉及这些科学的理论或方法,就可以考虑投稿于该种期刊。

第二部分　图书馆学研究方法

科学发展史证明,任何一门科学的理论研究和应用研究,只有应用科学的研究方法,才能揭示事物的内在规律,建立起完善的科学体系。只有研究方法先进可靠,学科的理论基础和应用技术才能建立在更高的基础之上。所以每一门发展中的学科都要不断地完善和正确地运用科学的研究方法于自己的研究实践。图书馆学的学科建设目前正处于特别需要科学的研究方法的阶段。

我们以往的图书馆学研究,多数没有使用科学的研究方法。一些研究人员只抱住传统的、简单化一的研究方法不放,不去改进原有的方法,也不去吸收先进的方法,特别不重视吸收自然科学创造出来的诸多崭新的研究方法,致使一些研究工作只具有准科学研究的性质。其主要的表现为,有些实际问题研究,只作现象上的或经验上的描述,不作原因或动力方面的分析,不把经验上升为理论,未能揭示事物发展的规律性;有些理论研究,只作从理论到理论的空洞思辨,不用科学方法进行判断和推理,脱离图书馆工作的实践,不能说明现存的实际问题。这样的研究现状,不可能产生高质量的研究成果,不可能使图书馆学科日渐成熟起来。如果我们采用科学的研究方法,对图书馆学存在的实际问题和理论问题进行真正的科学研究,写出一批有理有据,逻辑严谨的科学论文或专著,必然会把图书馆学的学科建设向前大大推进,提高图书馆学在科学界的地位,使之不愧为科学之林的一位自豪的成员。

科学的研究方法是人们发现新现象、新事物,提出新理论、新观点的手段,是人们运用自己的智慧进行科学思维的技巧。它是人类思维的内在规律性的主观反映,是解释世界和改造世界的工具。它汇集了为探讨客观规律所制定的许多法则,给人们认识客观世界指出了方向和途径。因此,有了正确的科学研究方法,就能迅速接近真理,发现真理;没有正确的研究方法,即使即将到手的发现,也可能视而不见,听而不闻。

科学的研究方法,能教会人们如何高效率地运用自己的大脑,即按照什么路线去思维,怎样思维能把自己的潜能调动出来,运用于科学研究之中。所以,掌握了科学的研究方法,就可充分地开动大脑,把自己的丰富学识运用起来,发挥出来,全部用于研究工作上。反之,运用拙劣的方法,不但不会充分发挥研究者的才干,还会阻碍才能的发挥。

先进的科学研究方法对每个研究人员都是大有益处的。青年科学工作者掌握了科学的研究方法,就有了获得客观知识的本领,可以很快识别科学发展的主流和趋势,走上科学研究的前沿,找到主攻方向和突破口,通过科学研究获取前人不具有的新知识,增长才干,提高科学素养,早日成才。中老年科研工作者掌握了新的科研方法,就会觉得大开眼界,许多过去没有解决的问题,忽然找到了出路,许多困惑的问题有了希望,或许打开了僵局,使自己的研究工作有成功的突破,从而解决了多年没有解决的难题,或许可能成为新理论新概念的创造者。所以,每个图书馆学研究工作者都应该认真进行方法的训练和培养,并在自己的科学研究实践中熟练运用。

本书这一部分向读者提供了20种图书馆学研究方法。实践业已证明,这20种研究方法中,有一些是图书馆学研究经常使用的卓有成效的传统方法;有一些是目前使用较少,但却是先进的现代化的,在其它学科大放异彩,在本学科也初露锋芒的移植方法;有一些是老一辈图书馆学家在研究实践中爱不释手的;有一些是一般图书馆学研究工作者为之倾倒而常常光顾的。它们各有所长,相互辉映,形成了图书馆学研究方法的主体。它们的每一种都在图书馆学研究中占有颇为重要的地位,是一些相对成熟的、十分可靠的、令人可以完全信赖的研究方法。

当然,这20种方法并不是图书馆学研究的全部方法。图书馆学研究方法究竟有多少种,其体系是什么样子,已有许多学者在进行探讨,本书并未涉及。不过,笔者在编写过程中曾仔细地查阅了美国和前苏联的图书馆学研究方法体系，也研究了我国图书馆界有关方法体系的"三层次说"、"四层次说"，觉得它们对本书的编写都有指导意义，又都不宜全部搬来照用。于是只有另辟一条路径，即不分层次，全部并列，基本上按科研过程的两个主体阶段——搜集资料阶段和分析资料阶段的先后顺序排列。因此本书的 20 种方法大体上可分为：前 5 种为搜集资料的方法，中间 10 种为分析资料的方法，后 5 种为搜集分析资料的方法，即搜集资料和分析资料都比较独特且融为一体不可分割的研究方法。这样的区分和解释，从理论上讲，可能与我国图书馆界的研究成果不那么相宜，但从实践角度看，从科研思维的实际程序上看，这种分类和排序对读者学习和使用这些方法却更加容易接受，更为顺手。对于一定的研究课题，读者不需阅读全书，可以词典式地查阅使用某种研究方法，应用于自己的研究实践。

第一章　观察法

　　观察法是研究工作者按照一定的计划,为实现一定的研究目的,对研究对象进行系统全面的观察,从中搜集各种现象资料,并进行分析研究的方法。通常观察法搜集的是视力或视觉资料,但是,也包括其它感官如听觉、触觉、嗅觉的资料。观察法是人类认识事物最古老的一种方法,它源于人们日常观察实践,又高于日常观察所用的方法。在科学技术高度发展的今天,仍不失为科学研究中成熟的研究方法之一。只是观察的方法更科学化,观察的手段更现代化了。观察法可以是一种单独的研究方法,也可以是其他研究方法的组成部分。观察法作为一种独立的研究方法,在自然科学和社会科学中都有极为广泛的应用。人们利用观察法观察各种自然现象,发现了为数众多的自然规律,建立了无数的新定律、新理论,这在天文学的科学研究中表现尤为突出。在社会科学研究中,人们利用观察法观察人类的行为和物质产品、精神产品的生产过程以及人与人之间的相互关系,获得了极为可靠的科研成果。观察法作为其它研究方法的组成部分,也具有显著的地位,特别是在用实验法研究各种问题时,用观察法观察各种实验现象和实验结果是必不可少的和有独到功效的。

　　图书馆工作人员在日常的读者工作中,经常在进行观察。离开了对读者的观察,就不可能去指导阅读。观察方法被直接地应用于图书馆的读者工作,使这一工作得到不断完善,取得了良好的效果。这些日常观察虽然非常重要,而且很可能是研究工作者实施观察的一部分,但是日常观察还是不能与科学研究中的观察混为一谈。科学研究中的观察是对现实客体的有一定目的、有一定计划的认识活动。科学研究的观察与通常的观察所不同的是,它服从于具体的研究目的和明确地提出的任务;它以详细的计划为基础;它是在一定课题范围内,选择与本课题有关的事实进行观察,并考察与这些事实相联系的因素。

观察方法有许多种类,按获得信息的方式可分为直接观察和间接观察;就观察者与被观察者之间的关系可分为参与性观察和非参与性观察;尚有公开观察和隐蔽观察;长时间观察和短时间观察等等。

一、使用观察法应该做到以下诸点:

1. 要制定观察计划

使用观察法首先要制定详细的观察计划。观察要有计划、有目的、有中心并在一定范围内进行,否则不能把注意力集中在应当观察的事物和现象上。制定详细的观察计划,不仅使观察者知道研究课题的目的意义和怎样进行,而且对要获得什么资料,解决什么问题都会心中有数。除了整个观察计划之外,研究者还要拟定具体的观察提纲,具体明确地规定每一次观察的内容、范围和重点。

2. 观察要客观

观察的对象是客观外界的存在。观察的对象是什么状态,就应该如实地反映这种状态,不能人为地增加什么,也不能减少什么,既不能夸大,也不能缩小。研究者不应带有任何成见或偏见;要尽量排除一切主观因素的掺入;不要有预先的结论,不要先入为主,不要把主观推测和客观事实相混淆。由于观察者的年龄、性别、文化以及观察训练程度的不同,观察的深度和广度就会不同。

观察者不仅经常错过似乎显而易见的事物,而且常常发生错觉。这一点,甚至有些颇有观察能力的人也不能避免。所以,对于这些容易使观察失去客观真实性的因素,在观察时必须认真注意防止。

3. 观察要全面

研究者要观察研究对象的一切方面、一切联系(包括环境和条件),要从各个角度、各个方面进行观察,不能满足于大略的感知,要掌握观察对象的一切具体表现,从而做到全面的观察。图书馆学领域内的许多行为和活动是十分复杂的,往往存在着各种各样的假象。虽然有些现象也确是客观存在的,但却不能完整准确地反映事物的本质。因此,在观察中尽可能地从多方面观察各种图书馆现象,把各种因素的关系分清理正,才能为抓住事物的本质打下坚实的基础。

4. 观察要系统

研究者必须事先深思熟虑,根据研究任务和研究对象的特点,安排好整个观察过程。观察要连续,不能随意间断;要系统,不能零散。如果我们对一个具体的图书馆学过程进行持之以恒的观察,那就一定会积累丰富的系统的经验资料。

5. 观察要透彻

观察要深入透彻,就是要防止观察的表面化。为此,必须反对走马看花、浅尝辄止的作风;必须具有追本求源的精神。必要时,要做多次观察,每一次观察不止是一次重复,而是更深入地观察。观察越深入,越能发现问题,越能认识其规律性。此外,在重点问题上,注意力要集中,要深入到本质问题上去。观察过程中,观察者的思维要特别活跃。因为观察的是表面现象,得到的是感性认识,所以必须进行由表及里的思考,以便舍去偶然性的东西,找出一贯性的东西。

6. 要详尽记录

观察时,要及时做全面的记录,要保证记录的准确和详尽。一般情况下要随观察随记录。如果当场记录会影响被观察者的正常状态或影响观察者的集中观察,也必须在观察完毕后立即加以记录。记录要尽量具体,要记录每一个重要的细节和一切有用的数字。为了提高记录的效率,可以预先制定记录表格和速记符号。表格中的项目尽量多列一些,就可保证记录的详尽。

7.除了上述6点之外,还要求观察者要有高水平的观察力、鉴别力和判断力;要对观察对象有常规的了解,有必要的理论基础和对研究对象基本情况的必要认识;观察时不要影响被观察者的常态;对被观察者的缺点和隐私要予以保密等等。

二、使用观察法的步骤

1.确定课题

这一步包括明确观察目的,确定观察对象,提出观察所要解决的问题。在确定课题过程中,最好进行大略调查或试探性观察,以便掌握基本情况,正确估计整个观察过程。

2.制定工作计划

根据研究目的任务以及研究对象的特点和研究现象的性质制定出周密的工作计划。观察计划除了明确规定观察目的、观察方式、观察范围以及要了解什么问题,搜集什么资料之外,还应当安排好观察程序,确定好观察次数,每次观察所需的时间,以及如何保持被观察现象的常态等等。如果是长时间的观察,在制定观察计划之后,还应当制定每次或每段观察的观察提纲,该提纲主要写明本次(段)观察要解决什么问题,包括获得什么资料,怎样获得这些资料以及本次(段)观察与过去、未来的观察有什么关系等。

3.观察前的条件准备

为了使观察能顺利进行,必须做好条件准备工作。这里主要指记录的表格、卡片、记录本、日记本等手工记录所用记录用品以及制定好观察记录的速写符号或代号。如果使用观察设备,如录音机、录像机、电影摄影机或照相机等及所需备品备件等等,都要准备好。为了迅速、准确和有条理地记录所需要的资料并便于日后核对、比较、整理和应用,要准备多种形式的表格。即使用卡片、记录本和日记本记录,在其上也应设计一定的表格。

4. 实地观察

现场观察时,首先要选好观察位置。观察位置要选择在所要观察的现象全部清晰地落在视野之内的地方,还要保证不影响被观察者的常态。进入观察现场进行观察时应当注意:

(1)要善于辨别重要的和不重要的因素。一个因素重要与否,主要看其与我们的研究任务的关系密切与否,是否能提供可利用的资料。观察中要善于舍弃不重要的因素,重点观察重要因素。

(2)要注重反复出现的、一贯性的东西,但也不应忽略偶然性的或例外的东西。因为说明本质问题的是一贯性的、反复出现的东西,必须很好掌握。但是偶然性的或例外的东西一般说来是不重要的,可是有时也许会是很重要的,一旦有用,也可能解决大问题,所以还是应当如实记录以供研究。

(3)观察中注意观察范围内各种活动引起的反应,注意思考产生某一现象的原因。因为凡某种现象的发生都是有原因的,观察中就要有意识地建立现象的一定的因果联系,供事后分析时的参考。

(4)观察应当尽量严格地按计划进行,一般不要轻易改变计划。除非遇到特殊情况或确实发现原计划订得不妥当时,才可改变计划。计划改变与否,应以是否能妥善完成原定任务为依据。

5. 准确记录观察结果

观察结果的一般记录方式可为:

(1)速记——采用速记符号,按速记要求迅速地记录下观察结果,要求记录人员要有速记的知识或受过速记训练。

(2)卡片——在卡片上(预制好的)填写观察对象的活动和事

件过程以及观察的片段或始末。这是一种活页式的记录方式。

（3）记录本——这是一种非活页记录方式，是事先做好的专门用于记录观察内容的记录本。

（4）观察日志——这是长时间观察所采用的记录方式。观察人员每日记录其观察结果，这种记录要求系统连贯，并持续较长一段时间。

（5）声像记录——采用录音机、录像机、照相机等仪器进行现场记录。

做观察记录时应注意的问题：

（1）要及时记录。观察时要及时记录观察结果，不要依赖记忆。因为凭记忆留下来的东西，不能保证是准确的；内容越复杂，细节和数字较多，记忆就越不可靠，而且时间久了，印象就会模糊，因此必须及时记录。

（2）记录要清楚易读。记录要迅速，文字要简要，但绝不能含糊。字体要清楚易认，速写符号要按规定的意义使用。条理要清楚，看上去一目了然。

（3）记录的时间要短。记录不能占用很多时间，要把大量的时间用于观察上，这就要求记录要简洁。记录可以不用完整的句子，字数要尽量少，经常出现的情况尽量用速写符号或代号。

（4）记录要及时整理。现场观察记录总会有遗漏不全或该记录而没来得及记的情况，所以观察以后要及时整理观察记录，凭记忆补上一些遗漏的情况，记下没来得及记的情况，核对一些数字，纠正笔误及其他错误，使记录更完整地反映观察结果。

（5）记录要注意保存。记录整理有序之后，要注意保存，特别是声像记录，一定要保存好，以备长期使用。

6.资料分析和撰写观察报告

和其他研究方法中分析资料的方法相似，一般采用逻辑分析方法或统计分析方法（详见六～十五章），这要看具体资料的状况而定。

观察报告的内容一般包括：

（1）观察的时间、地点；

（2）观察中使用的方法和观察过程的梗概；

（3）对被观察者的特征描述；

（4）对被观察事实的详细描述；

（5）观察者本人的意见或判断、推理；

（6）这些意见、判断、推理的意义和应用。

三、观察法的优点和局限性

观察法能成为一个独立的研究方法，是因为它具有如下优点：

（1）运用方便。一般说来，运用观察法不需要什么设备或特殊条件，可以随时随地采用。

（2）可以保持观察现象的自然状态，不加任何人为的干涉，所得资料是直接从生活中来的。

（3）可以完全不妨碍被观察一方正常工作的进行或正常的发展过程，因而不会产生任何不良后果。

（4）可以排除被观察者的主观成分，因为资料不是根据被观察者口头反映而是根据他的活动的具体表现而来的。

观察法的局限性主要表现在：

（1）它往往局限于了解表面的现象，不能直接深入到事物的本质。特别关系到人的心理活动时，从表面现象的观察，有时也不容易分辨出哪些是真实的，哪些是虚假的。

（2）观察法往往不能分辨偶然的事实和规律性的事实，很难肯定究竟哪一现象是某一现象的原因。许多现象的相互联系、因果关系和相互制约性，由于常常被掩盖，有时很难通过观察法去确定。

（3）采用观察法所获得资料的解释，往往要靠相当程度的主

66

观推测。

（4）采用观察法往往要反复观察多次，所以需要较长时间才能得出科学结论。

为了弥补观察法的局限性，人们常常采取相应的措施：例如，增加观察次数；加强观察的计划性；把观察的指标分得更细；将观察资料进行反复对比；提高观察者的观察能力；采用辅助仪器等等。此外，采用观察法时，可以同时采用其他方法搜集同样的资料，并进行对比、核实和补充，从而提高研究结果的可靠性。总之，利用观察法研究图书馆学现象，要设法克服其容易停留在表面现象上的缺点。

四、观察法的应用

在图书馆的日常工作中，观察法被广大图书馆工作者自觉或不自觉地运用着，各自积累了大量的经验。但是，大多数人都不是有意识地进行科学研究，也没有把观察结果写成观察报告，进行文献交流。只要是有目的、有计划的按事先拟定好的观察提纲，进行直接的、定性或定量的科学观察，几乎每一个人都有机会发现图书馆内的规律性。图书馆内的劳动组织、工作程序、服务态度、读者的情绪和活动规律等等，这些都是可以通过现场观察来搜集资料的。例如，我们可以有计划地观察读者借书和阅览室内读者的动态，形成规律性的认识，写出观察报告，形成可交流的文献。

观察法不仅作为独立的研究方法使用，而且在许多情况下是作为其他方法的一部分使用的。例如，待研究的问题还没有明确的概念，而研究任务又要求说明这个问题时（对于上级下达的研究任务或横向课题往往如此），便可先行使用观察法，即用观察法粗略地预测研究课题的未来结果，然后再用其他方法对这一问题进行深入研究。我们还可以用观察法验证一些有争议的学术观点或者需要查核的学术问题。由于它简便易行，结果直观，对一些并不需要全面重复研究的课题,用观察法检验一下,无疑是最方便的。

在图书馆学的实际研究中,许多研究课题都在利用观察法,只要读者注意,许多研究论文中都能发现利用观察法的贡献,只是有的明显,有的不明显而已。特别是在读者心理的研究中,几乎全部使用观察法搜集研究资料,以进行定性定量分析(见第十二章的应用举例)。下面举一个用观察法研究读者破坏行为的例子。

文献〔1〕、〔2〕、〔3〕对阅览室书刊的丢失和读者破坏行为进行了研究,经过作者们长时间细致地观察,总结出了一定的规律。

1. 观察

(1)"扫描"观察。扫描观察可以发现读者"作案"的苗头。观察读者面部表情、姿态、仪表、眼神等的状态可以发现读者的"作案"苗头。一般说来,读者作案时都有异常表现,例如,阅读时精力不集中,常窥视管理人员的动态,并躲避管理人员的目光;坐姿不端正,背向管理人员或故意将杂志置于桌下、腿上;用报纸、笔记本覆盖杂志上,以便带出室外等等。

(2)"巡回"观察。巡回观察可以看的更仔细些,特别是发现有上述异常现象时,采取巡回观察方法更能发现真实情况。

(3)仔细对还回书刊和归架期刊进行检查,看有否"作案"行为。

2. "作案"时间

(1)阅读高峰时间,读者拥挤;

(2)阅读低谷时间,管理人员容易麻痹大意;

(3)晚间灯光暗淡,管理人员看不清楚;

(4)冬季时,穿的衣服较多,易携书刊出室;

(5)乘借出复印之机;

3. "作案"手法

(1)用书包、衣物裹携带出;

（2）用笔记本等遮盖带出；

（3）更换书刊封面，拿走内容；

（4）撕页或开"天窗"。

4. 解决方法

（1）加强普遍宣传，进行正面教育。

（2）抓住"作案者"，进行个别教育并予处罚。

（3）加强还回和归架书刊检查，发现破坏行为，及时补救。

（4）展览被破坏书刊。

（5）其它方法。

参考文献

1. 李贺基. 读者违章及其管理. 长春:吉林高校图书馆,1990(2):52

2. 邓福泉,王玉霞. 科技期刊的撕页原因及控制. 长春:吉林高校图书馆,1990(2):53~54

3. 宋泽欣,崔继芬. 分析读者心理,防止偷书现象. 长春:吉林高校图书馆,1991(2):47

第二章　调查法

　　调查法是从社会学中借用过来的研究方法。在社会学中,它是用来搜集并分析有关社会现象、事件、趋势等实地调查资料的方法。作为图书馆学研究的一种方法,调查法通常是用来搜集原始资料并进行分析研究的工具。主要用于调查图书馆工作者和读者对图书馆工作各方面的态度、感受、动机和行动以及图书馆工作中发生的事件、现象等事实资料,描述图书馆工作的现状,揭示图书馆事业的规律性。

　　调查法可以搜集到第一手资料,具有充分的客观基础,又经过科学加工和分析,在不发生技术差错的情况下,研究结果一般都是可靠的。由于有理有据,所以具有较强的说服力。调查方法又可以重复使用,重复调查后,被证实的调查结论就更会令人信服。

　　调查法可以深入到人的内心世界,以体察到人们拥护什么,反对什么,支持什么,不支持什么。它可以搜集到有关人们的心理资料,反映他们的愿望、要求和建议,所以调查法有较深刻的洞察力。

　　调查法提供的分析调查结果,既可以是定性的,也可以是定量的。得出的规律性认识,不但能确定现状,而且对未来的发展变化有一定的预测能力。

　　由于调查法有许多优点,所以在图书馆学的研究中应用十分广泛,是目前图书馆学研究中最相宜的研究方法之一。

一、调查法的种类

调查法有许多种类。图书馆学研究中经常使用的有个人交谈法、集体座谈法、调查表法、日记法和跟踪调查法等。

所谓日记法是指发给调查对象印有调查项目的日记卡（或本），请他们按日填写，到期（例如两个月）收回，对其中的资料进行分析处理的方法。这种方法对一些特殊问题特别适用，如在社会调查中，对家庭收入和支出情况的调查，常常利用日记法。

所谓跟踪调查法是指对事物或人物作较长时间的连续或间断调查，以弄清其发展变化情况的调查方法。这种方法既可以跟踪人物（例如有人做过，少年时是神童，后来有多少人作出突出贡献的调查），也可以跟踪事物（例如，可以对某一批进馆新书进行跟踪调查，以了解其利用情况）。该法也对某些特殊问题特别适用。

下面稍微详细地阐述应用较广的三种方法。

1. 个人交谈法

个人交谈法是依据调查提纲或调查清单，向调查对象询问并当场记录其回答内容的一种方法，也称谈话法、面谈法或访谈法。它是研究人员通过跟调查对象面对面的谈话，直接搜集资料的手段。这种方法的优点在于研究者和调查对象之间保持着密切接触，可以设法解除调查对象的顾虑；可以随机应变地、逐步地引导对方谈论研究者需要的内容；有充分机会观察对方的反应；对疑问或误解，可以当面解释并可寻根究底。个人交谈法对于那些不愿意把心里话用书面形式写出来或不能用文字准确表达思想的调查对象有特殊作用。由于这种方法简单易行，灵活性大，可以迅速获得调查资料，所以常常被采用。

使用个人交谈法既可以严格地按照预先拟定的计划进行，也可以按照调查提纲（或清单）与调查对象自然而亲切地、像日常谈话一样进行。前一种可以在较短的时间内获得所需的资料，但质量不一定很高;后一种往往能获得较真实、较深层次的资料,但很难在一次接触中获得所需要的全部资料,而且不便随谈随记。调查者可以根据调查对象的不同,来选择使用哪一种,有时也可两者并用,取长补短。

个人交谈法是调查研究几乎不可缺少的手段之一,它有许多优点。但这个方法的局限性也不少,在使用时必须认真注意。(1)它需要较长的时间和较多的精力;(2)搜集的资料可能有些不是调查对象的真实思想,有时较难鉴别真假,这给研究结果带来了影响;(3)搜集的资料基本上限于调查对象的回忆和感觉,记忆难免有错,感觉多是表面现象,难于深入本质;(4)研究者要有较高的交谈技巧和经验,否则效果不会很好。这些局限性可以通过提高调查技术和搜集旁证以及深入地分析研究所搜集的资料来克服或缩小其影响。

2. 集体座谈法

集体座谈法是研究者邀集 5～10 人,就事先拟定好的调查项目进行座谈讨论,搜集他们的见解或观点的调查方法。集体座谈法是实施调查研究十分有利的手段,它可以在很短的时间内,较容易而方便地获得较全面的资料,掌握各种必要的线索。这个方法的优点是能够集中地实施,调查对象可以自由而无拘束地发表看法,有利于搜集第一手资料。这个方法也就是毛泽东同志提倡的开调查会方法。毛泽东同志说:“开调查会,是最简单易行又最忠实可靠的方法。”[1]该法在作社会调查时非常适用,在图书馆学研究中也大有用武之地。

集体座谈法的优点很多,所以应用也相当广泛。但在运用时,必须注意它的一些局限性,只有克服这些局限性,才能取得更好的效果。主要局限性是,座谈出来的资料基本上是凭记忆临时想起来的,有些内容可能不够准确,或许有遗漏和错误;有些资料互相矛盾,难以分辨真伪。这就要求对调查得来的资料仔细鉴别,寻找一定的旁证,必要时作进一步的核实或重复调查。

3. 调查表法

调查表法相当于平常所说的"民意测验"。一般又可分为邮寄调查表法、分发调查表法和集中填表法[2]。

邮寄调查表法是将调查项目制成调查表(亦称问卷)邮寄给调查对象,调查对象填好后再返寄给调查人员的一种方法。采用邮寄调查表法的关键是精心编制调查表并争取有较高的回收率。这种方法适用于对广大范围的调查对象进行调查。

为了获得较高的回收率,人们经常采用分发调查表法。分发调查表法是将调查表直接面交调查对象,回答完毕后再专程取回的一种方法。这一方法,不仅回收率有一定的保证,而且会在较短的时间内,向许多人搜集资料,并可以对问题进行更深入的调查。

为了更迅速更准确地获得调查资料,可以采用集中填表法。集中填表法是把调查对象聚集在一起,由调查人员对调查表中的项目进行讲解,调查对象当场填表的一种方法。由于集中在一处,调查人员与调查对象直接见面,可以进行一定的交流,并即时解释表中问题的本意,消除误解和歧义,回收率绝对可以保证。

调查表法优点也很多,所以在图书馆学研究中应用十分广泛,特别是一些大型调查,都不可避免地要用到它。但是,它也有不可忽视的局限性,例如:(1)许多事物非常复杂,不是几句问答可以解决问题的,所提问题,回答者容易产生误解,形成答非所问;(2)提出的问题太多会使调查对象产生厌烦情绪,问题太少,不易得到全面情况;(3)邮寄和分发的调查表回收率不是很高,很可能具有代表性或掌握权威情况的人没有填表;(4)调查对象如果不理解调查的意义,可能不负责任地随便填写;也可能捏造事实,歪曲真相;而且回答是否可靠,往往不易证实。这些问题,研究者都应尽可能地避免或设法克服。

二、使用调查法应注意的问题

1. 精选调查对象

选好调查对象是调查法的关键，一定要仔细认真，不可马虎。应当根据研究的目的、任务精选调查对象。应当仔细考虑调查哪一类人，调查谁能得到必需的资料，什么人对有关情况最熟悉最了解。调查对象最好是身临其境，能从各个角度提供可靠资料的，并且是愿意提供的人。采用个人交谈法最好先从侧面了解调查对象的个性、经历、职务、专长、兴趣等基本情况，以便调查时能顺利进行，防止出现令人不愉快的情景。采用集体座谈法时，邀集的人数要适当，一般 5～10 人即可。人数多了，充分发言的机会就少，不宜把话都说出来；人数少了，代表的面就少，不易得到全面情况。在采用调查表法调查较大范围的问题时，如果调查对象是一个较大的总体，则应采用抽样调查的手段来选择调查对象。图书馆学研究中多采用分层抽样法。关于如何抽样，请参看第十四章。

2. 要有准备、有计划

调查工作要有准备有计划地进行。要预先做好调查计划，考虑好需要什么资料，如何进行交谈等问题。采用个人交谈法和集体座谈法都要列出调查提纲或调查清单，并考虑提纲（或清单）的内容有哪些可以灵活掌握，可以变通应用的，以使调查能在一种自然而和谐的气氛中进行。当然，调查必须获得提纲（或清单）中所规定的内容，取得所要求的资料。如采用调查表法，制定好调查表则是准备工作的最重要环节。

3. 善于引导，提问简练

一定要向调查对象讲清调查目的、意图和意义，使他们意识到，所提供的资料是有意义有贡献的，要解除一切顾虑，要信任地、友好地谈出（或写出）他们的真实思想和看法，不要出现离题太远或文不对题的现象。尤其是集体座谈时，要使参加人互相启发，认

74

真回忆,彼此对证,使调查资料更全面、更可靠。但也要注意排解参加人互相争议、妨碍发言的行为。

无论是编制调查表,还是调查提纲,提问务求简单、扼要、清楚,没有含糊难懂的地方。每个问题牵涉的范围不宜过广,要求要明确,以便调查对象可以直接了当地用很少语言(或符号)回答。此外还要注意,提问的用词要适应调查对象的知识水平和习惯。

4. 诚恳的态度,灵活的方式

搞调查必须有诚恳的态度,只有态度诚恳,虚心求知,才能使调查对象毫无保留地说出真心话,做到知无不言,言无不尽。毛泽东同志说,开调查会"……没有满腔的热忱,没有眼睛向下的决心,没有求知的渴望,没有放下臭架子,甘当小学生的精神,是一定不能做,也一定做不好的。"[3]调查人员一定要有求知的渴望,有甘当小学生的精神才能用好个人交谈法和集体座谈法,收到良好的效果。

除了要有诚恳的态度以外,调查人员还必须采用灵活的方式方法。或开门见山、直接了当,或婉转曲折、侧面诱导,或严肃认真,或轻松活泼,都要随机而动。有时需要用"虚心请教"或"共同讨论"的方式;有时必须从一些日常生活问题或对方感兴趣的问题谈起,然后逐渐引向预定的问题。如果调查对象对某些问题不愿或不便表示意见,或有某种禁忌,不应施加压力或使对方有任何不愉快之处,而应采取间接的办法达到目的。在某些情况下,还要考虑由哪些研究者去调查最相宜。

5. 口头调查时,要及时记录

调查内容必须及时记录。一般在口头调查时要口问手写,随谈随记。如果当面记录影响谈话的顺利进行或影响调查对象的情绪,应做事后记录,这当然可能降低记录的准确性。有时可以随谈随在纸上作些简单符号,事后可根据符号恢复谈话内容。如果有专门记录人员,那是比较理想的。采用录音机、录像机,自然会使记录十分准确,但易引起调查对象情绪紧张,要因人而异。记录中还应记下谈话时调查对象的表面、反应及周围情况,以便根据这些情况判断谈话内容的可靠性。在集体座谈时,还要注意记录交叉发言中的不同观点和事实,以备事后查证与核实。

6. 要认真分析所搜集的资料

调查所得到的资料,可能有不实的事实和不正确的见解,所以,除了认真核实查证以外,还要进行认真的分析研究,以剔除不实的资料和不正确的观点,从分析研究中得出科学的结论。有时重复调查或采用不同方式再次调查也是必不可少的。

三、调查法的步骤

1. 选定科研课题,制定假说

任何一个科学研究的首要步骤都是选定科研课题,课题确定后就要明确调查目的和对象,制定假说。这是因为,如果调查目的和对象不明确,只能是盲目地搜集资料和数据,很可能搜集不到关键性的资料,在分析时,就会没有充分的根据,为此必须从现有的有关资料和经验出发,对调查结果的各种可能性进行尽可能的假设。在这种假设的基础上,应该搜集什么资料就比较明确了。如果是大型调查(如全国文献资源调查)应制定出调查方案。

2. 制定调研提纲或调查表

调研提纲或调查表是使用调查法的基本文件,是调研课题的分解或细分,是为了完成调研课题而设计的具体方案。为了完成某一课题,就要将课题具体化为调查项目,要确定调查哪些项目能完成这一课题。在制定提纲或调查表前,就要考虑好,调查什么问题,向哪些人调查,这些调查对象能否回答这些问题,并要考虑调查对象在什么时间、什么地点、以什么方式回答这些问题等等。根据上述这些考虑,如果采用口头调查,则制定调查提纲和说明文字;如采用书面调查,就要编制调查表。

3.搜集资料

搜集资料的方法如前所述。

4.加工和分析资料

不论是搜集的何种资料,事实资料还是数字资料,加工时首先是归类列表,将相同类别的资料或数据归类到一起,有可能列表的都应列出表格。根据归类表格就可以进行一定的定性比较分析,得出一些有用的结论。如果是数字资料,下一步是排序列表。将各类数据按其大小排序,从先后次序上就可以看出各类数据的等级差别。然后计算各类数据间的差值和比率以及平均数、众数、中位数、标准差等,便于进一步比较分析。

如果把数据列成矩阵式的表格,还可以进行纵向、横向分析,亦可进行交叉分析和相关分析。也可以绘成各种图形,例如柱状图、扇形图、直方图及各种曲线和折线图。绘制成图形的优点是醒目、直观和容易理解,并能形象地表示各种发展趋势,因而亦具有一定的预测功能。

在整理加工资料完成后,要进行资料分析,分析的方法见本书有关章节、

5.解释结果

(1)原因解释,即出现这种状况的原因是什么。主要原因、次要原因及相关因素一并提出,以此来理解调查结果的因果渊源。

(2)规律(或分布)解释,即解释这些数据或事实有什么规律性,数据的结构特点和分布形式是怎样的。掌握了规律,就可以利用规律解决理论问题和实践问题。

(3)功能解释,即解释这些数据或事实及其规律性有什么作用,有什么功能,对图书情报工作有什么应用,有什么指导作用。对研究结果的现实意义做出判断。

四、调查表的编制

由于调查表的编制技巧性很强，这里将稍为具体地阐述这个问题。

调查表法的一个重要准备工作，就是编制调查表。在使用调查表法进行图书馆学的研究中，没有什么东西比调查表的编制更重要了。调查表的回收率、取得准确真实的调查资料都与调查表编制的好坏有极大关系。因此，调查人员不应惋惜花费在制订调查表上的劳动，因为它会给你带来很大的益处。

调查表的设计方式有许多种，其中最基本的方式有两种，即限制回答调查表和自由回答调查表。

限制回答调查表是指，在提出某一问题时，将可能的答案全部列出，要求调查对象在这个范围内选择回答。这种调查表主要应用于问题的答案数量有限，可以全部列出，或者答案虽多，但调查者只准备搜集特定方面资料的问题。使用这种调查表时，回答者可用打"对号"、填写简单数字来完成回答。如果问题的答案可选择几个，而不单单是一个时，还要求回答者将诸答案予以排序，这也是限制调查表的一种答案形式。

自由回答调查表是指，提出某一问题时并不列出答案，而是请调查对象自由回答。这种方式主要应用于可能的答案很多，或者虽只有一种答案，但答案的文字阐述较长，或者只有文字才能回答的问题。

当然，在进行具体调查时，并不局限于这两种形式，还可以制造出其他更适用的调查表形式。就这两种形式而言，在多数场合也是配合使用，这主要要看问题的性质和答案的特点来决定。图书馆学研究者中，多数人愿意使用限制回答调查表。这是因为限制回答调查表所得到的答案简便、肯定，便于进行汇总统计和分析，而自由回答调查表的答案随意性很大，在分析时，有时甚至无从下手。

1.编制调查表时应做到以下几点：

（1）恰当地把调查课题化为具体问题。编制调查表首先必须仔细研究调查的主题，并通过概念推演，将这一主题分为几个方面的问题，进一步细分为具体问题。这些问题就可列入调查表中。也就是说，调查表上所列出的问题必须是调查课题演化出来的，都必须与本调查有关。这些问题的总体，必须能够反映研究的主题。答案的总体必须能够使我们获得这一课题所需的资料。这个工作是编制调查表的关键性技术，每个调查表的编制者都应该在如何提出问题，提出哪些问题的技术上有一定素养。

（2）内容安排要做到：

①所有调查项目都应该能用来搜集所需的专门研究资料，不应当有与研究题目无关的问题出现。

②提出的问题不应具有故意的倾向性，不应有暗示或诱导性的提问项目。

③提问应清楚明白，切忌含糊不清，不应提出模棱两可的问题。不能在一个提问项目中提出一个以上的问题，即一个调查项目不应有双重意义或提出两个问题。这种现象完全可能由措词不当引起。

④在限制回答调查表中，所列选择答案必须是互相排斥的，其内容不能有重复或部分重叠的现象。

⑤尽可能使问题容易回答，不应有无从回答或难以回答的问题。

（3）格式安排要做到：

①调查表的格式要吸引人，要体现出专业特色。如果是由上级单位下达的、指令性的对某单位进行的基本情况调查，可以不这样要求。

②一般情况下，问题的安排是由一般到具体，即先安排一般

性、概括性问题,后安排具体问题。

③尽可能将内容相近的问题,集中排放。

④在限制回答调查表中,所列选择答案不要在位置上或顺序上有倾向性,以防一些调查对象根据答案安排位置和顺序去选择答案的倾向。

(4)调查表的用语要做到:

①调查表的用词必须简洁明了,要删除无用的或多余的词句,简化那些繁杂的词语,达到简短而不失原意的目的。

②要避免使用俚语、行话和专业术语。如果调查的性质明确要求使用专业词汇和不常见的词语,要给出十分明确的定义。

③前面的措词不要影响以后的提问和回答。

④用词要使人容易理解。要仔细地、反复地阅读调查表的全文,找出那些表面上很容易理解,实际上不易理解的词句,予以改写。

⑤在提问中,避免使用主观的、感情色彩的词句。

(5)设身处地为调查对象着想:

①要考虑调查对象的知识和能力。如果调查对象不具备回答问题的知识、能力或经验,就不会搜集到准确可靠的资料。

②要考虑调查对象是否愿意回答所提的问题。如果调查对象不愿意提供所需要的资料,那调查表将毫无价值。

③不要提出使调查对象不安或受拘束的问题。要使调查对象在一种自然的、无压力的环境中回答问题。

(6)如果条件允许,最好对调查表作预先的试验填写,以此来检查调查表的质量并改正其存在的问题。

2. 使用调查表最适宜调查的问题

使用调查表能够进行调查的主要问题有两类,一类是关于人的,一类是有关事实的。其中主要有:

(1)调查对象的特征。调查对象的特征是指调查对象所具有的相互区别的自然特征和社会特征,主要有:姓名、性别、年龄、民族、文化程度、工作单位、职称、职务、图书馆工作时间、专业水平等等以及其它有关个人特点的资料。一般列成表格,在格内填写。

(2)调查对象的态度。调查对象的态度是指调查对象对有关的人或事持什么态度,包括肯定什么、否定什么;赞成什么、反对什么;喜欢什么、不喜欢什么等等。有时要求调查对象对多个人物和事实表示态度,这就要求调查对象根据自己的看法对诸多的人或事进行排序,从中看出回答人对这些人和事的重视程度。

这类问题的实例如:

①您认为您的馆长是称职的馆长吗?

a. 是;b. 不是;c. 不能肯定;d. 没意见。

②如果贵馆用计算机进行管理,您的意见是:

a. 非常同意(赞成);b. 同意(赞成);c. 不能决定;d. 不同意(不赞成);e. 非常不同意(非常不赞成)。

③您对您现在的工作岗位是:

a. 非常喜欢;b. 喜欢;c. 还可以;d. 不喜欢;e. 非常不喜欢。

④长春市的高校图书馆中,您认为最好的三个馆依次是:

a. (   );b. (   );c. (   )。

(3)调查对象的感受。调查对象的感受,是指调查对象对某个问题的感觉、体会;对某个人、某个机构、某件设施、某件事的评价、印象等等。

这类问题的实例有:

①根据您的体会,在贵校图书馆查找资料是:

a. 很容易;b. 较容易;c. 难;d. 很难。

②您认为图书资料对您的教学科研工作所起的作用是:

a. 很大;b. 某些方面起很大作用;c. 有一定作用;d. 作用很小。

③您对我国图书情报管理和服务的总印象是:

a. 优;b. 良;c. 中;d. 差。

④如果您使用过国际联机情报检索终端,请您作出评价:

a. 很好;b. 好;c. 一般;d. 较差。

（4）调查对象的动机。调查对象的动机主要指调查对象做某事的目的以及对事物的愿望、要求、爱好和建议等心理状况。

这类问题的实例有:

①您到现刊阅览室的目的是:

a. 查阅资料;b. 专业学习;c. 涉猎知识;d. 消遣;e. 休息。

②业余时间您最爱读的书籍是:

a. 小说;b. 诗歌;c. 传记;d. 哲学;e. 历史。

（5）调查对象的行动。调查对象的行动主要指调查对象对某件事某个人将采取的行动以及各种活动的情况。

这类问题的实例如:

①您去图书馆查阅图书资料的情况是:

a. 经常去;b. 不经常去;c. 不去。

②您参加图书馆的学术研讨会吗?

a. 参加;b. 不常参加;c. 不参加。

（6）有关具体事实问题。这类问题主要指客观存在的事实资料的调查。这类问题的实例如:

①您查阅文献资料,经常使用的文种是:

a. 中文;b. 英文;c. 日文;d. 俄文;e. 法文;f. 德文;

g. 其它文种。

您利用最多的文种依次是(填 a. b…等序号):

i. (　　　);ii. (　　　);iii. (　　　)。

②您经常用的图书资料类型是:

a. 中文普通图书;b. 中文线装书;c. 外文书;d. 中文报刊;e. 外文报刊;f. 工具书与检索性期刊;g. 缩微与声像资料;h. 其它资料。

您利用最多的种类依次是(填 a. b. …等序号):

i(　　　);ii(　　　);iii(　　　);iv(　　　)。

③您今年发表的论文数量是：

a. 一篇；b. 二篇；c. 三篇；d. 四篇；e. 五篇以上。

④贵馆的现代化设备有多少台？

a. 微机（　　　）台；b. 复印机（　　　）台；c. 速录机（　　　）台；e. 录放像机（　　　）台；f. 照相翻拍机（　　　）台。

⑤查阅图书情报资料的时间约占您整个教学科研时间的：

a. 10% 以下；b. 10 ~ 20%；c. 20 ~ 30%；d. 30 ~ 40%；e. 40% 以上。

以上是限制回答调查表所能调查的具体事实问题示例。自由回答调查表调查具体事实时，在拟定问题和回答方法上没有上述的格式。调查者设计调查表和调查对象回答问题都自由得多。

马克思于 1880 年编制的，目的在于研究工人阶级状况的《工人调查表》[4] 是自由回答调查表的光辉范例。该调查表分四部分，共列出有关工人状况的 99 个问题。第一部分 29 个问题；第二部分 16 个问题；第三部分 36 个问题；第四部分 18 个问题。现摘录每一部分的前 3 个问题，供读者参阅。

工人调查表

一

1. 你在哪个工业部门工作？

2. 你工作的企业属于谁，属于资本家，还是属于股份公司？私人企业主或公司经理姓什么？

3. 请说明有多少职工？

……

二

1. 请说明工作日一般有多长，一星期一般有几个工作日？

2. 请说明一年有几个假日？

3. 在一个工作日内有哪些休息时间？

……

三

1. 你的老板规定了怎样的雇佣制度? 你是按日、按周、按月雇佣的呢,还是按其他办法雇佣的?

2. 规定解雇或离职要在多长时间以前通知?

3. 如果由于企业主的过错而违反了合同,是不是追究他的责任,什么责任?

……

四

1. 在你的行业中有没有工会? 它们是怎样活动的?

2. 在你工作以来你们行业的工人举行过几次罢工?

3. 这些罢工有多长?

……

五、调查法的应用

图书馆学研究的课题有许多是利用调查法来完成的,大到全国文献资源调查,小到一个阅览室、一个出纳口的读者调查都可以相宜地使用调查法。采用什么方式进行调查,要根据调查的任务而定。需要大量统计资料以表明事物的一般趋势,应该用调查表法;需要集中了解某种实际情况,应采用集体座谈法;需要深入探讨某个问题时,应采用个人交谈法等等。在一个具体调查中,往往几种调查方法并用,以便互相补充,互相佐证。只用一种方法,未必能获得确凿可靠的真实资料。毛泽东同志在使用集体座谈法(开调查会)进行社会调查方面为我们做出了光辉的榜样。他在1927 年,利用 32 天时间,考察了湖南省五县,用集体座谈法获得了极为丰富的农民运动的资料,写成了《湖南农民运动考察报告》这一经典文献。这篇文献可以作为我们利用集体座谈法进行调研的范例。此外,1990 年结束的全国文献资料调查中,使用了多种调查法,这些方法和调查表的各种格式都是我们学习的好教材。下面再举几例,以供读者参考。

例 1. 吉林省科技人员利用文献情况的调查[5]

由吉林省科技情报学会文献组主持的吉林省科技人员利用文献情况的调查,是通过省情报工作会议委托各单位情报所(室)分发的调查表。在为分发调查表召开的会议上,省情报所领导作了填表动员,有关人员作了填表说明,并按选定的高等学校、科研院(所)、工厂企业、专业情报站、地市县情报室等 41 个点进行分发。各单位分发数量不等,没有专门催交措施。这次调查总共分发调查表 2000 张,收回 601 张,回收率为 30%。调查面涉及数理化学、地质地理、医药卫生、机械电子、水利交通、环保及情报工作第 20 多个学科的科研、生产与教学人员。填表的 601 人中,高级职称 80 人,中级职称 318 人,初级职称 138 人,职称不详的 65 人。

从回收的调查表得到了如下一些资料:

(1)科技人员经常使用文献的文种、文献类型、文献新归程度等情况。

(2)科技人员利用期刊的特点,经常使用并按期阅读期刊的情况。

(3)科技人员获得文献的方法。

(4)科技人员利用检索刊物的目的、文种及经常使用的检索途径。

(5)科技人员所需文献能够查到的程度,获得关键性文献的难易程度及查找文献所需的时间。

(6)科技人员认为情报工作应注意的重点和科技人员最欢迎的服务方式。

根据上述材料进行统计分析,得出如下结论:

(1)文献的主要利用者是中级职称人员和科研人员。

(2)加强文献工作建设是图书情报工作的关键。

(3)应该有计划地搜集外文文献。

(4)注意搜集期刊和特种文献。

（5）应该大力开展为科技人员的情报服务。

（6）有必要大力开展用户培训工作。

例2. 高校用户情报需求的调查[6]

文献〔6〕在研究高校用户的情报需求时使用了调查方法。作者首先调查了武汉工学院情报用户的基本情况，按照情报用户的职业、职称、专业类型和科研内容等几个方面的特征进行需求调查。接着又以发调查表的方法，对武汉地区的华中理工大学、华中师范大学等9所高校中的130个不同职务及知识层次的用户进行了调查。

根据调查资料，从用户的查询目的、需求文献的类型、查询方法和情报检索级别几个方面，分析了教授、副教授、讲师、工程师、助教等各类型用户的情报需求特点。随之为了满足情报用户的需求，提出了两条对策：

（1）注意用户的情报检索教育。

（2）注重业务人员的素质提高。

例3. 读者对文学书籍阅读兴趣的调查[7]

文献〔7〕报道了对512名不同年龄阶段、不同职业特征的读者文学书籍阅读兴趣进行的调查。调查结果按工人、农民、军人、知识分子、教师、学生、服务行业、干部、待业青年、其他人员等10个职业特征，划分17岁以下到46岁以上年龄间为5个年龄段，分别对文学体裁（长篇小说、短篇小说、诗歌、散文、报告文学、剧本、故事）和作品内容（写普通人的、写英雄的、介绍科学知识的、反官僚主义的、写爱情的、打仗的、侦探性的、歌颂理想的、和自己的经历或处境差不多的、写现实生活的、写历史人物的）等方面的阅读情况进行了统计分析，从中得出如下三个结论：

（1）诗歌的读者不如小说的多。

（2）短篇小说的读者多于长篇小说的读者。

（3）短篇小说的读者大大超过了其它文学作品的读者。

随之进行了原因分析,并提出了相应的对策。

例4. 书刊利用效益的调查[8]

文献〔8〕报道了采用集体座谈法,即召开读者座谈会的办法对外文书刊的利用效益问题进行的调查。调查的主题是,在书刊涨价,经费短缺的情况下,花许多钱订购外文书刊是否合适。所要检验的假设是,花钱订购外文书刊是正确的。

教师、医生和科研人员以他们自己的切身体会,谈了许多有关书刊使用效益的事例,充分说明外文书刊资料是获取知识信息和智慧的重要源泉,是进行教学、科研和医疗工作不可缺少的精神食粮和物质基础。原假设应接受。

参考文献

1. 毛泽东.《农村调查》的序言和跋. 毛泽东选集第三卷. 北京:人民出版社,1967. 748

2. 赵云龙,关敏主编. 高校图书馆技术与方法. 北京:兵器工业出版社,1992. 375

3. 同1

4. 马克思. 工人调查表. 马克思恩格斯全集(第19卷). 北京:人民出版社,1964. 250~258

5. 江乃武等. 吉林省科技人员利用文献情况的调查报告(上)(下). 图书馆学研究,1983(3):36~45. 1983(4):100~104

6. 陈金海. 论高校用户的情报需求及其对策. 图书馆学通讯,1990(1):17~22

7. 杨沛超. 512名读者文学书籍的阅读兴趣浅析. 图书馆学研究,1982(2):75~77

8. 邓品山. 湖南医科大学图书馆书刊使用效益调查. 图书馆学通讯,1988(2):22~23

第三章　专家咨询法

专家咨询法是征询专家和著名学者意见并进行分析研究的方法。这是一种以专家作为索取信息的对象,依靠专家的知识和经验,请专家对所研究的问题作出判断、评价和预测,由征询人员进行整理并得出结论或由专家集体作出决定的方法。这种方法常被看作是调查法的一种,所以也有人称之为专家调查法。由于专家咨询法与一般调查法有许多不同的特点,所以人们把它单独列出来,作为图书馆学研究方法中一种独立的方法来阐述。

随着科学技术和社会的发展,图书馆学有关评价、发展和预测方面的研究课题,涉及的问题越来越复杂,限制条件和影响因素越来越多,一个课题的研究需要许多方面的知识和经验。专家们阅历丰富,学识渊博,善于逻辑思维和形象思维,具有丰富的想象、联想和类比能力。他们洞悉过去,了解现在,也经常预测未来。他们熟知国内情况,对国外情况也了如指掌。他们可以从世界角度发现普遍性,从国内角度找到特殊性。许多高级专家往往参与国家决策的咨询和政策的制定,他们的意见往往既有全局观点,又考虑了局部利益。而且各个领域的专家可以从不同学科角度,不同行业特点,不同工作岗位,不同地域状况和不同理解高度提供客观的、现实的、理论和实践相结合的判断,征询这些专家的意见就可以得出正确的结论。

如果从领导岗位选聘一些专家来咨询,可以提高我们的政策水平。这类专家既懂业务，又懂管理，他们的意见既有科学性，又有政策性，使科研成果具有很大的说服力和可行性。

如果从科研、教学和管理岗位上选聘一些专家来咨询，可以加强科研课题与实践的联系。他们生根于科研、教学的群体中，活跃在实践的第一线，他们代表着本单位或本行业的科研教学水平和管理水平。他们的意见具有很强的实践性，使科研成果具有充分的客观性和可靠性。

许多专家的头脑中有许许多多未成文的潜在文献，在手头散存着大量的重要的零次文献以及工作、研究的半成品，通过咨询可以获得正式文献上难以找到的可贵资料和数据，将会提供可靠的第一手资料或新鲜事例。所以，专家咨询法如果利用得当，能得到其它方法得不到的结果。

一、专家个人咨询法

专家个人咨询法是征询人员向单个专家征询对某一研究课题的意见的方法。实行这种方法时，每个专家的咨询意见并不进行交流，也不作最后决定，而是由征询人员概括他们的意见得出结论。

专家个人咨询的优点主要有：

（1）可以充分利用专家个人的知识和经验，最大限度地发挥专家个人的判断能力和预测能力。

（2）不受外界影响，没有心理压力，往往容易得到专家个人的真实看法。

（3）工作组织简单，费用少，简便易行。

由于这种方法对某些问题可以作出有效的判断，又简便易行，因而被认为是能较快得出结论的方法，在和其它方法结合使用时，也有其独特的功效。

专家个人咨询法有许多方式，其中专家访问方式是经常被采用的。这种方式就是征询人员同专家单独座谈,根据事先制定的计划,向咨询专家提出一系列问题,要求专家无需准备就能很快回答所提出的问题(当然,专家必须是所提问题的经验丰富的研究者),这样就可得到咨询专家的经验和以直觉为基础的高质量的结果。例如,订购某学科的外文期刊,我们就可以准备一系列的问题,然后在访问中一一提出,请专家们凭直觉回答问题。应用这种方法就可以确定订购哪些期刊,不订购哪些期刊。

其次是向专家发调查表,请专家在规定时间内作答,然后由征询人员将所得意见进行整理概括,得出结论,供决策参考。

二、专家集体咨询法

专家集体咨询法是将专家们集聚在一起,在咨询过程中可以互相交换看法,取长补短,并作出结论的方法。

这种方法的主要优点有:

(1)可以互相弥补专家个人之不足,防止专家个人的片面性。

(2)对受多种因素影响的研究课题,可以考虑得更为全面,更为周到。

(3)可能提出多个方案,供择优和比较。

专家集体咨询法的一个突出的优点还在于能激励专家的精力和体力两个方面的积极性。因为社会接触能引起竞争心理和特有的精神振奋,所以采用集体咨询方法讨论问题,能提高每个人的工作效率。研究表明,用"集体大脑"方法进行思维比个人大脑思维要产生许多新思想,所以集体咨询法特别适用于对未来前景的预测和新事物的发现。具有开拓性的科研课题,常常采用集体咨询法来提出新方案、新设想或新概念。

专家集体咨询法也有许多形式,最常用的是专家集体决定方式(或称专家会议方式)。这种形式也可以办成学术研讨班的形式。在这种集体决定的方式中,专家们可以自由地发表自己的意见,并对各种不同观点和意见展开充分的讨论,对某些意见进行补充和修正,最后达到意见的统一和一致,作出结论,以供决策的参考。

专家集体咨询法的缺点主要是由心理因素造成的,例如,可能出现多数压服少数,权威影响集体,论据的数量压倒质量,利害关系的干扰或低质量的折衷等等问题。只要认真对待,这些缺点是可以避免和克服的。

三、德尔菲法

在专家咨询法中,最著名的是规定程序控制反馈法,即以古希腊城市德尔菲(Delphi)命名的德尔菲法。这种方法是由组织者拟定咨询表,按照规定程序,通过函件分别向专家组成员征询意见,专家组成员之间通过组织者的反馈材料来交流看法,经过几轮征询和反馈,专家们的意见逐渐集中,最后获得统计意义的专家集体判断结果。这种方法是六十年代美国兰德公司首创的,是开调查会、民意测验两种方法的改进和发展,也是西方未来预测中最著名、最重要和应用最广泛的一种方法。这种方法的根据是,在一组专家中,大多数人的意见比仅由最有发言权的专家的意见更可靠,更有权威性。

1. 德尔菲法的优点

(1)消除心理因素的影响,得出客观结论。应邀专家互不接触,只是通过函件与组织者发生联系,回答问题,并通过组织者整理汇总的情况了解其他专家的意见,但不知提出意见的专家姓名。这种交换意见的方式,消除了权威的影响,也打消怕损害情面的顾虑。消除了心理因素的影响,就会使结论更客观。

(2)通过反馈充分发挥专家集体的智慧。组织者将每一轮征询结果进行汇总并反馈给专家组成员,专家们通过反馈材料研究不同观点,相互启示,作出进一步的判断。通过几轮反馈,专家们意见就会相对集中起来,而形成相对统一的结论,这就充分发挥了专家集体的智慧。

(3)使用统计方法处理数据,得出定量结果。德尔菲法要用统计方法对专家集体判断结果进行处理,使定性问题可以用定量方式来描述。它不但可以得出专家们意见的集中程度,还可以得出专家们意见的分散程度,这就为决策者提供了更多的信息。

总之,德尔菲法既能充分地利用专家个人的知识和经验,又能最大限度地发挥专家集体的智慧;专家们既可以交换意见,互相启发,还不受心理压力的影响。所以这种方法是一种比较科学的以专家为信息索取对象的研究方法。

2.德尔菲法的程序

(1)确定科研课题。一般是估价性和预测性的课题。

(2)拟定咨询表。咨询表中要对德尔菲法进行详细地说明,使各位专家明了如何参加这个活动。

(3)选择聘请专家。所聘请的专家必须具备该课题的理论知识和实践知识,并具有鲜明的代表性,特别注意聘请意见不同的专家参加。

(4)向所聘请的专家分发咨询表,请专家在限定时间内填写完毕。

(5)按时收回咨询表,并对专家们的意见进行统计分析,将分析结果写成文字,特别要总结出有几种意见,每一种意见有多少人赞成。

(6)再将咨询表和每一轮咨询的分析结果一并分发给各位专家,请他们发表意见。这一次发表意见是在了解第一轮咨询结果的基础上进行的,即专家们知道了对某一问题有几种意见,都是什么意见,与自己的意见有什么不同,有多少人与自己的意见不同或相同。在此基础上,专家们会慎重考虑自己的意见,是坚持原来的意见,还是同意别人的意见,或有新见解。第二轮咨询表,也需请专家们按时完成。

（7）将第二轮下发的咨询表收回，并进行统计分析。这次分析就不单分析出有多少人一致坚持某种意见，还要分析出有多少人持有稳定的意见，即有多少人与第一轮咨询时发表的意见相同，没有改变看法。也要分析有多少人改变了意见，向哪个方向改变的。

（8）再将咨询表和第二轮咨询的分析结果分发给专家，请他们再一次发表意见，这是咨询的第三轮，收回后作同样的分析。经过几轮（一般是三到四轮）的咨询，就可能达到大多数专家意见的基本一致。这个一致意见，就可以作为决策者的参考。

在具体应用时，根据具体情况，可以有所变化，例如，可以增减征询轮数，增减反馈材料和匿名程度，简化统计方法等等。

3．咨询表的设计

咨询表是德尔菲法组织者与专家组成员之间传递信息的载体。它不仅用来提出问题，还包括向专家组成员提供经过整理归纳的汇总情况。

咨询表的格式和内容直接影响德尔菲法的质量和效果。为了使专家们明确答询问题，减少答询时间，增加应答兴趣，以取得预期的咨询效果，组织者要在咨询表上多下一些工夫。

设计咨询表的一般原则，与调查法中的调查表没有什么本质的区别，只是要照顾到专家们的特点而已，所以这里只把与专家们的特点有关的内容强调如下：

（1）要力求简明。咨询表应力求简明扼要，要尽量采用"划号"、填空、选择等形式提问，以使咨询表易于理解，便于专家应答。表上要留有充裕的空白处，便于专家写上自己的论点和论据。

（2）提问要集中并有层次。咨询的问题要集中，提问的问题要关系密切，不要过于分散。按等级展开的内容要先整体后局部逐级排队。同类问题中，先简单，后复杂。这样，在专家应答时，可以保持思维的连贯性。

（3）提问的数量要适当。提问的数量一般不应超过25个,如果已经超过50个,就必须压缩。因为提问数量的多寡关系到专家应答的时间和注意力能否长时间集中。

（4）合理选择提问形式。对有些内容可采用自由问答式提问;对有些内容可采用选择式提问。采用自由问答式提问,可以使专家充分发表自己的意见,陈述不同看法。采用选择式提问,便于统计分析,易于得出肯定性结论。

（5）不应出现诱导性提问。因为德尔菲法评价的结果是专家集体作出的,如果组织者介入自己的意见,进行诱导或操纵,就会使评价流于形式。

4. 德尔菲专家的选聘

应用德尔菲法时,选聘专家对研究结果的质量有重大影响,甚至关系到成败。专家的应答是基础,是根据,如果数据不能反映客观实际,得出的结果是没有价值的。所以,不仅专家个人要符合课题要求,而且专家组应构成一个合理的整体。

（1）对专家个人的要求

①要具备与研究课题有关的专业知识。具备专业知识的专家是指在这一课题领域内学有专长,工作经验丰富,有一定学术影响的人员。学术名望很高,学识渊博的专家学者更是比较理想的人选。

②有足够时间完成答询。德尔菲法的答询,有时必须花费一些时间进行调查研究。研究反馈材料、搜集自己观点的有力论据,都不是完全凭直觉和经验可以完成的。所以有时与其让没有时间保障的权威人士匆忙答询,还不如选择那些责任感强,有时间答询的一般专家。

（2）对专家组集体的要求

①合理的知识结构。专家组的成员,不仅包括本课题领域的

专家,也应包括有关学术领域和边缘学科的专家;不仅包括不同学派、不同观点的专家,还应包括不同年龄、不同机构、不同地域的专家。对一些国际性课题,还可以聘请外国专家。这样的知识构成可以消除偏见的影响因素。

②适当的人数。对德尔菲法的研究表明,15人以上的专家组得出的结论就具有足够的可信度。所以德尔菲专家组一般应由10~15人组成。大课题可以增至100人以上。

（3）向被聘专家的说明

在聘请德尔菲专家时,应向专家说明以下各点:

①向专家说明研究课题的意义和征询的目的,以引起专家的重视,并询问专家是否愿意参加答询。

②较详细地向专家介绍德尔菲法,着重说明多次征询和反馈的重要意义,同时要说明整个咨询过程需要的时间和专家完成答询的时间。

③说明专家的可能的工作方式、劳动量及辛苦程度并向专家说明可能支付的工作经费和劳动报酬。

四、头脑风暴法

所谓头脑风暴法就是将专家们集聚在一起,自由发言,互相激励,以产生新思想,激发创造性思维的一种方法,是一种智囊团式讨论,是专家集体咨询法的一种。这种方法能在一定的专家集团中,在短时间内造成思想非常活跃的气氛,从而诱发出大量的创造性设想。头脑风暴法的基本思想是,若要得到有价值的设想,首先要能提出较多的设想。为了得到好办法,先不要考虑办法的优劣,只要源源不断地提出来,设想和办法的数量越多,则获得有价值的创造性的概率就越大。

头脑风暴法的目的就是获得创造性的设想,然而,创造性设想的涌现,需要有一定的环境。为了在短时间内获得尽可能多的创造性设想,必须造成一种思想活跃、自由讨论、便于发挥创造性思维的环境。因此,在专家集体的组织工作上和讨论的方式上,都有一些特殊的要求。

1. 专家人数

参加这种讨论的专家一般以 10～15 人为宜。如果参加者互相认识,最好从同一级别或职称的人员中选择;如果彼此不认识,可以从不同级别或职称的人员中选择。

2. 专家选择

为了使专家集体中的各位专家能够充分发挥各自的特长,相得益彰,其知识结构应该精心配置。最好由下列人员组成:

(1)方法论专家(指导讨论进行)。

(2)专业领域专家(不断提出各种设想)。

(3)专业领域高级分析专家(及时分析所讨论的问题的现状和发展趋势)。

(4)高度推断能力的专家(对所提设想进行演绎推理和归纳推理)。

此外还应优先选择那些学识渊博,思想活跃,思维敏捷,善于想象、联想和类比的人员。

3. 领导

领导者的责任在于引导参加者围绕主题开展讨论,激发创造性思维。讨论开始时,领导者必须用自己的发言激发参加者创造性思维的灵感。必要时,可采取强制询问的方法,以便使讨论迅速进入自由发言的活泼气氛。一旦专家们被鼓动起来,各种创造性设想就会不断涌现。

领导者一般由熟悉该种研究对象的方法论专家担任。如果专业面较窄且方法论专家对此专业不熟悉,则应由方法论专家和熟悉该专业的专家共同担任领导。

4. 时间

讨论时间一般以 20~60 分钟为宜。如果讨论问题较多,可以分几次讨论。

5. 讨论规则

为了使每个人独到的见解不受压抑,通过不同观点,不同思路的相互刺激,产生创造性思维的连锁反应,充分利用别人的智慧来激发自己的灵感,产生有创见的思想火花,诱发出更多的创造性设想,讨论必须有一定的约束。其主要有:

(1)讨论时,必须精力集中,围绕中心议题发挥创造性思维,不能越出讨论范围。

(2)讨论中,不允许批评、指责别人的设想,更不允许阻止别人提出设想。

(3)鼓励消除顾虑、积极发言和自由思考,提出的设想越多越好,想法越新奇越好。

(4)即席发言,不要宣读发言稿,语言要简练,不必详细论述。若想修改自己的设想应予优先发言。

(5)鼓励结合几个人的想法,提出新的设想。但不得用多数人的意见阻止个人的创造思维。

(6)不要私下交谈,每个人的设想必须公开讲明,让参加者都知道。

(7)讨论中,不论职位、级别一律平等对待,每个人都处于一种不受约束的气氛之中。

(8)所提各种创造性设想,不论可行与否,均不作判断性结论,一律录音或记录。

6. 内容整理和系统化

所提设想的整理、归纳和系统化程序是:

(1)对所有设想进行整理,列在名称一览表中;

(2)对每一设想用通用术语加以说明;

(3)归纳重复的或互为补充的设想,形成综合设想;

（4）确定设想与设想之间联合的准则；

（5）根据联合准则进行分组，编制出设想分组——览表。

以上为头脑风暴法提出设想阶段，是第一阶段。而将这些设想进行评价，得出可行性方案还需要第二个阶段——质疑阶段。所谓质疑，就是对每一个设想进行全面的评价，研究是否可行，论证不可行的原因，淘汰不可行设想；对于有可能实现的设想，必须分析实现设想的困难和限制因素，并提出排除困难的建议和措施。

以质疑为目的的利用头脑风暴法进行的讨论规则与以前基本一样，质疑讨论不对已有设想提出肯定意见，而是鼓励提出可行的设想。在运用头脑风暴法进行质疑时，领导者应首先阐明所讨论问题的内容，扼要介绍前一阶段提出的共同设想和整理分组的各种设想，并引导参加者对每个设想进行全面评价。质疑过程一直进行到没有疑问为止。

在质疑讨论中，专家们提出的所有评论意见和可行设想要全部录音或记录。以后，由分析小组对质疑过程中提出的评论意见和可行设想进行评估，形成实际可行的最终设想。质疑工作以编制出最终可行方案而告结束。在分析小组评价和分析可行设想时，有必要吸收对最终可行方案付诸实施有权作出决定的专家共同研究。若属重大决策，时间又很紧迫，吸收这些专家参加讨论尤为重要。

头脑风暴法，由于把提出创造性的设想作为一个非常重要的阶段，而把评价设想的可行性以形成最终可行方案作为另一阶段，这样，既充分发挥了专家的创造性，又全面评价了设想的可行性，把创造性和现实性很好的结合起来，从而，可以获得极有创见的可行设想或方案。

五、专家咨询法在图书馆学研究中的应用

在科学研究中，专家咨询法可以应用于许多研究课题，而对以下几种课题的研究特别有成效,它们是:一些崭新的科学技术研究课题,特别是前人没有研究过的课题;数据不足或数据不能反映客观情况,或者采集数据需要的时间过长、代价过高的研究课题;超出了技术或经济范围,特别是涉及到政治因素、公众舆论或生态环境的课题;信息量过大,相关因素过多,信息处理困难或处理费用很高的课题。

在图书馆学研究中,专家咨询法也得到了广泛的应用,当前,主要用来解决两类重要的研究课题。

1. 利用专家咨询法可以评价图书馆学各种研究对象的质量,如藏书、读者、组织机构和图书馆的某些工作程序的质量。例如,我们想要评价几种科普图书,就请 10～15 名专家来。他们每个人必须是著名学者,但不一定都是同一知识领域的专家。因为评价科普图书,只要是专家都有评价能力。将评价等级分为必读、应读、可以读、不值得读等四级,请专家们发表意见。然后根据每种书被专家评价的结果,决定是否向读者推荐。这就是最简单的专家咨询法的应用。

2. 专家咨询法还用来预测某些研究对象的发展前景。如预测整个图书馆发展事业;预测某些具体研究对象的发展状况;特别是具有概率特点或不能进行试验性检查的预定方案的评价,都可以运用专家咨询法来进行预测,以供决策的参考。

图书馆学研究应用专家咨询法时,上述四种方法可以进行必要的变通,或交替使用,这主要看具体的研究课题和专家们的具体情况而定。目前国内专家多数身兼数职,学术活动和公务活动频繁,各种调查表、咨询表也时常困扰他们,所以,咨询方式要灵活多样,可通信,可拜访,可利用会议间隙交谈,当然亦可发咨询表。下面的实例就是不拘一格地利用专家咨询法进行研究而取得了成功。

六、应用举例

例1.评价研究级学科文献收藏状况[1]

1988年10月开始,1990年结束的全国文献资料调查中,采用多种方法评价研究级学科文献的收藏情况,其中之一就是专家咨询法。具体作法是:

(1)把研究级学科文献的收藏状况分成完备、基本完备、勉强够用和残缺不全四个等级,并制成简易咨询表格。

(2)聘请该学科领域的三位教授或研究员和图书馆馆长作为咨询专家。

(3)发咨询表,请专家们用打"对号"的办法来确认图书馆对该学科的文献收藏是哪一等级。

(4)收回咨询表,将结果填入统计表。

(5)取各位专家的综合意见,作为对图书馆该学科文献收藏的结论。

当把这一结果与用其它方法评价的结果相比较时,证明专家咨询法对评价研究级学科文献的收藏情况是相当可靠的。

例2.情报调研报告的专家咨询[2]

《世界黄金地质研究,选冶技术发展现状和趋势以及我国对策的建议》情报调研报告在写作过程中征询了全国八大系统,一百多名专家的意见,他们中间有学部委员,专家教授,科研生产人员和领导干部。通过咨询,提高了"报告"的政策水平和预测水平,保障了"报告"的客观性、正确性和可行性。具体作法如下:

(1)咨询前准备

①对300万字有关黄金方面的情报资料潜心研究,形成"报告"提纲的雏形。

②拟定了对"报告"提纲和全文进行咨询的"两步走"计划。每一步又分2~3次不同咨询方式。

③根据咨询计划和有关论文、专著作者情况,确定出参加每步每次咨询的专家名单。

(2)第一步——对"报告"提纲的咨询

第1次,同行专家咨询(采用通信和"请进来"两种方式,本系统和外系统专家)。这次咨询对情报资料的科学加工和基本情报分析方法的使用两方面有了很大提高,消除了资料的罗列、堆积和面面俱到的缺陷。

第2次,本系统专家咨询(采用通信和"请进来"两种方式,中科院系统)。为了一些年事已高的专家阅读,将提纲征求意见稿(9000字)提炼成"提纲摘要"(3000字)。这次咨询,提高了提纲的科学理论水平,形成了更加密集、综合和系统化的问题群。

第3次,全国范围的咨询(通信方式)。参照德尔菲法的某些作法,将"提纲摘要"改制成问答式咨询表(共81个问题),每问都有同意、否定和调序三种答案要求。发表面扩大到全国各有关系统的不同部门和不同层次的科研单位及主要黄金企业的知名专家,共发"专家咨询表"120份,收回61份。通过这次咨询,使得"报告"提纲的内容更加完善和严密,增加了客观性和正确性。

(3)第二步——对"报告"全文的咨询

根据下列条件从第一步咨询专家中选择第二步咨询专家:对"报告"提纲的答询质量;有无与"报告"有关的综、评述论著;对黄金科技情报工作的关心程度;对国家有关政策的了解程度。

第4次,有偿通信咨询(18人,回信率100%)。

第5次,召开征询会(共3次,参加20人)。两次咨询达到:(1)评价了"报告"的水平和价值;(2)修正了某些论点,补充了论据;(3)核准了参数和指标;(4)完善了文字。

第6次,出版后咨询,采用了赠本附"读者意见调查表"方式,起到了"答谢专家"和"反馈意见"的目的。

通过专家咨询的"报告"正式出版后,受到黄金科技界和管理人员的好评,受到了决策机关的重视并在第三届全国黄金地质学术交流会上被评为优秀论文。

参考文献

1. 部际图书情报工作协调委员会文献专业组. 全国文献资源调查(调查方案,表 B2), 1988

2. 史斗. 专家咨询是科技情报调研的重要方法. 图书情报工作, 1991 (5):20~24

第四章　实验法

实验法是一种经过特别安排,在人为控制条件下进行的确定事物之间相互关系的研究方法。它的主要目的在于查明研究现象发生的原因,检验某种理论或假说的正确性和实际效果。它与观察法、调查法不同的是,它不是通过表面观察或深入调查获得事实资料,而是通过控制某些因素或变革事实,获得研究资料,掌握研究对象的本质联系。具体说来,研究者利用实验法时,可以根据自己的实验目的,创造、改变和控制某种或某些因素,以产生或改变某种现象,达到规律性认识。例如,我们可以控制、消除某些因素的影响,突出某一因素或某些因素的影响,看研究对象如何变化;然后再控制、消除另一些因素的影响,突出另一种或几种因素的影响,看研究对象如何变化。这样对诸因素依次实验,就可以得出事物之间的准确关系。这些关系可能是因果关系,可能是相关关系,也可能没有关系,从而可以清楚地分辨出事物之间的本质联系和非本质联系,验证理论或假说的正确性。

实验方法是人类研究事物之间联系的精确方法,是科学研究发展到高级阶段的产物。哪个学科的研究工作采用的实验方法多,哪个学科的研究结果就精确;哪个学科应用的实验方法少,哪个学科的研究结果的精确程度就差一些。自然科学比社会科学使用实验方法研究的题目要多,所以研究结果也就比较精确。图书馆学研究至今还没有真正使用实验方法,以至于对一些科研成果争论不休,谁也说服不了谁。

理想的实验应该是,影响实验结果的所有因素都能由做实验的人加以控制。虽然这个理想情况对自然科学来说大致能够达到,但在社会科学中,接近或达到都是极端困难的。这是由社会科学中接受实验的事物的复杂性决定的。在图书馆学研究中,影响实验的各种因素比自然科学多得多,因素之间又交叉地错综复杂地互相影响,往往很难隔离某些因素,突出一种或几种因素。而且由于需隔离的因素太多,实验手段就很复杂,这就增加了实验的难度。也由于研究对象多半是人本身,即读者和工作人员,人脑活动的规律难以掌握,所以人的行为就难以控制。即使把人隔离起来,其思想、情绪、动机以及以此产生的行为也是不易控制的。加之道德、伦理和法律上的原因,也不能像对动植物那样去做人的实验。也就是说,在自然科学研究中能够做的实验,在图书馆学研究中却不能做。由于上述种种原因,图书馆学的实验题目很难提出,实验步骤也不易确定。所以,至今用实验方法进行图书馆学研究的实例还很少。为了使图书馆学成为精确的科学或向精确科学方向发展,有必要大力提倡使用实验方法,而且随着科学技术的进步,这一方法一定会得到更多的应用。

实验法又分为实验室实验法和现场实验法。前者基本上在人为条件下进行,可采用各种仪器设备和现代化技术;后者则是在日常工作条件下进行,受外界影响较大。图书馆学研究,主要应该采用现场实验法。采用现场实验法,研究人员身在现实世界之中,在自然环境条件下控制影响实验的条件,达到研究目的,只不过比实验室中的控制要差一些。

一、使用实验法的注意事项

1.熟悉与实验课题有关的理论和经验

科学实验活动必须自始至终在理论的指导下进行。在开始实验之前,必须对研究对象和研究过程进行尽可能充分的理论分析,广泛参考和吸取前人的经验和教训。只有这样,才能预测实验的结果,才能在实验过程中有敏锐的洞察力,并避免可能的失败,达到预定效果。

2. 先提出假说

图书馆学研究所涉及的因素繁多而复杂,一个因素与另一个因素的因果关系掩盖于诸多因素的复杂关系之中。为了能找出因素之间的关系,必须先提出假说,即先假定两者存在着某种关系,并根据这个假说来安排实验程序。只有提出假说,才能有意识地安排控制哪些因素,突出哪些因素,做到在保持其他因素不变时,看出一个因素对另一个因素的影响。如果实验结果证实所提假说是正确的(即支持假说),那么,事物之间的关系就已判定。如果实验结果证实所提假说是不正确的(否定假说),那就要再提出新假说,继续进行实验。

3. 周密设计,严密组织

实验工作必须经过周密的设计。根据已提出的假说,哪些因素该控制,哪些因素该突出,怎样控制,实验的步骤是怎样的,需要什么条件等等都需要事先予以周密的设计。图书馆学的实验虽然可大可小,时间可长可短,但都必须严密组织。因为接受实验的多半是人,只有严密组织,按规定程序操作,才能协调行动,才能达到预期目的。

4. 必须保持受验者的常态

实验中所以要保持受验者的常态,是因为只有这样,实验结果才是真实的,才有科学价值。如果接受实验的人态度异常或弄虚作假,实验结果就不会真实。所以研究者在做实验时,要设法使受验者不受外界因素干扰,保持其正常的状态。

5. 控制影响因素

科学实验的基本精神是每次只容许一个因素改变,其余的因素一律控制不变,以便观察所产生的作用。如果其他因素也有所变化,并影响实验对象,则所产生的作用就很难分辨,很难测定。因此,对于那些不容许变的因素加以控制是十分重要的。在采用现场实验法时,实际上不可能绝对控制所有因素。不过,设法尽量使其中的重要因素保持不变或少变。在实验过程中,要细致观察各因素对实验对象作用的大小,以便估计实验结果的误差。

6. 细心观察和精确测量

在观察中要把大部分精力集中在选定的观察范围内,要密切注意各种细节并对细节加以区别。同时,也要留心特殊现象的产生,因为有时一个特殊现象也会给人以较大的启发,也许是一个新发现的开端。观察中要边观察边思考并详细做好记录。实验中各种数据的测量务必要精确,以保证实验结果的可靠性。

7. 实验要由小到大

为了慎重起见,实验应从小规模开始或先进行一些试探性的实验。在取得经验后,再逐步扩大实验范围和进行深入实验。无论从经济上看,还是从成功的把握上看,一开始都不宜进行大规模的实验。

8. 实验要反复多次

实验的特点之一就是可以反复进行。一两次实验,其结果不能完全排除偶然的因素。在一两次实验中出现的偶然现象,在多次实验中就可能消失。反复实验的次数越多,越能辨别偶然的东西和一贯的东西,越能保证实验结果的客观性。如果每次实验结果出入较大,就更需要重复多次(当然,大型实验的重复是困难的),最低也需要进行三次重复性实验。

二、实验法的组织形式

实验法的组织形式基本上可以分为三种:单组形式、等组形式和循环形式。现分别叙述如下:

1. 单组形式

单组形式是以一个组为实验单位的实验组织形式。这种组织形式的做法有二。其一是一组受验者接受一个影响因素(能使自变量变化的因素)的影响,测量因素影响前后的因变量(由自变量变化引起变化的量)值,比较这两个值,可以看出影响因素的作用。其二是一组受验者依次接受两个或两个以上的影响因素的影响,将各影响因素所产生的效果加以测量和比较,就可比较出哪个影响因素更优越。在整个实验过程中,其他各种条件保持不变。具体地说就是,对一组受验者在原来诸多因素影响下进行因变量的测量(即事前测量),然后改变其中一个因素(自变量),其他因素保持不变,再进行因变量的测量(即事后测量),将前后两次测量的结果进行比较,其差值就是改变了的那个因素的影响结果。如果有两个影响因素 A 和 B,看哪个因素比较优越。具体做法是,先测量受验组的因变量(事前测量),然后将影响因素 A 引入受验组,经过一段时间,再测因变量(事后测量),比较这两个测量结果,这两个测量结果的差值就是因素 A 影响的结果。再将影响因素 B 引入受验组,经过同样一段时间,测量因变量(事后测量),这个事后测量与事前测量的差值就是因素 B 影响的结果。比较影响因素 A 产生的结果和影响因素 B 产生的结果,就可以看出哪个影响因素更优越。但是测量 B 因素的影响时,还要考虑 A 因素的残留影响,因为 A 因素虽然不存在了,但其影响不会马上消失。如果影响因素增加,亦可依次做下去。

这一组织形式的优点是简便易行,缺点是保持一些因素不变很难精确做到,特别是实验时间一长,各种因素都在变化,所以事后测量的结果就不止是受自变量变化的影响,也要受我们企图保持不变、实际上已变化了的因素的影响。所以有时这种实验方式也被称作无控制实验。

2. 等组形式

等组形式是采用两个或两个以上条件相等的组作为实验单位的实验组织形式。按照这种组织形式，两组或两组以上的受验者，以组为单位，同时分别接受不同影响因素的影响或一个组不受影响因素的影响（称控制组），另一组或其他各组同时分别受不同影响因素的影响。在整个实验过程中，两组或各组其他条件保持相同，然后将各影响因素产生的效果加以测量和比较。具体说可以分为两种。

其一是，编成两个等组，甲组和乙组，甲组为实验组，乙组为控制组。对两组实施事前测量并记录结果。对甲组实施影响因素，对乙组不实施影响因素，经过一段时间以后，对甲、乙两组实施事后测量并记录结果。甲组事后测量结果和事前测量结果的差值是该组接受影响因素和外界影响所产生的效果。乙组事后测量和事前测量的结果的差值只是受与甲组相同的外界影响所产生的效果。两个差值的差值就是影响因素产生的效果。如果是多个等组，可以指定一个组作为控制组，其他各组为实验组。

其二是，对两组实施事前测量后，对每个组都同时施加不同的影响因素（不设控制组），例如对甲组施加影响因素 A，对乙组施加影响因素 B，并保持在 A、B 因素起作用的时间内，两组其他条件相同。经过一段时间以后测量两组产生的效果（事后测量）。这样，甲组事后测量和事前测量的差值是 A 因素影响的结果；乙组事后测量和事前测量的差值是 B 因素影响的结果。比较两个组的差值可以判断 A、B 两种因素哪一个更优越。

同样采用等组形式对三种或多种影响因素进行实验时，需要编成三个（或多个）条件相等的平行组作为实验单位。但实验两种因素时也可以用三个、四个或更多的等组作为实验单位。而且应用的等组越多，越能保证结果的正确性。

采用等组形式可以克服单组形式的局限性，但是，选择两个条

108

件完全相等的组是不容易的,而且保证两组除影响因素以外的一切条件和影响完全相同,实际上也是困难的。如果两组的条件不完全相同,实验结果就不能是完全正确和可靠的。至于采用更多的组,保证各组的条件完全相同就更加困难。

3. 循环形式

循环形式的实验可以不要求接受实验的组的条件完全相等。两组实验者同时分别接受不同的影响因素的影响,经过第一期实验后,测量各影响因素产生的效果。第二期实验时,将影响因素对调,经过与第一期实验相等的时间,再测量各影响因素所产生的效果。影响因素产生的总效果的比较,就是实验的结果。具体地说就是,先对甲、乙两组进行事前测量,然后对甲组施以影响因素 A,对乙组施以影响因素 B,经一段时间,测量甲、乙两组的效果(事后测量),再将 A、B 两因素调换,即乙组施以影响因素 A,甲组施以影响因素 B,经过同样的时间,再来测量效果(第二次事后测量)。影响因素 A 对甲、乙两组的影响与影响因素 B 对甲、乙两组的影响效果相加并进行比较,就可看出 A、B 两种因素中,哪一个的效果好。当然,在整个实验过程中也要求其他因素保持不变。

如果增加循环实验的次数或增加实验对象的组数,都可以使结果更为正确和可靠。如果各组的条件完全相等,则更为理想。

循环实验形式是实验法中最复杂的组织形式,但也是最可靠、最稳妥的形式。一般地说,应当尽可能采用循环实验形式。在具体应用时,可以根据具体实验的性质和条件,考虑应该采用哪一种形式。

以上是向读者介绍的三种基本的实验组织形式,还有其他一些组织形式。在实际运用中,有时必须对这些基本形式作适当的变通,以适应具体条件和实验的特点。三种形式可以结合使用或交替使用。

三、实验法的步骤

1. 提出假说并确定组织形式

采用实验法进行图书馆学研究，一般都要先提出假说，以便根据假说安排实验的程序。提出假说之后就要确定实验的组织形式，是采用单组形式、等组形式、循环形式还是三个形式的交替使用等等。

2. 确定实验对象并编组

实验对象必须慎重选择。如果供实验的对象很多，可以采用抽样方式确定一定的样本，以样本反映总体。选择实验对象必须注意如下问题：（1）对象必须是典型的，对所实验的内容来说是有代表性的。（2）对象如果是人，必须是愿意合作的，否则会妨碍实验的顺利进行。（3）对象的数量必须恰当。数量过少，不能保证消除偶然性的东西，不能保证研究结果的可靠性；数量过多，也可能妨碍研究的深入。一般说来，在实验力量容许条件下，数量多一些比较好。（4）为了确定适宜的实验对象，可以通过试探性实验来考察。

在采用等组形式和循环形式时，就要慎重对待编组问题，为保证各组的条件相同，可以采用一些专门的方法，如随机数法、简单配对法等等。如果是单组形式，就不存在编组问题。即使是采用等组形式和循环形式，也有一些自然存在的、各种条件几乎相当的班、组可供选择。这时可不必打破原来的班组界限，同样可以得出较好的结果。

3. 拟定测量项目并准备实验用品

实验开始以后，要进行一定的测量，必须事先拟定好测量项目，制成拟填写的表格并准备好测量的仪器、工具。实验用品一般包括记录表格、计算工具、观测仪器及记录用的速写符号和代号等等。

4 选择实验环境

挑选适合实验的良好环境是十分重要的。实验的场地、房间、室内设施以及周围人员的活动情况都应适合于实验。对实验现场中的不利条件进行清理,清除无关的外界影响。对可能发生的意外,要制定必要的措施。在实验前,研究人员应进行必要的踏勘。

5. 事前测量

事前测量的结果是研究比较的基础。所以不论采用什么组织形式都要进行施加(或改变)影响因素之前的测量,并把测量结果详细记录在案。

6. 施加(或改变)影响因素

在事前测量之后,就要施加(或改变)影响因素。施加影响因素的同时及以后,都要严密监视、控制外来因素的影响,观察研究对象的变化并对变化进行详细及时的记录。记录应包括各种情况的时间、地点、人员、产生的现象、发生的事件以及一切可能对研究分析有参考价值的事实。

7. 事后测量

事后测量的结果是分析研究实验对象的变化状况的主要资料,必须认真测量,保证测量结果的准确性。

8. 处理实验结果

实验研究往往牵涉一系列数量,对这些数量的处理要十分谨慎。通常处理实验结果时应考虑如下因素:(1)测量的精度。一般说来,测量是很难绝对精确的,所以实验结果难免有误差,误差超过一定限度,结论就失去可靠性。(2)影响因素以外诸因素的作用。现场实验中,控制全部因素是办不到的。当影响因素以外诸因素中有些因素已经起作用,特别当某些因素实际上起了作用但未被发觉,因而没有被估计进去时,所得出的结论就可能是不正确的。(3)数量和质量。在实际实验时,往往质量上的变化不能从数量上的变化直接反映出来,因而质量上的变化常常被忽视。

但质量上的变化是很重要的。如果实验结果只能说明数量上的变化而不能说明质量上的变化,那是不够的。(4)实验方法上或技术上是否有问题。因为实验方法上或技术上的错误或疏忽,都会导致不正确的结论。

9. 核对结论

由于实验研究的结论容易出错误,所以核对结论是十分必要的。核对的办法可以是:(1)重复实验;(2)扩大实验范围;(3)改变实验方法和实验形式;(4)采用其他研究方法进行研究,如观察法、调查法等等。若用上述各种方法得出的结论与实验法的结论相一致,则可认为结论是准确的。否则,就可能是不准确的。

四、实验法的应用

在我国图书馆学的研究中,实验法的应用可能还比较稀少,作者尚未发现有这方面研究的报道。但是,图书馆工作者在日常工作中采用实验法的原则处理实际问题,还是屡见不鲜的,只不过是没有把它作为一种研究方法看待。例如,图书馆界用实验法的原则比较评价各种检索语言;检验新体制、新机构、新制度、新办法的可行性和优越性,应该被看作是实验法的应用。在图书馆的改革中,用"试点"的方法先取得改革的经验,再行推广,也是实验法的应用,只是在做法上不够精确,外界因素控制的不够严格而已。其实,实验法的应用范围是可大可小的,许多题目都可以用实验法来研究。例如,我们想要知道,图书在书架上的位置高低和流通率的关系,我们就可以利用实验法来研究。首先提出假说:开架阅览室中,在书架上高位置图书的流通率比低位置的高。为此,首先测量10 个书架(例如 1000 册书)的下面三格和上面三格图书的流通率。然后将上面三格的书和下面三格的书相对调,经过同样长的时间,再测量它们的流通率。后面测量的流通率与前面测量的流通率相比较,就可以看出,书在书架上的高低位置对流通率的影响。实验将证明,所提假说是正确的。

在国外,实验法的应用已经比较广泛,成功的实例很多,兹举几个供参考。

例1. 图书的醒目展示对流通率的影响[1]

美国的 Herbert Goldhor 做了这项实验研究。研究的动机是,成年读者从图书馆借书基本上是浏览的结果,只要便于浏览,就会显著地增加图书的流通量。实验的假说是:图书放在便于读者浏览的位置,流通量会增加。实验方法是采用等组形式进行现场实验。他选择了伊利诺斯州的两个中型公共图书馆,即 Champaign 市图书馆和 Urbana 市图书馆,这两个图书馆的规模相当,入藏量相等。指定 Champaign 市图书馆为实验馆,Urbana 市图书馆为控制馆。选用 New Haven(康涅狄格州)公共图书馆编制的"优秀作品"目录(小说和非小说都有)作为选书工具,从中选出 110 种图书作为实验对象,在每册书的流通卡上划一红线以与其他图书相区别。先使其在原来书架上参加流通,负责借书的工作人员每看到作实验的书参加了流通,就记录下来,每周汇总一次。这些作品在两个馆流通了6个月后汇总记录结果(即事前测量)。把 Champaign 市图书馆的这些作品放在醒目的位置上,便于浏览;Urbana 市图书馆的仍然在原来的书架上。再经过6个月的流通,汇总两个馆实验图书的流通量(即事后测量)。

在实验中,图书存放地点是研究的自变量,图书的流通量是因变量。当自变量(图书位置)变化时(由原来的位置变到醒目位置),因变量(流通量)随之而变化。

对两个图书馆中 110 种优秀作品的事前测量和事后测量结果进行必要的统计处理,即经 x^2 检验以后,发现两馆的流通量差别显著。从而证明了,如果图书馆工作人员把"优秀作品"放在更容易为人接近,便于读者浏览的位置上,就能够对读者的阅览兴趣发生积极的影响,增加流通量。进一步推断,任何图书资料要想提高流通量,就应该把它们放在醒目的位置,放在读者便于浏览的位置上。

例 2. 目录组织方式的优越性比较[2]

图书馆目录是分立式目录好,还是词典式目录好,两种意见争论不休,莫衷一是,但谁也没有拿出实验证据来支持自己的观点。James Krikelas 想通过实验方法,客观地估价两种目录排列方法的效果。实验目的是想证明这样的假设,即分立式目录和词典式目录在检索主题时没有显著性的差别。为这项研究,选定了两所大学图书馆的目录,一个是分立式目录,另一个是词典式目录。这两所大学在规模上、地理位置和声望上都是相同的。问题检索表是经过抽样编制的。

参加实验的人从这两所大学的在校学生总体中随机选定,并按照他们以往使用图书馆的经验和年级把他们成对匹配,每一对中的成员分别来自两个学校。根据是否查出了完全正确的主题标题来计算每个人的"成功率"。并把两个人的检索结果合起来作为一个结果处理。

把事前测量和事后测量的数据进行统计分析(t 检验),结果证明了所提出的假设是正确的,即两种目录在检索主题时没有显著性的差别。实验结果,没有证明某一种目录组织方法比另一种更优越。

例 3. 标引系统的相对性能研究[3]

采用实验法进行图书馆学研究的最著名的实验是克兰菲尔德实验。克兰菲尔德实验是由英国克兰菲尔德(Cranfield)航空学院图书馆长克列汶登(Clevedon, C. W.)指导下的研究小组进行的,目的是评价检索语言和标引系统。实验分两次进行,总共用了十年时间。实验得出了一系列研究成果,发现了以前未曾发现的事实,为后人采用实验方法进行图书馆学研究树立了榜样。两次实验证明,当一个问题的探讨无法统一意见时,采用实验方法非常有

114

效并可以发现以前没有发现的问题。

限于篇幅,详细实验过程请读者参阅参考文献〔4〕〔5〕〔6〕〔7〕。

参考文献

1. Herbert Goldhor. The Effect of Prime Display Location on Public Library Circulation of Selected Adult Titles. Library Quarterly, 1972,42:371～389

2. James Krikelas. Subject Searches Using Two Catalogs:A Comparative Evaluation. College and Research Libraries, 1969,30:506～517

3. 陈光祚. 各种索引语言与标引系统的比较评价. 图书情报知识,1983(1):12～17

4. Jonas,K. S. information Retrival Experiment. London:Butterworths,1981

5. Cyril Cleverdon. The Cranfield Tests on Index Language Devices. ASLIB Proceedings, 1967,19:173～193

6. Stephen,P. Harter. The Cranfield Ⅱ Relevance Assessments: A Critical Evaluation. Library Quarterly, 1971, 41:229～243

7. Don, R . Swanson. Some Unexplained Aspects of the Cranfield Tests of Indexing Performance Factors. Library Quarterly, 1971,41:223～228

第五章　文献研究法

　　文献研究法是通过对文献的研究分析得出对主、客观世界规律性认识的一种研究方法。它是把文献作为研究的基础,从文献外部形式特征和内容特征两方面获得信息资料,即选择观察单位,并对所选观察单位进行必要的统计分析,从而得出有益结论的方法。这种方法既是一种传统方法,也是一种现代方法,它的历史渊远流长,当代又融汇了现代的科学技术。这种方法的客观基础在于,文献虽然是精神产品,但是它既反映了文献作者的主观态度,也反映了客观事物的运动状态,所以研究文献既可以研究人的主观世界,也可以研究客观现实世界。从文献研究这个角度来看,历史研究法、文献计量学方法、引文分析法都属于文献研究法的范畴,因为它们也是主要或全部以文献作为分析研究对象的。只是它们都有自己的特点和一套比较严格的研究规范,与我们这里所讲的文献研究法有着明显的区别。

　　我们知道,任何科学研究几乎都要利用文献,而且研究的每个阶段,研究的自始至终都要利用文献,研究文献。在确定研究课题阶段,利用文献研究掌握课题的来龙去脉和目前的动态水平;在课题确定之后,通过文献调研来修正课题;在搜集资料阶段,靠文献研究获得前人的资料作为自己研究的基础;在分析处理阶段,通过文献调研可以获得新的处理方法的知识;在总结阶段,可以将自己的研究成果与前人的相对比,从而看出研究成果的价值,这时也需要参考前人的文献。所以,科学研究工作者必须善于搜集研究工作所需要的文献,并用可靠的标准鉴别、评价文献,继之是理解分析文献,从中抽取出所需要的内容。虽然,进行科学研究的全过程都要利用文献、研究文献,但是与我们这里所讲的文献研究却不是一回事。文献研究法是指从文献中提取某种信息(选择观察单位)并进行定性、定量分析而完成某种研究课题的方法。它是图书馆学研究的一种独立方法。它可以独立完成某种课题的研究,也可以与其它方法结合使用。

文献研究法是以文献为主要研究对象的。所谓文献是指以文字、符号、形象、声响为主要方式并通过一定技术手段(写、刻、印、制等)记录知识的一切载体[1]。所以,广义的文献概念的外延是十分广泛的。在图书馆学研究中,可以用来进行研究的文献极为丰富,它们有:图书、期刊、小册子、科技报告、会议录、学位论文、专利、技术标准、产品样本、产品目录以及录音带、录像带、电影胶片、幻灯片、缩微胶片等等正式出版物;上级的文件和指示、领导人的报告、图书馆规程、图书馆规章制度、会议通知、学会通报等等指导性协调性文献;目录卡、书袋卡、书本式目录、各种索引、文献等自制文献;也可以包括工作计划、工作总结、统计资料和有借阅记录的借阅登记、借书证、借阅卡、索书单、流通统计、工作日志等等手写资料[2]。它们中的每一种(或某几种)都可以作为研究对象,进行相应的课题研究。

研究文献,特别是研究正式出版的文献,既可以从文献内容分析中获得信息,也可以从文献外部形态特征上获得信息。从文献内容上获得研究资料,要把文献内容分解成或选择出一个个观察单位,进行统计分析得出结论。由于观察单位在文献内容里并不是很明显的,所以确定这种观察单位比较困难。而从文献外部形态特征上获得信息,观察单位就比较容易确定,因为文献外部形态特征所包含的观察单位比较明显。由于非正式出版的文献,其外部形态特征极不统一，难于把握，所以从文献外部形态特征上获得信息，主要是指正式出版的文献。正式出版的文献的外部形态特征是指文献题名、责任者、版本、出版（发行、印刷）地、出版（发行、印刷）者、出版（发行、印刷）日期、页数、图表、高宽尺寸、开本、装订、附件等特征。从这些外部特征选取观察单位进行统计分析，都能完成某种图书馆学课题的研究。

一、文献研究法的优点

1. 获得研究资料容易，研究课题广泛

图书馆工作人员整天与文献打交道，获得研究所需的文献是很容易的，而且如前所述，文献种类繁多，所取观察单位的范围很广，适用于许多课题的研究，这是其它研究方法所不及的。

2. 可以定量研究

文献研究法是通过大量文献的若干观察单位的统计研究而得出结论的，所以研究的结论都是以数据为根据的。这就可以在很大程度上消除主观随意性，保证研究的客观性，消除粗糙性，保证精确性，从而保证研究结果的可靠性。文献研究法也是一种定性和定量分析结合得十分紧密的方法，在定量分析中，也要进行一定的定性分析。

3. 可以探究人的隐含意图

文献研究法通过把资料内容分解成一件件信息，经整理加工，可以了解文献作者的意图、倾向、态度和愿望。它有可能在不直接与作者接触的情况下发现本人不愿外泄，甚至是未意识到的重要信息。特别是文献内容分析在国际政治军事、科技和经济情报研究中，可以了解到对方不愿提供的、保密的，有时是因客观条件无法直接获得的情报内容。

二、文献研究法的局限性

1. 以文献内容为研究对象的课题中所确定的观察单位并不能完全概括文献的全部内容,所以分析这些观察单位引出的结论容易产生偏颇。而且文献只是现实和人的思想的概括反映,终究不是复杂生动的现实世界和人的内心状态本身,所以通过文献内容来研究历史、现状和未来以及估量人的精神世界的一些课题都可能有不准确的地方。

2. 在定量分析中,虽然有时可以进行文献抽样或作出某种限定,统计量还是很大的,在电子计算机尚未普及应用的今天,这不能不是一个困难。

3. 虽然统计资料是客观的,但是选择哪些观察单位能反映研究课题的内容,达到我们的目的,还是要进行一些主观推断,这种主观推断不可能完全符合客观实际。

三、文献研究法的步骤

文献研究法在各种具体应用中,由于目的和对象不同,有各种具体的技术和步骤,但是其原则是一致的,而且从中不难抽出具有共性的一般步骤。

1. 确定研究课题

根据图书馆学研究的需要,确定好研究课题。在确定课题时,一定要把研究目的搞清楚,并能提出某种假设,以便通过文献研究加以验证。当然也有制定计划,调研文献等等工作。

2. 选择文献集合

研究课题确定后,就是选择哪些文献作为研究的基础来达到研究目的。一般说来,选择文献应考虑选择信息含量大,具有连续性,内容体例基本一致的文献集合。若有各种文献可供选择,应考虑选择那种对本课题关系最密切的、研究人员最熟悉的、文献保存最完整的、取用最方便的文献集合。如果文献量很大,应考虑选择有代表性的、有权威性的,确能说明问题的样本。

3. 确定观察单位

确定观察单位是十分重要的。观察单位确定的好坏,直接影响分析结果。如果观察单位确定得不好,很可能使研究失败。

对于文字文献,词就是最小的观察单位,意义独立的词组、句子、段落及其它有独立意义的单元都可以作为观察单位。如果研究对象是报纸,单独的篇也常作观察单位,因为报纸的文献篇幅小,意思单纯。此外,每张目录卡片,每个借书证等等都可选作观察单位。

4. 列出观察单位分布表

研究所有选定的文献,找出观察单位,并按文献序号,将观察单位的统计数字填入分布表中,以便进行统计分析。

5. 分类统计

将各观察单位在文献中出现的次数累加,进行必要的数据处理和统计运算,以使数据能说明所研究的问题。

6. 分析数据

对数据进行有用性和可靠性评价,采取定性分析和定量分析相结合的办法,分析数据之间的相互联系及其说明的问题。

7. 得出结论

统计分析之后,描述各观察单位的特征及相互关系,并根据研究目的对各种数据进行比较,得出关于研究对象的趋势发展或特征或异同点等方面的结论。

四、利用文献研究法的注意事项

1. 文献选择要适当

文献是研究的对象,所以选择好适当的文献是非常重要的。要想选好文献,必须熟悉文献,如果对某类文献集合了如指掌,那么选起来就会得心应手。研究人员不但要善于搜集选择课题研究必须的文献,还要善于发现文献外部形式和内容的情报价值,而且要善于用可靠的标准来评价其价值。

每一种文献都蕴涵着大量可供选择的情报资料,有的情报资料是一眼就可看出的,有的则是隐蔽的、不明显的,因此是不易被发现的。这就要求研究人员要认真钻研文献,深刻理解文献,经过分析思考才能选择出有情报价值的。

如果文献是大量的就必须精简,办法一种是抽样,一种是限定。抽样要符合随机性,并要保证抽样文献量,因为此法是得出统计结果,所以数量少,就不能保证样本如实反映文献总体。限定主要是时间限定和文献类型限定。时间限定是指抽样哪一段时间(例如半年、一年等等)的某类文献作为研究对象。文献类型限定主要是指同时有几种文献可以应用,只选定一种或两种来作为研究对象,例如有图书和期刊供选择,只选择期刊,有论文和演说词可供选择,只选择演说词等等。

2. 确定观察单位要恰当

确定某类文献中所要观察研究的成分——观察单位是文献研究中最重要的任务,也是最难解决的问题。观察单位选择的好坏与研究者的图书馆学知识深浅程度,与研究者的经验、能力以及对于研究课题和该种文献的熟悉程度有直接关系。观察单位可以根据课题需要,用分析基本文献的方法或者通过术语手册、词典词表,以及书中的主题字顺索引、分类法中的类目表等等确定。确定观察单位应注意以下一些问题。

(1)观察单位可以是文字单位,可以是独立意群,但必须与研究课题有紧密联系,观察单位合在一起应能反映研究课题的基本思想内容。确定观察单位必须根据研究问题的目的,按照某种事先规定好的规则进行。观察单位必须是彼此独立和排斥的,不能互相包容或重叠。

（2）如果研究人员感到没有确定观察单位的把握，可以先取少数样本作典型分析，取得经验后，再做出最后确定。在没有较大把握的情况下，观察单位的划分宜细不宜粗，因为如果发现划分过细时，可以分开，但若发现划分过粗而不能说明问题时，就无法再细分，只有重新统计。

（3）观察单位一旦确定，就不应轻易改动，如果在研究过程中发现新的能反映研究课题的观察单位，可在首次发现时补上，但不要改变原有的划分系统。

（4）有时，使研究人员感兴趣的意群，在文献中是隐含着的，有时不同作者用不同词汇来表示同一个事实，这都给确定观察单位带来了困难，所以研究者必须认真审视文献，充分理解各意群的真意，才能准确地选出观察单位。确定观察单位还应注意各种文献的语言特点、用词风格及言外之意。

3. 填好观察单位分布表

（1）表中所列内容必须是文献中确实存在的，不能主观臆断，特别是那些隐含的观察单位，一定要搞清含义再归类计数。

（2）记录时先逐个文献登记，然后再做出统计。记录必须数量化，即必须以数字形式记录。

（3）最好有两个以上研究人员登记记录同一课题的观察单位数，便于相互印证。

（4）观察单位分布表的格式，一般说来如表5.1所示。

表5.1　观察单位分布表格式

观察单位 频　数 文　献	观察单位 （一）	观察单位 （二）	……
文献1			
文献2			
⋮			

五、文献研究法的应用

1. 用于发展趋势研究

文献研究法对于图书馆事业、图书馆理论、图书馆工作的操作方法及图书馆工作者和读者等的有关方面的历史沿革、发展趋势的研究都很有效。这种研究要选择不同时间的文献中的同种观察单位,进行统计分析,从比较中看出历史沿革和未来发展趋势。例如要研究某一图书馆学杂志上所发表文章的内容(即主题)重点变化趋势,研究者可以将该杂志几年来发表论文的主题按专题分类,即以篇为单位取观察单位,统计各期或各年度发表各主题的论文数量,及其与论文总量之比,再分析期与期或年度与年度之间的变化情况,就可以看出该杂志所载论文主题的历史沿革和发展趋势。苏联学者 Я. М. 沙菲尔曾对普希金、莱蒙托夫、果戈理、屠格涅夫、冈察洛夫、高尔基的作品进行分析,得出了读者类型进化的规律[3]。

2. 用于现状研究

利用文献研究法同样可以对图书馆事业、图书馆理论、图书馆工作及读者等的现状进行研究。进行这种研究主要采用对比分析的方法。不同国家、不同地域图书馆事业的现状,不同类别图书馆的现状,两种规章制度及两类读者阅读及不同文献(如期刊)所载内容的现状等的比较研究都可用文献研究法。这时,同种观察单位就要取自文献的不同总体的不同样本,在进行统计之后加以对比,得出研究对象的特征、异同点并分出优劣以指导工作。例如,把近几年来畅销小说与滞销小说拿来比较。我们选择畅销小说和滞销小说各若干种。观察单位可取每本小说的主题、可读性、布局及其它要素。按畅销小说和滞销小说两种分别统计其各观察单位数量。在观察单位的统计分析之后,就可以看出小说畅销或滞销的原因。这个研究很可能得出,畅销小说的主题多数与"爱情"

"武打"等有关系。

3. 用于人的态度、愿望等的心理研究

对作者在文献中的用词状况进行统计分析,可以推测出其意图或倾向性。这就要选定一些能反映作者意图的词或词组作观察单位。例如要推测图书馆学专家对"图情合一"的态度,就可以选择一些专家有关的著述,将赞赏或贬低"图情合一"的用词或词组作观察单位进行统计分析,从中看出哪些专家同意"图情合一",哪些专家则反之。

4. 用于文献内容及有关特征的检查

利用文献研究法可以检查、鉴别各种类型文献内容的质量高低和文献内容及其作者的真伪情况。例如,我国访问学者在美国威斯康星大学用计算机对《红楼梦》后 40 回进行了词频分析,并同前 80 回作了对比,从而对其作者进行了推测[4]。

六、应用举例

例 1. 我国连续性出版物管理研究的趋势[5]

文献[5]利用文献研究法进行了趋势研究。它以不同年度图书馆学论文索引及其它研究文献中的研究连续性出版物管理文章为观察单位进行统计分析,得出研究结果。作者查阅了《图书馆学论文索引第一辑》(李钟履编)和《我国期刊管理工作历史、现状和展望》(江乃武著)得出了 1922～1949 年的 28 年里发表过有关连续性出版物管理方面的文章共 42 篇,并按发表的年代列表;从文献《图书馆学论文索引第二辑》(李钟履编)、《图书馆学论文索引》(邢淑贤编)和《图书馆学论文索引 1958～1979 年》(上海师范学院图书馆编)中得出 1949～1978 年的 30 年间共发表论文 106 篇,并按年代列表;从《全国报刊索引》、《期刊工作论著索引》(黄亚民编)、《图书馆学论文集篇目索引》(南京图书馆编)等文献得出 1979～1987 年逐年发表的连续出版物管理文章 1357 篇（观察单位分布表略）。经过对比分析，得出结论：我国连续性出版物管理研究是逐年发展的，近 10 年来得到更大的发展。与国外研究状况相对比，得出我国连续性出版物管理研究应向现代化方向发展。

例 2. 我国图书馆学情报学研究主题的基本概貌和发展趋势[6]

文献〔6〕选择 1978～1987 年共 10 年出版的《中国图书馆学报》、《情报学报》、《图书情报工作》、《大学图书馆学报》、《图书情报知识》、《图书与情报》、《图书馆杂志》、《四川图书馆学报》、《图书馆学研究》等 9 种图书情报刊物所刊载的 4791 篇论文作为文献集合，通过论文标题和内容分析进行主题判断，确定了情报科学、分类和编目、图书情报事业、图书情报管理、大学图书馆……等等 58 个主题作为观察单位，进行观察单位的数量统计，并计算出各观察单位与总体的比例（略去观察单位分布表），进行总体趋势分析和分类趋势分析。在总体趋势分析中又分为主题数量分布分析，主题年代分布分析，热门主题分析。在分类趋势分析中，又分为上升趋势、稳定趋势、波动趋势、下降趋势以及钟形曲线趋势的分析。通过这些方面的分析，分别得出了有益的结论。

例 3. 书刊划界问题[7]

文献〔7〕选择了自 1959 年 4 月到 1981 年 11 月国内发表的 30 篇有关书刊划界问题的文章为文献集合，从这些文章的内容中确定了具有统一名称、具有序号、计划长期连续出版等 22 个期刊特征作为观察单位，考察这些观察单位在哪一篇文章中被认定，统计结果如表 5.2。

经对比分析表明，具有统一名称、计划长期连续出版、具有序号和多人写的多篇作品等四个特征被较多作者公认为有别于图书的期刊特征。再结合利用其它研究结果，可以明确地得出，期刊的主要特征是连续性、固定名称、具有序号和每期发表多人的多篇作品等四项,并以连续性为核心。于是,本研究的结论是,期刊的这四个特征可以作为书刊划界的标准。

表5.3 期刊有别于图书的特征统计

序号	观察单位	论文数	序号	观察单位	论文数	序号	观察单位	论文数
1	具有统一名称	18	9	多人写的多篇作品	11	17	新颖性	5
2	具有序号	17	10	有一个比较稳定的编辑部	3	18	敏感性	1
3	计划长期连续出版	18	11	有专栏	1	19	灵活性	1
4	有固定出版期	6	12	版面篇幅内容定价大致稳定	1	20	刊登不同体裁文章	3
5	定期或不定期出版	6	13	邮局发行	2	21	使用与管理方便	2
6	内容不重复、不修订再版	8	14	有一定的专业性	2	22	没有书名页	2
7	装帧一致	5	15	综合普及性	2			
8	具有独特的版本记录格式	4	16	资料性	1			

参考文献

1. 黄俊贵,罗健雄. 新编图书馆目录. 北京:书目文献出版社,1986.

2. B. C. 克列伊坚科著. 图书馆学研究的科学基础. 北京:书目文献出版社,1986. 57~58

3. 同2, 54页

4. 包昌火主编. 情报研究方法论. 北京:科学技术文献出版社,1990

5. 江乃武. 我国连续性出版物管理研究路向. 大学图书馆学报,1989(1)

6. 邱均平. 我国图书馆学情报学研究主题趋势的定量分析. 中国图书馆学报, 1991(3)

7. 江乃武. 书刊划界问题讨论评述. 图书馆学通讯, 1982(1)

第六章 术语分析法

所谓术语分析法,简言之,就是分析研究确定术语客观内容的方法。那么,什么是术语呢？术语指的是"各门科学中的专门用语"[1]。每个学科都有自己的专门用语,即术语。"每一术语都有严格规定的意义"[2]。术语的成熟程度,是一个学科成熟程度的尺度。

术语是表示概念的。概念是用词(或词组)标志出来的事物和现象本质属性的客观反映。确定术语的意义就是要揭示符合术语的概念的内容及其本质特征。一般说来,在各门科学中,一个术语只对应一个概念,一个概念只应有一个术语。每个学科的建立和发展,通常是从明确术语及其所表示的概念的涵义开始,逐步建立概念的相互联系及从属关系,确定每个概念在诸多概念中的地位和作用,从而建立起自己的概念系统。在各门科学中,对概念的研究水平是各不相同的。各门学科对其自身的概念集合研究的程度,是该学科发展水平的标志。概念研究落后,该学科就落后,概念研究先进,该学科就先进。科学研究的成果,从观念上看,就是建立概念或术语及其相互的关系或联系。科学发展的历史就是术语或概念产生和发展的历史。

术语分析法是研究确定术语所表示的概念的内涵和外延的一种方法。由于每个术语都有严格规定的意义,术语和概念又有严格的对应关系,所以,术语分析法又称为概念分析法。

术语分析法最初出现于语言学,后来经过丰富和发展,有效地应用于许多科学领域。但就其研究对象而言,也仍然是语言学的范畴。术语分析法在图书馆学研究中有着广泛的意义和很大的应用前景。

令人遗憾的是,图书馆学研究人员,对本学科术语的研究相当贫乏。翻开目前发行的图书馆学期刊就会发现,术语研究的文章寥寥无几。这与图书馆学的历史研究很有成效形成了鲜明的对照。图书馆界的学问家们,似乎还没有注意到这一问题,还没有在术语研究上下功夫。术语是建立图书馆学理论体系的基本材料,没有确定涵义的术语及其所反映的概念,理论将无从建起。从某种意义上讲,理论就是确定概念(或术语)及其相互联系的产物。为了使我们的学科成熟起来,应该加强对术语分析法的探讨和推广,以便加强术语研究,逐渐形成本学科的理论体系。

一、术语分析法的作用

1. 可以使人们认清图书馆学术语产生和发展的历史

术语是各学科的漫长历史发展的产物,它产生于特定的历史环境中,它的内容又随着学科的发展而不断变化和充实。所以,一般来说,进行术语研究都离不开对术语产生和发展的历史的研究。有时可以进行术语历史的专门研究。通过术语历史的追述或专门研究,可以使我们搞清楚一个术语是在什么条件下产生的,怎样产生的,产生时的原始涵义以及后来是怎样发展的,在每个发展阶段上有什么特点,在每个时期对图书馆学理论和实践有什么贡献,从而加深理解该术语在图书馆学中的地位和作用,加深认识术语的实质。

2. 能够使我们认清一个术语在各国图书馆界的重要性和异同点

通过术语分析,不但可以了解一个术语在我国是怎样产生、怎样发展及其现代的准确涵义,而且还可以了解该术语在其他国家是怎样产生、怎样发展及其现代的涵义。特别是外文术语的词源分析,更能启发我们加深对术语涵义的认识和理解。通过国内外术语的比较分析,可以认清术语在各国的使用现状,有利于加强国际同行们的相互了解,有利于加强国际学术交流,促进世界图书馆事业的发展。

3. 可以使我们准确把握图书馆术语的客观内容,为理论研究奠定基础

图书馆学的术语研究的主要目的还在于准确把握术语的客观内容,使我们在理论阐述上和实践应用上,都具有严密的科学性,以便使我们的图书馆学成为一门严密的科学。通过术语分析,能使我们从各个角度考察一个术语的意义,确定一个术语和其他术语的相互关系,从而准确地确定术语的内涵和外延,克服术语使用上的混乱现象,加强术语使用上的管理,使术语的使用标准化、规范化,为图书馆学的理论研究奠定坚实的基础。

4. 能够预测术语的未来和发展变化

术语的内容是随着人类认识的进步而不断变化的。现在使用的术语和过去使用的术语有所不同,将来使用的术语和现在使用的术语也肯定会有所不同。通过术语分析,使我们深刻地认识术语的过去和现在,认识术语发展的原因,发展的规律,从而可以预测术语的未来发展前景,可以预测某一术语的属性的转化及应用范围的变化。

二、使用术语分析法应遵循的准则

1. 客观性准则

在术语分析过程中,必须严格区分任何一条术语的客观内容和可能的主观曲解。

术语是表示客观存在的语言符号。术语的意义在于它能表示

130

客观世界中的事物、现象和关系。所以,客观存在和人们对客观存在的认识是产生术语的客观基础。没有客观存在,就无从产生术语,没有人们对客观存在的认识活动,术语也不能产生。虽然术语是表示客观存在的,但也要受到人们认识的正确与否和认识水平的制约。由于人们认识的不同,就使得术语表示客观存在的情况各有差异。有的术语是在人们对客观对象完全正确认识的基础上产生的,这样的术语就能符合客观对象的实际;有的术语是在人们对客观对象只有部分认识的基础上产生的,这样的术语虽然也能表示客观对象的某些特点,但却不能比较全面地表明客观对象的情况;还有的术语是在人们对客观对象的曲解中产生的,这样的术语就没有什么意义。

我们在术语分析时,必须力求探求出其所反映的客观内容,剔除对术语的没有根据的主观曲解,以保证术语内容的客观性。

2.历史性准则

我们对待术语必须持历史的观点,即在发展中分析研究术语,以便彻底地研究其涵义的变化,准确把握其内容。

术语产生于科学发展的一定历史时期,只有对术语产生的根源及其产生时的涵义搞清楚,才能很好认识当前该术语的涵义。术语一旦产生,它就有固定的意义,总是相对稳定的。但它又不是一成不变的。随着科学的发展,客观对象的变化,人们认识的变化以及人们使用时的不同手法,术语也会发生变化和发展。我们运用术语时,认识到术语的发展变化是非常必要的,只有认识到术语的发展变化,才能对术语有正确的理解和运用。

列宁指出:研究每一现象,不能忘记"……基本的历史联系,要看某种现象在历史上怎样产生,在发展中经过了哪些主要阶段,并根据它的这种发展去考察它现在是怎样的"[3]。所以,每一次术语研究都应当从研究术语史开始,以历史的观点研究术语的现状,用产生术语的条件来解释术语本身。只有从术语的起源和发展历史的角度来分析术语的涵义，才能深刻认识现代术语的本质。

3. 准确性准则

任何术语都是表示某一类客观对象的，所以术语是对同类客观对象的概括。术语既概括了某一类客观对象所共同具有的特点，同时也舍弃了为个别对象所具有的具体特征，因而获得了表示某一类客观对象的意义的资格。但是，术语对某一类客观对象的概括必须准确抓住本质特征，进行严格的限定，而且在语言表述上也要准确，不可含糊其辞，因为准确地表达不但是科研成果科学性的表现，也便于进行交流。

术语的内容是该学科同行们共同约定俗成的。只有该学科同行对同一个术语的意义有着共同的理解，人们彼此间才能进行交流。所以术语分析必须准确地找到人们的共识。在反映客观内容的基础上，为人们所准确的一致公认的术语，才具有强大的生命力。

术语是属于语言范畴的。每个民族（国家）都有自己的语言，也都有为本民族（国家）共同约定俗成的词义，在术语形成和发展过程中它的面貌往往受到使用它的民族条件的制约。民族的文化素养、心理状态及生活习俗等方面都可以对术语产生影响。我国图书馆学的术语和外语术语的涵义并不完全一样，其所表示的概念的内涵和外延都有某些差别。这就要求我们准确地确定中、外文术语的涵义。我们在进行术语分析时，必须进行中、外文术语的比较，准确地考察其共同点和差异点，以便准确地运用中、外文术语。

三、术语分析法的主要分析环节

使用术语分析法的步骤也和一般科学研究一样，如有：确定课题、搜集资料等等步骤；其特殊点在于分析资料这一步上。一般说来，术语分析要进行词源分析，历史分析，现状分析，比较分析以及最后进行准确的文字表述。

1. 词源分析

词源分析的主要目的是要弄清构成某一术语的词（或词组）的原始意义。通过对构成该术语的词（或词组）的词源资料的分析,考察该词产生的原始语言环境,原始用法,是什么学科的用语,在那个学科里是什么意思等等内容,来揭示该术语的古老而深刻的内容。这一内容是术语研究的出发点。但对词源资料的引用必须充分谨慎。必须引用准确可靠的资料,防止搞错词源,必须考察组成术语的词的古代意义,不能把现代的意思误认为是古代的意思。如果对词源资料搞不准确,可请教语言学家和历史学家,千万不可望文生义。

2. 历史分析

这一步主要是通过该术语进入图书馆学科的术语体系开始,到目前为止发生的变化的研究,达到对该术语的认识和理解,即研究该术语在本学科内部的形成和发展过程。

当一个词（词组）或另一学科的术语变为图书馆学的术语后,就会成为图书馆学术语体系中的一员。该术语在内容上也与其他术语一起不断发展变化,互相影响,互相作用。所以研究术语,必须把术语放在图书馆学术语的整体中去考察,要考察它与其他术语的关系和联系,考察其在整体中的作用。在考察中,研究人员要善于辨别各个不同时期写成的作品在运用术语上的特点,弄清其在具体作品中的特定意义。

在具体分析中,可以利用各个时期的图书资料,看该术语在各个时期的文献中的涵义。把各个时期使用的术语和概念进行比较,就可以看出其发展的过程。有时是按历史年代的顺序进行,即从古到今。有时是采取回溯方法,即以现代为出发点,研究术语发展的历史。也可以采用统计分析的方法,即将各个时期该术语特征的数量方面进行统计,将统计数字加以比较,看出该术语的发展变化情况。

3. 现状分析

这一步通常利用一些与研究课题有关的图书,学术词典和手册,书评和概述,图书馆学术语方面的著作或文章来实施。通过对这些文献在研究和使用术语方面的分析研究,指出当前该术语的涵义及其所能表达对应概念的程度,找出该术语与其他术语的联系,指出该术语及其定义的不确切或不合逻辑的地方,为正确表述所研究的术语打下基础。

4. 比较分析

比较分析是指通过各民族(或国家)的术语的比较来达到对术语意义的深刻理解。

同一术语,可以把它们的汉语意义、英语意义、俄语意义、日语意义等等进行比较,找出各国、各民族对同一术语的理解的异同点,加深对本国术语的理解。由于各国使用的术语的概括范围不一致,覆盖面有大有小,术语之间的关系也不尽相同,所以各文种的术语并不完全一一对应。我们通过对术语的比较达到世界同行们的共识,有利于国际交流。

5. 准确的文字表述

通过对所得资料进行词源分析、历史分析、现状分析及各种语言的比较分析以后,便可更准确地把握该术语的内容了。最后还需要把术语的定义准确表述出来,即把该术语所表示的概念的内涵和外延准确地用文字表述出来。

当然,术语分析法的主要分析环节应该如上所述,但是在具体的课题研究中,根据实际内容和自己掌握的材料也可以有所取舍。

四、应用举例

例1. 文献〔4〕是使用术语分析法的典型实例[4]。我们对其使用的方法进行简要剖析。

第一步,提出问题并阐述这一课题研究的目的意义。作者写道,近两三年里,对于"连续性出版物"术语以及与"期刊"、"报纸"、"连续出版物"等术语的关系,存在不同的看法。从划分文献类型,制定有关标准,便于管理以及统一术语等方面的当前需要出发,有必要进行进一步研究。

　　第二步,历史分析。作者通过报纸、期刊、连续出版物三术语的起源和历史上使用情况的考察,证明它们的关系非常密切,需要一个上位概念。

　　从 1922~1982 年间有关术语使用情况的统计表(略)中可见如下特点:

　　解放前,这类文献名称的使用中涉及的术语只有三个:报纸、期刊、杂志;报纸和期刊有明确的界限,杂志和期刊基本上平行使用。

　　解放后到"文革"前这一期间,"期刊"比"杂志"用的多了起来,由解放前的 5:6 变成 6:1。

　　1973~1982 年,期刊这一术语的利用率直线上升,它和杂志的利用比例变成了 20:1。

　　报刊这一术语在解放后才出现于有关论文中,而且使用"报刊"这一术语的大部分文献都与文献的预订、发行有关。

　　"连续出版物"这一术语在我国文献中出现较晚,它第一次出现是在 1957 年。

　　近年来,人们趋向于将报纸、期刊和连续出版物等三类文献归入一个文献类型大类里。这就产生了为这三者建立一个共同的上位概念问题,于是需要有一个术语表示这个概念。

　　第三步,现状分析。文章对三种现存意见进行了分析。

　　第一种意见认为,可以用期刊来概括报纸、期刊和连续出版物。经过分析作者认为"似乎可以不用,还以另找出路为是"。

　　第二种意见是"用连续出版物来统一这三者"。作者认为"如非迫不得已,也不宜取此策"。

第三种意见是"用连续性出版物作这三者的上位概念"。作者认为就当前的认识水平来看,报纸、期刊和连续出版物这三者的上位概念用连续性出版物可能比较恰当。

第四步,比较分析。

1. 与俄文术语比较

俄文 Период ическое Издание 应译为"连续性出版物";Журнал 应译为"杂志";因为在俄文中 Журнал 是 Периодическое Издание 的一部分。

Продолжающееся Издание 和 Журнад 比,按我国的情况看,应译为"连续出版物"或"丛刊"均可。

2. 与英文术语比较

Journal 就其本意并结合我国实际情况看,似以定译为"杂志"比较恰当。Peiodical 与 Journal 比较,可以译为"期刊",应把两者粗略地当作同义语看待。

Serial 译为"连续性出版物",Series 译为"连续出版物"都是恰当的译法。

综上所述,可得一对应关系表:

连续性出版物 ≈ Serial ≈ Периоднеское Издание

报纸 ≈ Newspaper ≈ Газета

期刊 ≈ Periodical（Journal）≈ Журнал

连续出版物 ≈ Series ≈ Проиолжающееся Издание（Серия）

作者经过对比分析得出结论,从中外文术语的对比也可以看出,连续性出版物作为报纸、期刊、连续出版物的上位概念也是较为合适的。

第五步,准确表述"连续性出版物"的内涵和外延。连续性出版物是指每期具有表示彼此接续关系的序号,意图无限期地逐次分期连续出版下去的出版物。它包括报纸、期刊与连续出版物。

例 2. 文献〔5〕采用术语分析法对"著者"和"责任者"两个术语进行了分析,说明了在文献著录中,"著者"何以演变为"责任者",并得出了"责任者"概念的准确表述[5]。

文章一开头便提出问题。作者用简明的语言,说明了研究"责任者"术语的必要性,提出了研究课题,这是第一步。文中写道:"著作责任者是确认、识别文献特征的重要项目,是读者查阅、利用文献的主要途径。将责任者作为文献信息中必不可少的单元数据,深入进行研究是极其必要的。"

第二步,历史分析。作者从 1904 年克特(Cutter, C. A.)第一次使用"著者"这一术语开始一直叙述到 1978 年《英美编目条例》第二版(AACR Ⅱ)的有关规定,共 70 多年"著者"内容演变的历史。从中考察了"著者"术语所表示的概念意义。

1904 年克特提出:"著者,狭义地说,就是写作一本书的人,广义地说,适用于那些把几个著者的著作集中起来出版的人。"

1908 年美国图书馆协会编目条例(ALA 条例)认为:"广义的著者是一本图书的创作者或对一本书的出版负有直接责任的个人或团体。"

1953 年,柳别茨基(Lubetzky, S.)在《编目规则与原则》中提出著者应是对文献知识内容负责的人。

1960 年,由柳别茨基起草的《编目规则草案》中提出"集体著者"概念。

1961 年,在巴黎国际编目原则会议上,对集体著者概念作了较大限制。

1978 年,《英美编目条例》第二版(AACR Ⅱ)体现 1961 年巴黎国际编目会议原则,其描述部分的"团体著者"已被"责任者"所概括。

从上述历史追述中,可见"著者"这一概念在逐渐向"责任者"的方向演变。

第三步,国际现状分析。文章引用国际图联(IFLA)所制定的《国际标准书目著录》(ISBD)中将"著者"扩大为"责任者"的规定,说明"责任者"术语已被国际图书馆界公认为代替"著者"的术语。

新的"责任者"定义是:"对著作的知识和艺术内容的创作或其实现(包括演奏)负有责任或作出贡献的个人或团体。"

随后分析了"责任者"术语的特点及其过去西方各国编目条例对"著者"的表述的不同之点,提出了这样定义"责任者"的科学根据。

第四步,精确表述。参照国际图联关于"责任者"的定义,根据我国著者及责任者概念的发展过程,结合编目工作实践,在《文献著录总则》(GB3792.1-83)中将"责任者"定义为:"对文献中的著作内容进行创造、整理负有直接责任的个人或团体。"

参考文献

1、2. 辞海. 上海:上海辞书出版社,1979. 2856

3. 列宁全集(第29卷). 北京:人民出版社,1959. 430

4. 江乃武. 试论"连续性出版物". 图书馆学通讯,1983(4):61~6

5. 黄俊贵. "著者"与"责任者"初析. 图书馆学通讯,1986(1):65~67

第七章　典型分析法

典型分析法是对一个或几个有代表性的典型进行分析研究，发现该类事物一般规律的研究方法。它是通过某一类事物中的一个或几个具体事物的全面分析研究，而不用研究所有具体事物，得出该类事物一般规律的方法。所以，有人称这种方法为实例研究法。不过，作者发现，在实例研究法的名义下，多数研究只是"认真全面地分析和考察全体中的一个事件或个体行为"[1]，得出的结论也只是说明和指导实例本身的活动，没有考虑是否适合于实例所属的类别的一般活动，没有得出一般的规律性认识，而且有些所谓"研究"只是一些报道性、介绍性文字，与科学研究应该达到的目的相差较远。典型分析法则是要求在一类事物中选择出有代表性的典型，研究的结果应该得出该类事物的一般规律性认识，而不能只停留在解释说明所研究的典型本身。例如，要研究图书馆学家们成名的规律，就要选择几个典型，对每个典型的成长道路进行全面研究，但不是得出每个典型的研究结果就终止，而是要对每个图书馆学家的研究结果进一步进行综合概括，得出他们成名的一般规律。这种方法的客观依据是，一般存在于特殊之中，通过对特殊人物、单位或特殊事例的分析研究，可以深入掌握一般的、共性的东西。

典型分析法是以事物的典型——类事物中的特定事物为研究对象的。所谓典型是能够代表一般的"典型"，不是平时所说的先进"榜样"、"标兵"。平时所说的"典型"可以作为大家学习的楷模,这就要有意选择最优秀的人物、单位或最先进的事例,而科学研究上的典型则要选择具有代表性的人、单位或事例。如果所选择的典型是最好的或最坏的,则分析的结论,就不能用以概括一般、证明一般的规律。

典型分析法在图书馆学研究中是一个独立的方法,它可以单独完成某些科研课题的研究。但是在进行研究时往往要借助于其它研究方法,在搜集资料时要用到调查法、观察法和实验法,在分析综合资料时要用到理性思维方法、统计分析法等等。所以,在使用典型分析法时必须熟悉和掌握一定数量的其它研究方法。有时,典型分析法也是其它研究方法的辅助方法,例如,在利用调查法和实验法研究某个问题时,有时需要用典型分析法对某个典型事例进行分析,以典型的事例来补充、说明或强化调查法和实验法所获得的结论。所以,掌握典型分析法对图书馆学的许多课题的研究都是大有益处的。

一、典型分析法的优缺点

1. 推断的一般规律相当可靠

由于事物之间都是互相联系的,一类事物的各个个体都有共同的性质和运动规律,详细深入研究一类事物中的某一个体或几个个体,并根据个体之间的相互关系,把个体的性质和运动规律推断到个体所属的一类事物中去是有相当的把握的。所以,一般说来,典型分析法所得的结论是相当可靠的。

2. 研究结果对典型本身特别有效

典型分析法能把研究重点放在单一的实体上并能利用多种多样的方法搜集数据,从而得到该实体全面的信息。在分析处理资料时,也能精力集中,作深入细致的解剖。所以研究结果是一个实体全面系统的、综合的结果,这个研究结果直接用于该实体将会特别有效。

3.能解决一些特殊问题

典型分析法对一批人或情况所特有的问题进行研究特别有效，特别是对范围较小，有独特的、突出的特点的一些问题可以进行详细的周密的考察，得出令人信服的结论。这种作用是许多其它方法起不到的，或者说，这一点是许多其它方法不容易办到的。

4.可进行探索性研究

典型分析法虽然可以研究许多种类的课题，但在探索性的研究上更是十分合适。例如，一个大型课题研究之前研究某一个典型，从这个典型分析中可以探索出大型研究课题的研究途径及其成功的把握如何。

5.典型分析法的缺点是，搜集资料和资料处理都比较费时费力，而且不容易进行统计分析。一般说来单个典型的研究是不够的，所以必须进行同类事物多个典型的研究或用其它研究方法进行协同研究。

二、典型分析法的步骤

1.确定研究课题。包括研究的目的和研究设计，有时要搜集和分析一些有关资料才能确定下来。

2.选择一个或几个典型。典型必须是有代表性的，能完成本课题研究任务的，并且要便于用多种方法搜集资料的事例。

3.搜集资料。搜集的资料一定要全面、系统。搜集的方法可以采用查阅有关文献，进行多角度、多侧面的观察，开调查会或发调查表，必要时可进行一定的实验。

4.分析资料。分析资料多采用理性思维方法，必要时采用一定的统计分析方法。

5.得出结论并推断同类事物的普遍规律性。为了得出普遍规律性，除了典型要有一定数量外，还可以进行同一课题领域的多次连续的典型研究。这样一来,得出的结论就更有把握了。

三、典型分析应注意的问题

1. 选择典型要恰当。典型是研究的对象,是藉以找出一般规律的媒介,所以选择典型是典型分析法最重要的环节。选择典型不能走极端,要选有代表性的,能够达到我们研究目的,而且是内容丰富的事例。典型最好是研究者比较熟悉的,甚至是最熟悉的,因为只有这样,研究者才能心中有数,并且对研究的结果能提出符合实际的假设。

2. 要详细占有典型的大量资料。因为只有详细地占有各方面资料,才有足够的分析基础。所以研究者在利用典型分析法时就要不怕费时费力,用各种方法搜集一切可以得到的资料,资料越全面具体,越不容易产生偏差。

3. 要实事求是地分析资料,从中得出结论。切忌先入为主或先定几条结论,再从资料中找几个例子,以证明现成的结论。要善于从大量资料中排除个别性、偶然性的东西,抓住必然性、本质性的东西。既不受非本质现象的蒙蔽又不放过一切细微的苗头,因为有些事实,看起来不显眼,实际上却是很重要的。

4. 典型分析必须注意研究典型与周围环境的关系,因为任何典型都是在一定环境下生存的,典型的活动与环境是密不可分的,所以在进行分析时,要找出典型与周围环境的各种联系,进行综合分析,才能归纳出正确的结论。

5. 必须从典型的分析中探索出共性的、一般性的必然规律,不能停留在具体资料、具体经验上,也不能停留在只适合于典型本身的结论上,而是要找出适合于这一类事物的共同的一般结论或规律,否则将失去科学研究的意义。有的典型分析只得出典型的结论了事,没有再进一步推断,这样的结论只能指导该典型的活动,不能指导这一类事物的活动,是不彻底的,严格说来,是没有达到科研要求的。

四、典型分析法的应用

典型分析法在图书馆学研究中应用的十分广泛,许多研究课题都离不开它,其主要应用方面如下:

1. 研究图书馆或图书馆各部门的单项或全面工作状况

典型分析法对于图书馆和图书馆各部门的工作状况的研究是很有效的。其具体做法是,以一个或几个具体的图书馆或其部门为典型进行全面的系统的考察,得出具体单位的规律性认识,并推论到某一类图书馆或工作部门的普遍的规律性认识或阐明这些规律性认识的普遍性质。例如,我们的课题是参考咨询工作对高校教学科研所起的作用。选择某所高校图书馆的参考咨询部为研究典型;然后通过查阅这个部门的咨询记录及有关文献资料,直接观察这个部门的工作情况,与馆长和参考咨询人员交谈,向咨询人员或用户发调查表等方法来搜集数据资料;再整理资料,处理资料并进行分析、概括,得出结论;根据情况确定是否选择第二个或第三个同类的参考咨询部,进行同样的研究;概括这些研究成果,得出高校图书馆参考咨询工作对科研教学工作起什么作用。美国学者维纳布里·洛森把典型分析法应用于研究两所科研图书馆的参考咨询服务工作,得出了一般性的结论[2]。

2. 研究图书馆工作人员群体或个人,读者群体或个人的状况

这种研究选择某一或几个图书馆工作人员群体或读者群体,工作人员个体或读者个体作为研究的典型,并对他们全面搜集资料,进行分析概括得出规律性认识,再推断这一类工作人员或读者的普遍状况。例如,要研究图书馆工作人员的素质对图书馆工作的影响,我们就选择某一图书馆工作人员群体作为研究的典型,对这个群体进行全面的搜集资料并进行分析研究,得出结论,再视情况是否选择第二个或第三个群体进行同样研究,从而推断,工作人

员的素质对图书馆工作的影响情况。

3. 用于文献收藏过程和状况的研究

这类研究主要用于文献资源的调查评估方面的课题。调查评估每类图书馆一两个典型,以推断该类图书馆文献收藏的状况,从而提出相应的对策。文献[3]和文献[4]用典型分析法研究了辽宁省图书馆和北京图书馆的文献资源建设状况,得出了可用于指导本馆工作的结论,只是没有得出同类图书馆都适合的一般认识。

4. 用于研究图书馆各种规划、计划及进程,各种规章制度及执行状况

这种研究根据课题需要可以选择一个图书馆的全部规章制度、规划、计划为典型,也可以选择几个图书馆的某一或几项为典型进行研究。研究结果可以看出某类图书馆的规章制度、规划、计划等的制订情况、优缺点及执行中的问题,也可以看出某一类图书馆的某个单项规章制度的制订及执行情况。

5. 用于一些特殊问题的研究

有一些特殊问题用典型分析法进行研究其效果就好得多。例如图书馆的图书防火、防潮、防高温、防虫等问题。研究这类问题最好选择一两个图书馆进行典型分析。如果要研究防虫问题,对某馆内蛀虫、蚂蚁等等的种类、特点,对图书的破坏形式、破坏状况及该馆的防虫办法进行详细的全面的观察和调查,就可以得出规律性认识,以指导这一地区图书馆的防虫工作。

五、应用举例

例1. 美国高校图书馆专业人员流动原因的研究[5]

文献[5]对美国高校图书馆专业人员流动原因用典型分析法进行了研究。作者为了探索美国高校图书馆专业人员流动的原因,选择了内布拉斯加—林肯大学图书馆为典型,以证实与流动有关的四种原因:(1)个人经历,如在该馆任职期限和离职的目的;

(2)工作情况,如同事的工作能力,本人工作的自主性,提升的机会,对薪金的不满意程度;(3)个人情况,如对家庭和健康的考虑;(4)外界情况,如所在城市的规模,文化娱乐活动范围。

搜集资料采用无记名调查表方式,调查对象为1984~1985年间在职的全部专业馆员和1974~1984年自愿离职的专业馆员。根据上述四种可能的原因编制调查表,调查内容共分5类77项。被调查者有在职馆员30名,已离职馆员50名(只收回调查表28份)。经统计,较多数专业人员离职或留职的原因共29项,并列出统计表。

经比较分析,因职业待遇而离职或留职的人数最多,其中涉及经济收入的占绝大部分。所以结果是,职业待遇是决定去留的最重要因素,其中经济收入是关键的因素。

例2. 研究大学图书馆专业队伍结构优化问题[6]

文献[6]以中山大学图书馆为典型进行分析,对大学图书馆专业队伍结构进行了研究。

对全馆121名专业人员的有关情况进行统计,主要是:

(1)按岗位(图书情报、电子计算机和自动化技术、财务会计)分为3类统计人数和百分比;

(2)按专业技术职务(研究馆员、副研究馆员、馆员、助理馆员、管理员)分为5类统计人数及百分比;

(3)按学历(研究生、大学本科、大学专科、中专或高中、初中及以下)分为5类统计人数和百分比;

(4)按学科知识(图书情报、社会科学、自然科学、经济管理、外语)分为5类统计人数和百分比。

通过分析,作者认为,中山大学图书馆专业队伍职务结构、学历结构不合理,群体学科知识结构不配套。结论是,在大学图书馆中,电子计算机和自动化方面专业人员、高级专业技术人员、高学历人员都应占到一定比例。提出的对策是,为优化专业队伍结构首先把好进人关,广为搜罗人才。其次抓好继续教育,实现学历、学科知识结构优化。

例3.研究图书馆的改革[7]

文献[7]考察了牡丹江市图书馆改革实践,研究了发挥情报职能的结果。这个典型研究得出了图书馆为社会进行情报服务之后,读者、藏书、馆员、馆舍、经费等五要素发生了根本的转变。

具体来说:(1)牡丹江市图书馆相继成立了参考咨询部和科技信息部进行情报服务,图书馆的读者转变成情报用户;(2)改变藏书思想,加强馆藏剔除,增设科技期刊和检索工具及其他情报资料,图书馆藏书转化为情报流;(3)加强科技咨询和信息服务,开办科技市场,采用现代化技术,图书馆工作人员发展为既懂科学技术又懂外语的情报专家;(4)加强馆际协作,形成情报网络,加强与生产部门联系,图书馆的馆舍从书斋变成了社会的有机部分;(5)情报服务的经济效益及各项有偿服务,图书馆的经费从单纯国家拨款转变为部分自筹。这些结论对于其他公共图书馆也有指导意义。

参考文献

1.江乃武.连续性出版物管理论文研究方法调查.中国图书馆学报,1991(3):38

2.查尔斯·H·布沙,斯蒂芬·P·哈特著.图书馆学研究方法.北京:书目文献出版社,1987.207~208

3.赵成山.辽宁省图书馆的文献资源建设.中国图书馆学报,1991(1)

4.李曙东.北京图书馆文献资源的调查与分析.中国图书馆学报,1991(2)

5.迪伊·安·艾利森,伊娃·萨尔托里著.美国高校图书馆专业人员流动的原因——一个图书馆情况的研究.图书馆学研究,1990(4)

6.赵希琢.大学图书馆专业队伍职务和智能结构优化及其对策.广东图书馆学刊,1990(1)

7. 张晓波. 从牡丹江市图书馆的改革实践看图书馆五要素的变化. 黑龙江图书馆, 1990(4)

第八章　历史研究法

历史研究法是揭示图书馆工作规律的手段之一,是极为有效的特别为老一代图书馆学家熟练掌握的传统方法。它通过对过去的丰富的图书馆工作实践和理论思想成果的分析研究去认识图书馆学的历史和发展的规律性。

历史研究法研究的题材十分广泛,不但纵向时间长,而且横向涉及面广。从纵向看,从图书馆产生那一天起到现在,甚至在其孕育的过程中,都是历史研究法发挥研究效用的时间。从横向看,图书馆在国内外的分布和演变,馆藏发展,图书馆建筑及设施的演变,图书馆的协作,图书馆工作人员、图书馆学,图书馆的读者服务工作,图书馆学教育等等,几乎图书馆事业的一切方面都可以而且必须进行历史研究。历史研究法是一个单独的研究方法,但是,在许多研究中,它还可以作为一种补充方法或综合使用的方法之一。当我们研究一个课题时,往往要弄清这个问题的历史,而且有许多项目是前人研究的继续。这些问题在用其它方法研究时,就要同时使用历史研究法。

从上述可知,历史研究法在图书馆学研究中处于极为重要的地位。所以,我们每一个图书馆学研究者都要学会并熟练运用历史研究法。历史研究法的运用是每一位图书馆学研究者的基本功。

一、历史研究法的作用

(1)用历史研究法能够探讨以往各种图书馆现象及理论是在什么时候产生的,怎样产生和发展的以及产生的根源和发展动因,把握其历史发展的趋势和倾向,掌握其来龙去脉,使我们能正确理解图书馆事业的历史事实,并深刻认识其实质。

(2)用历史研究法能够总结过去图书馆工作的经验和历史人物的贡献,有效地继承历史遗产,使我们更好地利用一切以往的优秀的和有用的成果,为我们今天的研究打下坚实的基础,并在此基础上更快的前进。同时,也能准确认识历史上错误的东西,吸取历史教训,以便使今后的研究少走弯路,加快图书馆事业的发展。

(3)用历史研究法充分揭露图书馆历史上各种现象的因果关系和相互联系,揭露图书馆与各种社会因素的关系,作为我们的借鉴,有助于正确理解和处理今天图书馆的内外矛盾及其产生的问题。

(4)用历史研究法能够比较和评价各种图书馆理论和实践,评价图书馆界历史人物的理论和实践活动,使我们不仅能科学地认识和评判以往的事实,而且能更好地鉴别当前的各种理论和实践活动,并预测未来的发展趋势。

总之,历史是一面镜子,今天的事物都有其历史的影子,今天的创新都可能受到历史的启发。继承过去的遗产不但可以认识过去,理解现在,而且可以预测未来。

二、历史研究法的步骤

历史研究法的研究步骤与一般图书馆学研究方法的步骤大体相似,主要有:

(1)根据客观需要提出并确定研究课题。

(2)查阅资料,熟悉该课题的有关情况。

（3）尝试性的提出能够解释已知历史事实的假说。

（4）全面地搜集能证实假说的证据史料，并鉴别史料的可靠性和真实性。

（5）对搜集到的可靠的证据史料加以选择、整理、分析并作出结论。

（6）用精练的语言写出研究报告或科学论文。

下面仅就历史研究法的几个特殊步骤进行较详细的分析：

1. 历史资料的搜集

历史研究法是用来研究已往的事实的，所以，它必须而且只有根据历史资料去进行研究。于是首先要解决的是历史资料的搜集问题。

历史资料是对某件事发生和经过的记述，是某些人观察或调查的结果。由于已往的事件无法使之重演，所以只能根据他人观察或调查的记述，经过分析综合，概括出其本来面目。

历史资料包括马克思主义经典作家有关图书馆学方面的论述；历代图书馆学家的有关论著、记述、随笔、建议；国家、地区和政党有关图书馆的法令、制度、规定、方针、政策、决议、指示、规划；图书馆的调查报告、总结报告、工作报告、大事记、报表、统计、记录、日记；图书馆研究刊物、论文、专著、手稿、笔记、评论、传记、新闻报道等等。文学作品虽然不是历史事实的记载，但是，也可从中找到对当时某些情况的典型描绘，所以，在一定意义上，如果能慎重的、正确的运用，也是可以作为图书馆学研究的历史资料来看待的。

图书馆学的历史研究应当建立在丰富的第一手资料的基础上。所谓第一手资料是指研究对象本身，或直接反映研究对象的东西，或当时当地耳闻目睹者的文字记载。所谓第二手资料是指间接得来的有关研究对象的资料，不是当时当地耳闻目睹者的直接记载。

可是，同一件资料，对一项研究来说可能是第一手资料，而对另一项研究来说可能是第二手资料。例如,研究某一时期图书馆事业的情况,当时的法令、记录、统计数字是第一手资料;当时反映有关情况的图书馆学论文、评论是第二手资料。如果我们研究某一种图书馆理论的发展情况,代表这种理论的图书馆学论文、评论便是第一手资料。

在研究过程中,第一手资料是非常关键的,但是,第二手资料也是很重要的。我们可以从第二手资料中了解某些有关的情况,了解他人对这一问题的看法,作为自己研究的参考或启发。特别当第一手资料找不到时,还可以根据第二手资料中的线索去寻找第一手资料。但是必须注意,如果研究的结论主要是根据二手资料得出的,这个结论则未必可靠。因为第二手资料本身就不一定全面和可靠,其中难免带有不同程度的主观因素。在科学研究中,结论只能从客观资料中概括出来,要把历史资料中的主观因素减少到最低限度,这就要求我们必须千方百计地搜集和采用第一手资料。当然,如果第二手资料出自可靠的、有高度修养的专家之手,其精确性是较大的,也是可以采用的。因为残缺不全的第一手资料有时还不如确实可靠的完整的二手资料更能解决问题。

图书馆学的历史研究要求所搜集的历史资料必须是能足够全面地、正确地和精确地反映问题的真实情况和本质的东西。所以搜集资料时,不仅应当搜集大量的正面资料,也应当搜集大量的反面资料,不仅搜集能够证明自己观点的资料,也应当搜集可能推翻自己观点的资料。只有这样做,才能全面地去研究问题,才能彻底揭露矛盾,辨别真伪,分清是非,不被假象所蒙蔽,最后找到真正的客观真理,得出科学的结论。我们还要注意搜集相关学科与本课题有关的历史资料,以便从图书馆学与相关学科的关系中去研究自己的课题。

历史资料的搜集方法见本书第一部分第三章第二节。

2.历史资料的鉴别和评价

历史研究必须建立在真实可靠的历史资料的基础之上。可是,由于种种原因,不少历史资料是错误的,甚至是伪造的,也有的历史资料与历史事实是不完全符合的。因此,搜集到的资料必须加以鉴别和评价。

拿到资料以后,首先是鉴别真伪,然后再评价这些资料与历史事实符合程度。对于古代的资料,真伪的鉴别是非常重要的,因为年代久远,真伪难辨。即使是近代或现代的资料也应当加强真伪的鉴别。资料被鉴别为真实以后,还必须进行资料价值的评价,即考察其所记载的内容是否和史实相符,相符的程度如何。因为资料中常有记录不准确(夸大或缩小),带有主观性、片面性或某种偏见等等现象。

鉴别和评价资料工作不应是截然分开的,而应是同步进行或交错进行的,往往需要反复推敲才能决定。

鉴别和评价历史资料的主要方法有:

(1)从资料的文体、用词、形式等方面来看。各时代的文体、用词和形式等等特征都有其自己的特点。如果资料的这些特征与当时所可能有的特征不一致,就值得怀疑。

(2)从资料的内容看,如果资料所表达的内容与当时的社会状态不符合,或者与客观规律和肯定的科学知识相矛盾,就可以怀疑。

(3)从资料的思想上看。如果资料所包含的思想与当时的思想不符,就可以怀疑。

(4)从资料自身是否存在矛盾来看。如果资料的内容,按照当时当地的条件是不合情理的;或者资料中有错误,但按照作者的水平是不可能产生的;或年代地点上有不应有的错误、出入和颠倒等等,就可以怀疑。

(5)与其它资料或确知的史实相比较。如果两件资料记载同一事实而互相矛盾,则其中必有一件不真实或两件都不真实,应仔细辨别,如果与确知的史实相矛盾,则该资料一定是不真实的。

(6)看资料是出自何人的手笔。从作者的观点、品格、经历和才能方面,也可推断资料与史实的符合程度。

(7)看资料是怎样产生的。从资料如何产生的,包括是当时的现场记录,还是事后的回忆,是作者自己的耳闻目睹,还是道听途说等情况,也可以推测资料的真实程度。

(8)研究者还必须辨别和鉴定资料的原意,否则也不能显示出历史事实的真相。这就要求我们必须按照其本来的意思来理解资料的内容。有时一字之差,会产生相反的理解。有时一个标点符号的错误,就有不同的意义。要注意名词术语在当时当地的涵义。同一名词在不同的社会、不同的历史时代其意义会有不同。特别在运用外国资料时,对用词的涵义更应认真分辨。我们还应当注意当时的历史背景和社会条件,按照当时的发展水平去理解资料的内容。另外还应当注意资料是怎样写成的,是直接写出的,还是用隐蔽的影射的手法写出的。如果采用隐蔽的手法,还应进一步理解其言外之意。

鉴别和评价历史资料是一项专门学问,以上列出的不过是最常用的一些手段。如果有的读者想深入了解,请参考有关专著。

3.原始资料的加工整理

由于搜集来的历史资料多半是片段的、分散零乱的,甚至是残缺不全的,虽然每一件资料都经过了真伪的鉴别和质量上的评价,还是不能进行分析研究。为了便于分析研究还要进行必要的整理和加工。所谓加工整理主要是指对资料进行筛选和汇总统计。虽然不同的研究任务和不同性质的资料采用的加工整理办法是不同的,但还是有规律可循的。

(1)资料的筛选。我们对经过鉴别和评价的资料不能一视同仁,一律采用,而是要经过必要的筛选。要正确选择那些解决问题所需要的资料,淘汰那些不真实和无价值的资料。当然筛选资料

不应根据主观愿望来进行,而要根据资料的科学性质来进行。筛选资料的步骤如下:

①首先淘汰那些经过鉴别和考证,证明是不真实的资料。

②将可疑资料挑出,一般也列入不采用的范围。但是,可疑资料不一定弃置不用,因为有时可疑资料也可能有一定参考价值,只是不能把它与肯定正确的资料等量齐观。特别是,在分析研究阶段,当发现真实资料不够用时或不足以说明问题时,可以用其它方法进一步考证可疑资料,考证准确后,就成为真正有价值的资料。

③区别反映人们主观意见的资料和反映客观事实的资料,以便在分析研究时,把反映客观事实的资料放在首位,作为得出结论的主要根据,而把反映人们主观意见的资料放在参考位置上。

④挑出虽然反映客观事实,但研究价值不大的资料。我们在分析研究中重点分析那些与客观事实符合程度很高的资料,如果资料不够,再去分析研究那些与客观事实符合程度较低的资料。

⑤挑出反映特殊情况的资料,因为那些反映个别现象、偶然事件的资料,不能反映事物的一般规律。

⑥挑出有其它方面问题而不能作为分析研究使用的资料。

此外,如果同类资料的数量很大,无法或不便于进行分析研究,可以采取抽样的办法,从中抽取一定的样本,通过对样本的分析研究,进一步推断总体的状况。

(2)资料的汇总统计。汇总统计的目的在于把可用于研究的资料进行分类排队,把同类资料综合在一起,成为一个有系统的、条理分明的统一整体,以便进行分析研究,揭示事物的本质,寻找出规律性。

某些历史课题只需要把从各种来源,从各个角度反映同一历史事实的资料汇集在一起,便可开始进行比较、分析和研究。有些历史研究课题,不但需要将反映同一史实的资料汇集在一起,而且还要在所搜集的资料中,抽出足够多的指标进行必要的统计。通过这些统计工作,才能得出对我们研究课题有用的资料。

在不少汇总工作中,都把资料列成不同形式的表格。其实,不仅数量资料可以列成表格,非数量资料也可以列成表格,以益于归类统计。表格一般可分为原始资料表格和经过加工处理后的资料表格。原始资料表格主要是填写那些按照确定的分类汇总了的原始数据或资料。加工处理后的资料表格,主要是填写那些在原始资料表格基础上进行了有目的计算和区分而形成的数据或资料。

为了使资料或数据更易于理解,有时也将资料画成各种图形,如曲线图、折线图、柱状图等等。

总之,原始资料必须经过认真加工整理才能使用,这一步的工作做好了,分析研究就容易了。

4.资料的分析

历史资料已经搜集完备,经过鉴别和评价也都是真实的,而且是有价值的,下一步就是如何运用历史资料,如何进行分析研究,从中得出规律性的认识。

我们对图书馆事业进行历史研究,必须从丰富的历史事实出发,从对具体的人物、事件在一定的时间、地点和社会环境下的具体情况的分析研究开始。但是光罗列历史资料不是科学研究,查明事实真相也不是科学研究,甚至对事实的简单描述也不能成为科学研究。历史研究的任务是根据丰富的典型历史资料,不但要描绘出历史的实际过程,更重要的是发现和揭露历史事实的内在联系,揭示历史事实的内在规律,指导现在,预测未来。

(1)在历史资料的分析研究中应注意的事项有:

①必须从历史事实出发。辩证唯物主义认为,具体的感性的东西是认识的出发点。如果没有历史事实,我们的研究就成为无源之水,无本之木。历史事实是分析研究的根据。在研究中,要注意不要按照主观愿望去挑选资料;不要按照主观意图先提出结论,不能把结论强加于历史事实;不要作主观的臆想和推论,更不要牵

强附会。每个结论都要有充分的根据。

②必须以马列主义为指导。马克思主义是认识世界的科学，当然也是认识历史的科学。我们在研究中必须运用辩证唯物主义和历史唯物主义的原理原则去分析研究历史资料。通过对历史资料的分析研究对历史事实作出理论概括。就是说，历史研究中，必须符合马列主义的立场、观点和方法的要求，按照马列主义的立场、观点和方法去研究历史资料，才能得出合乎科学的结论来。

③要有历史的观点。研究任何历史问题和历史人物都必须掌握这一时期的历史全局，要了解当时的政治、经济和文化情况以及它们之间的内在联系。把研究对象放在历史全局中去考察，从历史对象与社会政治、经济和文化的联系中去考察，即把历史事件和人物放在他们自己的历史条件下去分析研究，不要拿今天的意识形态强加于古人，也不能以自己的认识水平去衡量古人的认识水平。

④选择反映历史必然性的资料进行分析研究。历史是极端错综复杂的，反映这些历史事实的资料也是十分浩繁的。我们要善于从浩如烟海的历史资料中找出主要的基本的资料。要想发掘现象、事物和过程中的普遍因素、必然因素，就要研究和比较大量的同类资料，把其中不断重复的、稳定的、巩固的、同一的资料找出来。不要用孤立的、单一的证据作出结论。

（2）历史资料的分析方法。分析研究历史资料的方法，随着内容的不同而不同。就目前图书馆界使用的分析方法可分为比较分析法，理性思维方法，描述统计方法，推断统计方法和数学方法。这些方法的具体特点和运用，请参见本书第二部分第九、十章和第十二、十三、十四章。

应当指出的是，某些内容要求采用这种分析方法，另一些内容要求采用另一种分析方法。多数情况下，却要求几种方法相结合地运用，以使之相辅相成，取长补短。各种分析方法的关系是十分密切的。例如统计分析以逻辑分析的原理为基础,逻辑分析又往往利用统计分析的资料。所以在运用历史研究法进行图书馆学的研究中,许多研究者往往先对历史资料进行必要的统计分析,然后再进行逻辑分析,并把二者紧密结合起来。

还应当指出的是,对资料的分析,不应当等到资料全部积累齐全才开始进行,而应当在积累的进程中逐渐进行。虽然到最后进行全面和深入的分析研究是完全必要的。在搜集资料的进程中逐步进行分析研究,也会使我们更明确需要进一步搜集哪些资料,还需要进行哪些分析,可以避免走不必要的弯路。

三、历史研究的实例

在图书馆学的研究中,历史研究方法应用的极为普遍,翻开每种图书馆期刊的任何一期,几乎都能发现有关历史研究的学术论文,有时甚至连续几篇都是采用历史研究法进行科学研究的杰作。兹选几个实例分析如下:

例1. 研究中国图书馆学思想发展史[1]

文献[1]是一篇用历史方法进行图书馆学研究的成功实例。

作者把中国图书馆学思想发展分为三个时代:从殷商到唐代是萌芽和知识积累的幼年时代;从两宋到清初是大发展时代;从清末到中华人民共和国成立以后是新的发展时代。作者占有了大量的丰富的历史资料,选择了有代表性的、典型性的史料进行分析研究,从中得出如下结论:中国图书馆学思想,从先秦萌芽至盛唐的知识积累,经两宋到明清两代的大发展,即十八世纪以前,代表了人类图书馆学认识的先进思维水平。到十九世纪跌落下来。从十九世纪末又开始复苏,并进入新的发展时期,但是至二十世纪三十年代,与世界先进水平尚有一段差距;五十年代,它与国际先进学术思想的差距并没有缩小。现在,中国图书馆学思想应当有一个发展。

其研究方法上有如下特点：

（1）详细地占有史料。作者详细地研究了从殷商到中华人民共和国成立的中华民族历史上有关图书馆学的史料，经过筛选，在文章中引用了 41 名作者的 69 种文献中的大量论述，作为自己研究的根据。

（2）精选史料。每一个朝代，都选择有代表性的人物的典型论著作为研究资料使用。例如，两宋当时著名图书馆学的学者有李至、宋匪躬、苏轼……等八人，作者只取其代表人物程俱，郑樵两人的关键的图书馆学思想论述作为典型资料使用。

（3）从具体史料出发。在进行分析研究时，作者从具体史料出发引出结论，每一结论都有具体史料作根据。例如，把七世纪唐代魏征对图书馆的认识水平和欧洲 14 世纪伯里《爱书》中认识水平进行比较后得出结论：当时先进的中国比落后的欧洲早 700 年达到同一水平。七世纪中国图书馆学思想代表了人类图书馆学认识的先进水平。

（4）把研究对象放在历史全局中考查。在对史料的分析研究时，把图书馆学的学术思想放在当时的历史条件中进行研究，把学术思想与当时社会的政治、经济和文化情况联系起来。这样就容易找出研究对象产生、发展的根源。例如作者在分析汉朝图书馆学术思想的高涨时，描述其历史背景为，大一统封建汉帝国的建立，使封建经济空前繁荣；自汉初允许私人藏书，至武帝下令在全国征集图书，使汉政府图书馆异常庞大。在这种条件下才产生了像《别录》、《七略》等等全面记述图书馆活动内容的专著，而且又迅速出现了阐述性的专论并转入图书馆局部知识的求索。

例 2. 研究图书馆事业史[2]

文献〔2〕是用历史方法研究图书馆事业史的实例。

文章用丰富的历史资料证实了北宋图书馆事业发展的三大特点，即广求图籍，大兴馆阁；改革机构，转变职能；精于校勘，严于书

158

禁。并得出结论:北宋王朝图书馆事业的发展,无论从藏书建设还是从管理、流通等方面来说,都达到了我国历史上的新高峰。

从文章中不难看出,这项研究也具有例1的四个特点,即详细地占有史料;精选史料;从具体史料出发;把研究对象放在历史全局中考察等。不同的是,例1是先列举史料,后得出结论,本例是先提出论点,后列出史料作佐证。这种论述方法,使人读起来,显得更为清晰、醒目。例如,在论述第一个特点时,先提出论点:广求图籍,大兴馆阁,再予分述。在分述中论述广求图籍时,提出用征集、抄写、刻书三种方法来实现,接着列出三种方法的史料为佐证。就"征集"而言,文章列出宋朝初年,宋太祖每平定一国就尽收其书,以充实三馆;统一以后,又采用"无偿征集"和"有偿征集"的办法收集图书。最后举出北宋九帝除最后一个钦宗在位不久即被金人俘房外,都曾诏求遗书,不仅太祖、太宗极为重视,而且真宗景德三年,仁宗嘉祐五年、嘉祐六年,徽宗宣和四年等都发动了大规模的诏求遗书运动等等史实作为证明。

例3.历史人物研究[3]

文献[3]是用历史方法研究为图书馆事业作出重大贡献的历史人物的实例。

作者在三个标题下论述了列宁与图书馆事业的关系。这三个标题是:列宁一生都在利用图书馆;列宁是世界上第一个社会主义国家图书馆事业的奠基人;列宁的图书馆事业思想是图书馆学理论方面的宝贵财富。

列宁抓住一切可利用的机会,采用多种方式利用图书馆。列宁利用过的图书馆有50所之多。列宁在百忙中抽出许多时间,指导苏维埃俄国的图书馆事业。由于列宁的特别关怀和亲自指导,苏联的社会主义图书馆事业奠定了必要的基础,并确定了进一步发展的正确道路。列宁关于图书馆事业曾经写过许多文章,讲过许多话。这些论述构成了"列宁图书馆事业思想"的完整体系,是图书馆学理论方面的宝贵财富。

作者论述上述思想时,取材的文献资料中包括列宁的论文、演说、书信(便条)、意见及其他文件,列宁签署的法令和决议;同时代人对列宁的回忆及后人对列宁的研究著述等等。对"列宁与图书馆"这一主题的文献出版情况作了介绍,在文后附录《列宁全集》中文版中有关《列宁与图书馆》这一主题的页码。

例4.读者服务的历史研究[4]

文献〔4〕是历史方法应用于读者服务历史研究的一个例子。该项研究的主要特点是在历史研究中应用了定量研究和定性研究相结合的方法。在"40年来读者服务研究成果的数量分析"一节中,进行了大量的统计工作,列出11种表格,共计265个数据。例如,通过各阶段论文数量的比较分析可以看出:总的趋势是论文的数量在不断增加,读者服务研究在不断发展,但各阶段研究发展不平衡。通过对专著和教材数量的分析可以得出:从时间上看,1955年以前的比重较大;从内容上看,1955年以前,有关阅读指导和读书方法的文献出版较多,而80年代以后,读者服务成果汇编和综合性论文集出版较多,说明80年代以后的研究重点有所转变。得出的结论是,从总的趋势看,我国图书馆读者服务理论研究取得了显著的成绩和进展。成绩是主要的,但也存在一定的问题。

例5.与其他方法结合研究比较图书馆学[5]

文献〔5〕是历史研究法和其它研究方法相结合运用的实例。文章的第一部分就是追述比较图书馆学的历史概况。在历史追述之后再分"定义与范围"、"目的意义"……等6个题目进行了研究分析。

参考文献

1.况能富.中国图书馆学思想的发展及其影响初探.图书馆学通讯,1985(1):39~50

2. 黄德宏. 论北宋图书馆事业及其特点. 图书馆学通讯, 1990(3): 23~28

3. 张琪玉. 列宁与图书馆. 图书馆学通讯, 1984(2): 14~21

4. 张树华, 项弋平. 四十年图书馆读者服务的实践与理论进展. 图书馆学通讯, 1989(2): 3~13

5. 佟富. 比较图书馆学综述. 图书馆学通讯, 1989(2): 40~45

第九章　比较分析法

　　比较分析法是指对同类事物进行对比，分析其相似点和差异点，从而判断其优劣的一种逻辑方法。客观事物之间总是存在着差异性和相似性的。客观事物之间既存在着现象上的相似和差异，也存在着本质上的相似和差异；既存在着量的相似和差异，也存在着质的相似和差异；在空间上同时并存的事物之间存在着相似和差异，在时间上前后出现的事物之间也存在着相似和差异。这些相似和差异的存在，就是比较分析法赖以存在的基础。

　　人类在各种思维活动中经常运用比较分析法。其实，人类最初分辨事物是靠比较达到的。例如，人类形成苹果的概念是因为把苹果的属性(颜色、气味、大小等等)跟其他事物的属性加以比较而得出的。在日常生活中，人们认识事物几乎都离不开对事物及其属性的比较。但是，日常生活中所运用的比较只是对那些能直接感觉到，彼此非常相近的事物进行比较，而在科学研究中运用比较法，就不仅把直接处于感觉视野内的各种对象彼此加以比较，而且把那些彼此相隔很远(无论是在时间上，还是空间上)的对象加以比较。科学研究中的比较法还要在表面上差异很大的事物之间看出它们本质上的共同点，在表面上极为相似的事物之间看出差异点，发现它们的本质属性的特征，进而区别事物，认识事物。能够对那些乍看起来彼此并无共同点的对象及其属性进行比较是科学思维的特征。一般人只能识别显而易见的差异，只能比较两个相似的东西的相像,而科研工作者不但要有一般人的比较能力,而且要能看到差别很大的事物的相似和两个相似事物的差异。一个科学研究素质很高的科学家会比一般人能够更迅速地看到事物之间的相似和差异,不仅看到现象上的相似和差异还能看到本质上的相似和差异,不仅看到量的相似和差异,还能看到质的相似和差异。

　　科学研究中使用的比较分析法既是一个独立的研究方法,也是许多研究方法中广泛采用的一种手段。例如,在历史研究法中要比较历史和社会背景,比较发展情况,比较历史人物的学术观点和思想等等。在观察法和调查法中要比较各种现象、事实、数量、质量等等。在引文分析法中要比较引文量、自引量、半衰期、文种、文献类型、增长趋势等等。在科学研究的每个阶段,也常常用比较方法,例如,在确定研究课题,选择研究对象时,要用比较法寻找有代表性的典型;在搜集资料时,要通过比较发现问题,发现现象与现象之间的关联和相互作用,发现事物中的矛盾;在分析和整理资料时,要用比较法去鉴别资料的价值和可靠性,判断因果,揭露本质,概括出规律;在阐述研究成果、论证研究结论及评价其意义时,也需要应用比较方法作出判断。比较分析法在科学研究中是随时要用到的基本工具,所以熟练地掌握比较分析法是进行科学研究的基本功。

一、使用比较分析法应注意的问题

　　1. 比较的资料必须是真实可靠的

　　这一点虽然容易理解,但在做的时候,却因获得真实可靠的资料需要一番认真的研究或核实工作而被研究者所忽视,或有意地含糊而过,其后果必然使比较方法失去认识事物的价值。在比较时,除了资料本身应该真实可靠以外,研究者对资料的理解也应是正确的。在事实性资料的比较中,对资料错误理解这类问题发生的可能性少些,但在比较理论性资料时,错误理解的发生率就提高了。研究者可能断章取义地理解,或者带着强烈的倾向性去理解,把一方看作正确的,另一方看作错误的。比较时也有可能出现因研究者对一些概念理解错误而带来的问题。上述情况都必须避免,比较只有在正确把握了比较双方可靠资料之后才可开始。

2. 比较的资料必须是可比的

这一点看起来似乎是十分明白的,可在实际工作中,也往往容易被忽视。那么,哪些资料是可比的呢? 只有同类的、同一范畴的、采用同一标准的或处理方法相同的资料才是可比的。也就是说,在一般情况下,如果资料不是同一类资料;如果资料包括的对象或范围不同;如果资料属于不同时期或所包括的时期长短相差悬殊,则是不可比的。而且,采用不同的标准搜集和整理的资料;采用不同方法搜集和整理的资料;或建立在不同基础上的资料也是不可比的。当然,在不同类的对象中可能存在着潜在的可比因素,这也要注意发现并加以对比研究。

所以,在运用比较分析法时,还要判明所研究的资料是否有可比性。并且在搜集资料时开始就要注意搜集具有可比性的资料,继之采用统一的搜集标准,采用一致的记录和整理方法等等,都会使资料建立在可比性的基础上。

有些资料,表面上看起来是不可比的,但经过一定的加工整理,就可能成为可比的资料。加工的方法是很多的。对有些资料,可以将绝对数加工整理成相对数(如分数、平均数、众数、中位数等等),成为可比资料。对一些利用不同标准搜集或整理的资料,可以用统一的标准代替不统一的标准;对一种分组法形成的不可比资料,可以进行合理的再分组,使资料具有可比性。如果可比因素是潜在的,可以从各种不同的资料中把所需要的因素科学地推算出来,使资料具有可比性。

3. 比较的标准要一致

比较标准明显的不一致是容易发现和避免的,困难是在表面看来一致的比较标准,但实际上并不一致。这在定量比较中更为突出。如果在定量比较中标准不同,则有关的数量就不能进行比较,因为这时大的数量不一定表示大,小的数量不一定表示小,所以在比较之前,一定要审查比较的标准是否确实一致。当然,有时比较标准不一是由对概念理解的不同造成的,这也应尽力避免。

4. 比较要深入到本质

这就要求研究者不仅要进行现象的比较,还要进行本质的比较;不仅进行量的比较,还要进行质的比较。

目前,图书馆学研究者进行的一般比较,多是依据事物的外部现象来进行的。对深入到事物本质进行比较还是不够的。事物之间不仅存在着现象上的同异,而且还存在着本质上的同异。运用比较分析法来认识事物,不仅要对现象上的同异进行比较,更重要的要对本质上的同异进行比较。只有比较事物内部所固有的矛盾的各个方面,才能看出异中之同,同中之异,才能把握事物的发展过程,认识事物的本质。

此外,人们通常作的比较往往是量的比较,而缺乏质的比较。而事物不但有量的规定性,也有质的规定性,一定的量反映一定的质,量发展到一定程度就会导致质发生变化。所以,我们在进行量的比较时,一定不要忘记量所反映的质,从量的比较深入到质的比较,从而得到更深刻的认识。

5. 比较应力求典型全面

在比较时,要善于从复杂的资料中,舍去那些次要的、非典型的东西,选取其中重要的、典型的东西进行比较。同时,比较力求全面,不仅看到一方面,还要看到另一方面,这就要求比较的资料要全面,不可搜集片面的资料拿来比较。如我们比较两个图书馆时,最重要的东西,一个是藏,一个是用。但是我们不能只比较藏,不比较用。不能只凭藏书量来判断图书馆的优劣,只有藏与用两方面都衡量,才能判断其中的优劣。此外,在判断优劣时还要注意多种因素的影响。例如在比较各国图书馆复本量时,有的国家复本量多,是以外借为主,内阅为辅。有的国家复本量低,是以内阅为主,外借为辅。后一种图书馆,相对说来,藏书量就会少些。这说明,在判断图书馆的优劣时,还必须全面考虑,不可片面判断。

二、比较的表达方式

比较的表达方式一般可有三种:

1. 列表比较

把比较的对象或数据列成表格,可以一目了然地看出异同。再根据对象或数据的异同分析其原因,找出规律性。这是一种常用的比较方式。

2. 绘图比较

把列入表格中的数据或资料,绘制各种图像,利用图像进行比较,并找出因果。这种比较方式比表格比较更为醒目、直观和形象。

3. 文字描述

当研究对象比较简单,不需用表格或图形表达时,或当研究对象相当复杂,不易用表格或图像表达时,可用文字描述。这种方式只适用一两个数字的对比或定性的对比。

三、比较分析法的应用

比较分析法作为图书馆学研究的一种独立方法,主要应用于两方面的研究:纵向比较研究和横向比较研究。

纵向比较即按时间顺序的比较,也可以说是历史形态上的比较,是指某一事物的发展过程中,不同时期、不同阶段发展情况的比较。比较的内容可以有图书馆及图书馆事业,图书和期刊,图书馆学研究,工作人员质量和读者构成等等的不同时代、不同阶段的比较。通过某一事物的历史发展水平的比较，可以追溯事物的历史渊源，确认事物的发展过程，看出其发展规律，以及预测未来。

横向比较即按空间意义上的比较，也可以说是在现存形态上的比较，是指同一时间内，同一事物（如图书馆等）的不同类别，不同地区，不同环境，不同条件下的比较。在图书馆学研究中，可以进行不同国家、不同地区的图书馆比较，不同文化层次图书馆的比较，不同图书馆工作中的具体事例比较以及不同事物（如不同学科文献）的可比因素的比较等等。这种比较的作用在于使我们通过比较可以区分或辨别各种不同的事物。

当然，我们在从事某一课题的研究时，比较绝不应该仅仅是纵向的或仅仅是横向的，而是应该把二者有机的结合起来，既从时间顺序上看，也要从空间广度来看，也就是说既从历史发展的角度看，也要从现实存在的角度看，这样才能做到全面比较，从中探索出规律性的东西来。

人们在图书馆学的研究中，都在自觉或不自觉地运用比较方法。随着研究的深入，比较方法的应用越来越多，研究的领域也越来越广。在对比较方法本身的探讨和总结的基础上，产生了图书馆学的一个新的分支学科——比较图书馆学。比较图书馆学，就是用比较的方法对两个或两个以上的国家、地区或社会环境的图书馆、图书馆体系、图书馆学等的某些方面或某些问题进行研究，分析它们与社会政治、经济、文化、意识形态和历史的联系，找出差异点和共同点，确定差异点和共同点的原因，得出规律性的认识。比较图书馆学的建立证明了比较方法的巨大威力，使比较分析法在图书馆学各个领域的研究中处于几乎无所不在的地位。比较图书馆学为比较方法开辟了广阔的应用领域。到目前为止，国外已经出版了不少专著和优秀论文，我国也已经有人致力于比较图书馆学的研究。把比较分析法作为图书馆学研究方法中的一个非常重要的方法来进行研究和实践，为图书馆学的发展开辟了一条新路。

虽然比较分析法有着强大的生命力和广泛的适用性,但也和其它研究方法一样,存在着其固有的局限性。这是因为任何比较都只是拿事物的一个方面或几个方面来比较,而抛开其它方面的比较,所以列宁曾经指出:"任何比较都不会十全十美。"因此,对于任何应用比较分析法得来的结果,都不能绝对化。它只是对于所比较的几个方面是正确的、合理的,对于其它方面就不一定是正确的、合理的。所以,我们在实践中应力求进行多方面的比较,进行准确完整的比较,以获得全面深刻的认识。

四、应用举例

例1. 图书馆学论文数量纵向对比研究[1]

文献[1]将1906年到1983年我国图书馆学领域所发表的论文按阶段列表如下:

表9.1　1906～1983年图书馆学论文数的比较

	年度区间	论文数(篇)	年平均数(篇)	百分比(%)
解放前	1906～1949.9	5358	125	
解放后	1949.10～1957	1755	219	13.5
	1958～1979	2883	137	22.1
	1980～1983	8410	2102	64.4
	合计	13048	384	100.0

采用对比方法对表9.1中数据进行分析,说明了如下几个问题:

(1)我国图书馆学研究论文,从总的趋势上看是不断增加的。

(2)解放前发表的论文数量与解放后作一对比,可以说明新中国图书书馆学研究的发展是迅速的,特别是80年代出现了大跃进。解放前,从1906～1949年9月的43年间,共发表论文5358

168

篇,这个数字不及解放后的 1949.10 ~ 1983 年的 34 年间论文总数的一半,也不及 80 年代头四年里论文数量(后者为前者的 1.6 倍)多。再看年平均数,解放前 43 年平均每年发表论文 125 篇,解放后的 34 年里平均每年发表论文 384 篇,后者是前者的 3 倍多。而 1980 ~ 1983 年的四年中,每年发表的论文数量是解放前每年发表的论文数的 16.8 倍。通过这样的比较,可以雄辩地证明了新中国图书馆学研究比解放前有很大发展,而 80 年代我国图书馆学研究状况,又是历史上最高水平。

(3)在解放后的 34 年里,图书馆学研究的发展状况是不平衡的。13048 篇论文中,1980 年至 1983 年就发表 8410 篇,占总数的 64.4%,为前 30 年论文数的 1.8 倍。再看平均数,后 4 年为前 8 年的 9.6 倍,为中间 22 年的 15.3 倍。可见,中间 22 年图书馆学研究发展缓慢,而后 4 年则进展迅速。

例 2 高校图书馆结构的横向比较研究[2]

文献[2]列举了苏联、美国、日本和我国高校图书馆的一般组织机构的组成状况,进行了对比,并提出了我国高校图书馆的组织机构设置方案。作者指出,我国高校图书馆的组织机构与苏美日各国相比,有如下异同:

(1)在结构上,都采用混合结构形式,即以职能结构为主,结合采用其他结构形式。

(2)我国和苏联,按照图书馆的规模大小,增减部一级的机构数量,而美国和日本是部一级机构不变,增减部以下机构的数量。

(3)规模小的高校图书馆,机构数量基本相同,都设有 3 ~ 4 个部一级机构。

(4)规模大的高校馆,机构数量的设置有显著差别。我国和苏联的组织机构基本相同,部一级机构很多。这种机构的优点是馆长管的细,便于实施具体指导,对于能力很强的馆长,是能够管理好的。但是,对于一般的馆级领导者,由于领导跨度大,难于集中精力抓大事,且容易出现各部各自为政的现象,影响整体目标的实现。美国和日本的机构中,部级机构较少,一般是 4 个,有的只有 3 个。如日本东京大学图书馆只设总务课、整理课,阅览课 3 个机构;日本筑波大学图书馆也只设 3 个课,每课下设六个股。这种机构的优点是,馆级领导跨度小,馆长便于抓大事;设有 3 级管理体制,能严格实施分级管理。缺点是部级领导的领导跨度大,易于脱离业务工作,增加了脱产或半脱产干部。

根据以上对比分析,结合我国的实际情况,我国高校图书馆的组织机构宜采用六个部(采编部、流通保管部、阅览部、情报服务部、现代技术部和办公室),每部下设 3 个组的 3 级管理模式,这种结构发扬了各国高校图书馆机构设置的优点,避免了缺点。对于中型馆,部一级机构不变,每部下设 2~3 个组。对于小型馆部级机构可缩为 3 个,部以下不设组。

例 3. 中美图书情报研究主题的比较研究[3]

文献[3]从最近 10 年期刊论文主题的统计出发,对中国和美国的图书馆学情报学研究的主题交叉程度、数量特征、年代分布、研究热点和几类趋势进行了系统的比较分析,弄清了两者的异同和侧重点,为了解两国当代图书情报研究的现状、特点和发展趋势提供了一些有益的结论。

为了使定量数据有较强的可比性,作者利用了著名图书馆学家 E. A. 斯蒂芬统计的美国 1975~1984 年间数据,并在统计中国 1978~1987 年相应数据时,采用了同样的方法,即在期刊的选择、主题类目的设置、趋势的分类等方面都采取对应原则处理。通过列表、绘图和文字叙述等表达形式,对主题交叉程度、主题数量分布、主题年代分布、热门主题、几类趋势等几方面进行了系统的定量的比较分析。

得出的结论是:在中、美两国的图书馆学情报学期刊论文中,都有不少论文涉及到多个主题,其中美国论文的主题交叉较多,综合性较强;中、美论文的主题数量分布都是极不均匀的,都具有明显的集中性与离散性特点,但中国的集中程度与分散程度更高,幅度更广。在统计期内,中国图书馆学情报学研究具有较强的阶段性和波动性,而美国的同类研究及发展却比较平稳;美国研究的热门主题一般具有较强的新颖性、应用性和技术性,而中国的研究往往带有较浓的传统色彩和理论性特点;在对比的 5 类发展趋势中,中国的上升趋势主题较多,下降趋势主题较少,而美国的稳定趋势主题比中国的要多。

参考文献

1. 张树华,邵巍. 三十五年来我国图书馆学基本理论研究的进展情况和发展趋势. 图书馆学研究,1984(5): 2~3

2. 赵云龙. 高校图书馆机构改革的一种方案. 图书馆学研究,1990(1):9~14

3. 邱均平. 中美图书情报研究主题趋势的比较分析. 图书情报工作,1991(5): 25~31、47

第十章　理性思维法

人们对客观事物的认识一般都经历从感性认识到理性认识这样两个阶段。感性认识是对客观事物的直接映象,不能揭示事物的本质和规律。理性认识可以深入到事物的内部,揭示事物的本质和规律。感性认识阶段所获得的感性资料虽然是客体的真实性的反映,但它们是片面的和表面的,这种反映是不完全的,是没有反映事物本质的。要完全反映事物,反映事物的本质,就必须经过思考作用,对感性资料经过一番制作改造,造成概念和理论的系统,从感性认识跃进到理性认识。为了正确地实现感性认识到理性认识的飞跃,促进理性思维的发展,就应当运用好理性思维法。

理性思维法由一系列既相区别又密切联系着的方法所组成。其中主要有:抽象思维方法,归纳和演绎方法,分析和综合方法。

一、抽象思维方法

抽象思维是在感性认识的基础上,运用概念、判断、推理等方式透过现象,抽取研究对象本质的思维方式。它是在思想中把事物非本质属性舍掉,抽取本质属性形成科学概念,并使用判断和推理得出合乎理论的结论的方法。这种方法是马克思主义哲学认识论所阐明的认识任何事物的方法,是由感性认识上升到理性认识的方法。每一项科学研究都要应用它的基本思想来做出判断和推理,从而得出科学结论。所以每一个科研人员都应具有很高的抽象思维能力,以便对已有的感性资料进行加工并运用概念、判断、推理等手段得出科学的结论。

1. 概念

抽象思维的最基本的形式就是概念。所谓概念就是反映客观事物本质属性的一种思维形式。概念已经不是事物的现象,不是事物的各个片面,不是它们的外部联系,而是抓着了事物的本质,事物的全体,事物的内部联系。概念具有抽象性与普遍性的特点,是科学抽象的产物。因此,概念的形成和发展,标志着人们的认识由感性阶段向理性阶段的一次质的飞跃。

概念是抽象思维的起点和细胞,是科学判断和推理的基础。概念反映了客观事物的规律性,是人类在长期科学研究实践中所获得的各种知识的集中概括。在科学史上,每一个重要概念的确定都对科学研究的发展起过重大的作用。例如,哲学中的物质、精神;物理学中的电、放射性以及信息、系统等等。许多科学研究报告都是从界定概念开始的,而有的课题本身就是研究某学科的概念的,概念研究是每一个学科的重要基础和内容。对于图书馆学这样目前还不成熟的学科,其概念研究就更是十分重要的。

(1)概念的内涵和外延。任何概念都有其特定的内涵和外延,而研究某一事物的概念必须先明确其内涵和外延。内涵是概念所反映的事物的本质属性的总和,也就是概念的内容。外延是概念所确定的对象的总和,也就是概念的范围。内涵通过规定来反映事物的本质,外延则通过列举来反映事物之间的联系。概念的内涵有深浅之分,概念的外延有宽窄之别,而且内涵和外延是相互制约的。概念的内涵愈深,则外延愈小,反之亦然。

(2)概念的定义。定义就是以简短的语言形式揭示概念内涵的逻辑方法。通常定义由被定义项、定义项和定义联项三部分构成。例如:"图书馆目录是揭示、识别和检索馆藏文献的工具。"这个定义,"图书馆目录"这部分叫做被定义项,"揭示、识别和检索馆藏文献的工具"这部分叫做定义项，"是"这部分是定义联项。

常用和普通的下定义的方法是属加种差定义和发生定义。在采用属加种差的定义时，首先是找出被定义概念的最邻近的属概念，其次是确定被定义概念与同一属概念之下的诸种概念所含属性的差别。发生定义是属加种差定义的一种特殊形式，是用事物发生或形成过程的情况作种差的定义。它所揭示的种差是从被定义对象的发生来源方面指出的特征。例如"直角三角形就是有一个角为直角的三角形"和"圆就是在平面上绕一定点作等距离运动而形成的封闭曲线"，前者为属加种差定义，后者则为发生定义。

定义概念应注意如下几点：

①定义概念的外延不应当大于或小于被定义概念的外延，两者必须相等，否则就会犯定义过宽或过窄的逻辑错误。

②定义概念不能直接或间接包括被定义概念，否则定义概念就是不明确的。例如"化学是研究物质化学变化的科学"就是同义反复。

③如果定义概念中包含了否定概念，则定义概念只能表示被定义概念不具有某种属性，而不能表示被定义概念具有某种属性。例如"信息既不是物质，又不是能量"，不能作信息的定义。

④定义概念中如果包含了含混的概念、语词和比喻，被定义概念就是不明确的，如"情报工作是千里眼、顺风耳"等就是。

（3）概念的划分。划分概念就是把一个属概念分为若干个种概念，即将概念的外延分为几个小类的逻辑方法。概念划分由划分母项、划分子项和划分标准三项构成。例如，根据使用对象可以将图书馆目录划分为公务目录、读者目录。这里图书馆目录就是划分的母项，公务目录、读者目录就是划分的子项，使用对象就是划分的标准。标准不同，划分的子项就会不同，如按所反映的文献特征划分，则可以将图书馆目录划分为题名目录、责任者目录、分

174

类目录、主题目录。

概念划分应注意的问题是：

①划分所得子项外延的总和不应小于或大于母项的外延。否则就会犯"不完全划分"和"多出子项划分"的逻辑错误。

②每次划分应当坚持同一标准，否则就会出现子项相容和无法穷尽母项的逻辑混乱。

③子项必须互相排斥，即子项之间只能是不相容的并列关系，不能是交叉或从属的相容关系。

④划分应当按层次逐级展开，即不应当越级划分，造成层次不清的逻辑混乱。

2. 判断

抽象思维的进一步发展就是由概念构成判断。判断是对客观事物有所肯定或者有所否定的一种思维形式。任何判断都表达着人们对客观现实的认识。不仅人们的认识过程本身要从判断的形式表现出来，而且认识过程的结果也要以判断的形式来表达。判断有真假之分，符合客观实际的判断是真判断，不符合客观实际的判断是假判断。判断也有恰当和不恰当之分。对事物情况的断定恰如其分，就是恰当的判断，反之为不恰当的判断。所以，对于一个判断，除了看其是否有所断定，还要看其真假和是否恰当。

判断和概念的关系是：概念是判断的组成部分，任何一个判断，至少是由两个或两个以上的概念构成的；判断是概念的发展，它进一步揭示概念的内涵和外延，赋于人们的思想以完整的形式。

（1）判断的构成。判断通常由主词、宾词、联系词三部分组成，通过主词和宾词的联系和区别来表现客观世界中同一与差异、个别与一般、现象与本质的联系。判断逻辑结构的一般形式为：主词、联系词、宾词。例如，"分类目录是图书馆的主要目录"。就是一种判断，其中"分类目录"是主词，"是"是联系词，"图书馆的主要目录"是宾词。

（2）判断的种类。判断具有很多种类，一般可分为简单判断和复合判断两大类。简单判断是只包含一个判断的判断。它是直接由概念构成的判断，仅包含一个主词、宾词和联系词。复合判断是由两个以上的判断所组成的判断，它是直接由判断构成的判断。复合判断又可分为联言判断、假言判断、选言判断、联断判断等。联言判断是反映客观事物的几种情况可以共存的判断；假言判断是反映客观事物的某种属性时依赖于一定的条件的判断；选言判断是反映客观事物的几种可能情况的判断；联断判断是指由两个或两个以上的主、宾词所组成的判断。

3. 推理

抽象思维继续前进就是利用已知判断推演出具有普遍性的合乎论理的结论来，这就需要推理。推理是由一个或几个已知判断推出一个新判断的思维形式。推理由判断构成，而概念和判断的形成又要借助于一系列正确的推理。

推理是从已知求未知的逻辑方法，在科学研究中具有重要的作用。它可以形成科学假说，作出科学预见，寻找因果关系，探索事物本质，概括各种模型，解释实验结果等。人们在科学研究中由现象揭示本质和由本质说明现象，由偶然把握必然和由必然解释偶然，由结果发现原因和由原因导出结果，由事物的功能设想结构和由结构论证功能，都包含了由此及彼的推理过程。但是，推理在科学研究中的主要作用不是作出事实性或理论性的发现，而是证实、解释并发展它们，形成一个普遍的理论体系。

一般说来，由观察、实验、调查等等方法得到的事实资料，仅仅在我们运用推理将其结合到知识总体中去时才具有重要价值。在科学研究中，仅仅搜集事实资料是不够的，必须将它们组织整理，并给予恰当的解释，看到其重要性和必然结果，上升为更高深的知识或普遍原则。我们需要的是普遍原则，只有认识了普遍原则，科学研究才算终结。所以在得到丰富的事实资料之后，推理是必不可少的。

（1）推理的构成。推理是由前提、结论和推理形式三大部分构成的。推理中所根据的已知判断叫做前提，它是推理的出发点；从前提推出的新判断叫结论，它是推理所要达到的目的。前提和结论之间的逻辑关系则为推理形式。要保证推理的结论真实可靠，必须要求前提要真，推理形式要正确。"前提要真"是指推理中的已知判断必须是真实的。如果前提不真实，推出的结论就不可靠。"推理形式要正确"是指推理必须遵守推理规则，违反推理规则，结论也是不可靠的。

推理的语言表现形式是复合句或句组，但只有那些具有前提和结论关系的复合句或句组才是推理。反之，不具有前提和结论关系的复合句或句组就不是推理。一般来说，推理都具有"因为……，所以……"、"由于……，因此……"等形式。

（2）推理的种类。推理可以分为直接推理和间接推理。所谓直接推理，是指由一个判断为前提推出结论的推理。如："真理是不怕批评的，所以怕批评的不是真理。"就是直接推理。所谓间接推理，是指由两个以上判断为前提推出结论的推理，如三段论式：

　　　　前提　　　　所有的 M 都是 P

　　　　　　　　　　所有的 S 都是 M

　　　　结论　　　　所有的 S 都是 P

间接推理还可分为归纳推理、演绎推理、类比推理等等形式。

（3）运用推理的注意事项

①要检查推理出发的基础。这包括尽可能明确术语的含义，并检查前提是否为真。有些前提可能是已成立的事实或定律，就是没有问题了。但有一些可能纯粹是假设，未经证实的假定，常由"当然"、"无疑"等词句引入。而有的人常常在推理过程中忘记了前提只是个并未得到证实的假设，从而使推理的结果可能不可靠。

②必须区别资料和概括。在推理中，一定要区分开什么是资

料,什么是这些资料的概括。换言之,绝不能把事实混同于事实的解释,事实就是所体察到的关于过去或现在的具体情况,而解释是从中引出的结论。事实是没有问题的,但引出的结论就未必一定正确。我们往往在解释资料时把事实解释成别的东西,而有时还意识不到已经偏离了事实。

③科学对待推理得出的结论。推理的结果是得出结论,对于得出的结论,要持科学态度。在逻辑学中,推理的结果(如规律、理论等)是永远得不到证实的,我们只能通过考察由这些规律、理论得出的推论是否符合实际来检验,如果结果与预期的不符,则规律或理论可能被推翻。但符合预料的结果并不能完全证明理论的正确。因为有时理论不正确也可能推出正确的推论。

④正确地使用语言。我们是用语言进行推理的,所以要选择准确贴切的句子,使推理清晰、精确。特别在写作论文或研究报告时,除了要符合推理的规则以外,还要慎重使用语言,使之能准确表达作者的思想。避免使用含义不确切的语句。

4. 抽象思维的过程

在明确了抽象思维的三种基本形式(概念、判断、推理)之后,我们来看一下抽象思维的全过程是怎样的。抽象思维的过程就是连续运用概念、判断和推理的过程。毛泽东同志在《实践论》中对思维过程作了清晰的阐述。他说,人们在实践过程中,开始只看到过程中各个事物的现象方面,看到各个事物的片面,看到各个事物之间的外部联系,这是认识的感性阶段,就是感觉和印象阶段。在这个阶段中,人们还不能造成深刻的概念,作出合乎论理(即合乎逻辑)的结论来。

社会实践的继续,使人们在实践中引起感觉和印象的东西反复了多次,于是在人们脑子里生起了一个认识过程的突变(即飞跃),产生了概念。概念同感觉不但有数量上的差别,而且有了性质上的差别。循此继进,使用判断和推理的方法,就可以产生出合

178

乎论理的结论来。

例如，外面的人们到延安来考察，头一二天，他们看到了延安的地形、街道、屋宇，接触了许多人，参加了宴会、晚会和群众大会，听到了各种说话，看到了各种文件，这些就是事物的现象，事物的各个片面以及这些事物的外部联系，这是感觉和印象阶段。经过许多天，这些现象的东西反复多次，他们在脑子里进行普遍化的概括，就能得出"共产党的抗日民族统一战线"的概念。如果他们继续思考，在脑子里运用概念进行判断，就能够作出"共产党的抗日民族统一战线的政策是彻底的、诚恳的和真实的"这样一个判断了。在他们作出判断之后，如果他们对于团结救国也是真实的话，那么他们就能够进一步推理，作出这样的结论："抗日民族统一战线是能够成功的"。这就是形成概念，作出判断，进行推理，从而得出合乎论理的结论的全过程。

同样，我们在利用抽象思维方法进行图书馆学研究时，也要经历这样一个过程。首先是搜集资料，整理资料，理解资料，了解这一课题的范围、内容及其外部联系，这就是感觉和印象的阶段。随后，我们反复研究这些资料，进行分类和比较、统计数字的演算、分析和概括，从中寻找事物的内部联系和本质特征。经过这样一个去伪存真，去粗取精的过程，在脑子里就产生了质的飞跃，形成了一些概念。进一步思考，用这些概念就可以作出判断。虽然概念和判断可能是相随产生，而且是密不可分的，但在思维过程中，确是先后两个步骤。再进一步思考，就是进行推理。由此及彼，由表及里，运用辩证逻辑和形式逻辑进行推理，从而得出所研究课题的合乎逻辑的科学结论。当然，人们自然地会想到所得的结论的应用，这是以后的事情了。而且通过应用还可以修改和完善已得结论。

二、归纳和演绎方法

一切科学研究都必须遵循两条途径:由认识个别到认识一般;再由认识一般到认识个别。这就是归纳和演绎的过程。归纳和演绎这两种逻辑方法既互相区别,互相对立,又互相联系,互相补充。其关系是辩证的。归纳是演绎的基础。演绎是从归纳结果之处展开的,演绎的一般知识来源于经验的归纳的结果。归纳需要以演绎为指导。人的认识一般是从研究个别对象开始的,这种情况表明归纳推理有一定的独立性,但是完全脱离演绎的归纳是盲目的。演绎和归纳是互为条件、互相渗透,并在一定条件下互相转化的。归纳出来的结论,成为演绎的前提,归纳转化为演绎。以一般原理为指导,通过大量资料的归纳得出一般结论,演绎又转化为归纳。归纳后随即进行演绎,使归纳的认识成果得到扩大和加深;演绎后随之进行归纳,用对实际资料的归纳来验证和丰富演绎出来的结论。

1. 归纳法

归纳法是从个别中发现一般的思维方法和推理形式,即从个别事实中概括出一般原理。

归纳是概括事物的手段。一门学科在其发展中,无一例外的都有一个积累经验资料的时期。图书馆学也是如此。当前图书馆学研究中已经积累了大量的经验资料,正有待于概括这些资料建立自己的学科理论。用归纳法就可以解决这个问题。

归纳又是探求因果的逻辑手段。科学研究的主要任务之一就是探索并阐明客观世界各个方面的因果关系。科学归纳法把因果规律作为逻辑推理的客观依据,并以从实践得来的经验资料为基础,所探求的因果关系具有相当的可靠性,所以科学归纳法是探求因果关系的重要手段。

归纳在科学研究中是一个不断逼近真理的方法,虽然某次归纳可能存在有不确定性,经过不断探讨,对于发现的经验事实进行不断的归纳,改变归纳不确切的方面,就会得出科学真理。尽管人们对归纳法在科学研究中的作用一直存在着争论,尽管由归纳法得出的结论具有或然性,但是客观世界存在的一般与个别、普遍与特殊的辩证关系为归纳法提供了客观基础。因此通过个别去认识一般、特殊去认识普遍的归纳方法仍然是人类认识客观事物的一种重要方法。所以我们应该学会使用归纳法,来探求图书馆学的规律。归纳法有很多种形式,按照它概括的对象是否全面可分为完全归纳法和不完全归纳法。

(1)完全归纳法。完全归纳法是根据某类事物中每一事物都具有某种属性,推出该类全部事物都具有该属性的归纳推理。因为完全归纳法是考察了某类事物的全部对象,发现它们都具有某种属性之后才作出的概括,所以得出的一般结论确实可靠,是一种必然性推理。但它要求完全枚举出某类事物中的所有个体,因此只能用于数目有限的事物类别上。由于完全归纳法的缺陷,在实际应用中大都采用不完全归纳法。

(2)不完全归纳法。不完全归纳法是根据某类事物的部分对象具有某种属性,而作出该类事物具有某种属性的一般性结论的归纳推理。不完全归纳法突破了完全归纳法的局限性,对人们认识范围的扩大具有重要意义。不完全归纳法主要包括简单枚举法、科学归纳法两类。

①简单枚举法。简单枚举法是根据某类事物部分对象具有某种属性,又没有遇到与此相矛盾的情况,从而得出该类事物都具有某种属性的结论的归纳推理。这种推理得出结论不要求列举某类事物的全部对象。所以其结论都是超出前提范围而具有或然性,不如完全归纳推理的结论那么可靠。但是由于它使用时简便易行,所以应用范围比完全归纳推理还要广。由于简单枚举法得出结论具有某种不确定性,所以在科学研究中,一般只作为辅助

手段。

②科学归纳法。科学归纳法是根据一类事物部分对象与某属性之间的必然联系,而作出关于该类所有事物的一般性结论的归纳推理。它是根据因果规律的特点,在前后相随的一些现象中,通过某种现象的相关变化,如同时出现,同时不出现等等事实,归纳出现象间的因果联系。因此,科学归纳法又叫判明因果关系归纳法。

(3)归纳法的主要步骤。不论是哪一种归纳,要想获得正确的结论,都必须正确理解事实,分析事实,在进行分类整理的基础上,得出一般性的概念或理论。在归纳过程中,主要经过下面三个步骤:

①分类整理事实资料。在得到了足够的经验资料之后,就要使其有序化,这就是整理资料。在归纳法的使用中主要是分类整理,因为只有分了类,才能进行分类归纳。分类首先要有标准,这些标准的确定又是以研究目的和已有知识为根据的。在各类课题研究中,分类的标准是各不相同的。例如,在历史研究中,可能以事实变化的时序为标准;在性质研究中,往往以事实的特性为标准等等。但不管以什么作为分类的标准,都必须遵守分类的原则,即标准明确并贯彻到底;总体中每一个个体都有类属;每类都相对独立、不相包容并处在同一层次上。

②对事实资料进行概括。资料经过分类整理已经达到有序化了,这时就要对每一类资料进行分析和综合,在分析综合的基础上进行概括,形成抽象的概念,作出恰当的判断。这一步得出的结论,虽然是直接从经验资料出发的,但已经离开了经验资料,超越了经验水平,达到了初步的概括。这一步已经达到了对事物的特征、事物的联系及事物的发生、发展的理性认识。

③进一步推断。如果是完全归纳,完成了上一步,归纳的任务已经完成,概括的结论已经出来了。如果是不完全归纳,那还要进

行进一步的推断。这一步要求研究者把上一步得出的结论推广到该类事实的总体中去,使得所得结论不单是解释说明已得资料所反映的事实,还能说明资料没有反映的事实总体的其它事实。这样的推断使我们的概括既提高了概括的水平,也扩大了概括的范围,超越了概括赖以产生的经验事实。事实上,任何理论都是基于经验事实,又超越经验事实的。而这种超越的合理性,就在于它更深刻地反映了经验事实。

（4）归纳法的应用。图书馆学研究应用归纳法从所得资料中得出结论的研究课题不胜枚举,读者只要注意从方法角度去看待图书馆期刊上发表的文章就可以找到许多实例。这里只举一例供读者参考[1]。

文献[1]研究的问题是我国图书情报事业发展战略研究的状况。作者统计了 1983 ~ 1989 年 3 月所发表的有关论文共 422 篇。对 422 篇论文以主题和论点为标准进行了分类整理,在分析综合的基础上归纳出了七条结论,即:探索了发展战略研究的基本理论;积累了发展战略研究的基础资料;明确了制订发展战略的指导思想;提出了制定发展战略的原则和方针;探讨了制订发展战略的基本策略;讨论了发展战略的基本内容;研究了一些专门问题的发展战略。并提出了该项研究存在的问题及努力方向。

2. 演绎法

演绎法是在一般中发现个别的思维方法和推理形式,即用已知的一般原理考察某一特殊对象,推演出有关这个对象的结论。同归纳法一样,客观世界存在的一般与个别、普通与特殊的关系也是演绎法的客观依据。但与归纳法不同,演绎法是前提与结论之间有着蕴涵关系的推理。

（1）演绎法的作用

①演绎是根据已有结论、原理和规律,作出关于特定对象的推论,由已知推出未知,所以它可以为新的科学发现提供启示性线

索,是科学预见的重要手段。

②科学理论的建立往往是先提出原理,并以原理为前提进行演绎推理,从而建立起科学的理论体系,然后再用经验来验证所有的推论。所以演绎法是建立理论体系的手段。

③演绎法是逻辑证明(或反驳)的工具。因为逻辑证明是运用已知为真的判断通过推理来确定某种思想或事件真实性的思维过程,演绎推理又是必然性推理,所以这种根据一般原理证明特殊事实的方法就成为逻辑证明(或反驳)的主要工具。此外,演绎推理可以用来探求因果关系,并且对人们思考问题、撰写文章的逻辑性如何有指导意义。

(2)演绎法的形式。演绎推理有许多表现形式,其主要形式是"三段论",由大前提、小前提、结论三部分组成。大前提是已知的一般原理,小前提是研究的特殊事物,结论是将特殊事物归结到一般原理之下得出的新知识。"三段论"又可分为直言三段论式、假言三段论式、选言三段论式和选言假言三段论式。此外尚有"三段论"式的变化形式,如简略推理和复杂推理。只举直言三段论一例如下:

大前提:文学是语言艺术

小前提:小说是文学

结论:所以小说是语言艺术

由上例可见三段论推理是一种必然性推理,它揭示了个别和一般的必然联系,只要推理的前提是真实的,推理的形式是合乎逻辑的,推理的结论也必然是真实的,这就是演绎推理的特点。

(3)演绎法的类型

①公理演绎法。公理演绎法就是从若干公理命题和原始概念出发,根据一定的演绎推理规则,推导出一系列定理,从而构成一个演绎体系的方法。

②假说演绎法。假说演绎法以假说作为推理的大前提,实际

是假言三段论,即大前提为假言判断,小前提和结论为直言判断的推理。由于假说演绎法是以假说为前提推导出可观察结果的过程,而任何科学理论的建立最初都必须经过假说阶段。因此假说的证实或否定也成为科学进展的重要标志。这是假说演绎法应用广泛的根本原因。

③定律演绎法。定律演绎法是以定律作为大前提导出某种结论的演绎方法。

④理论演绎法。理论演绎法是以某一种理论为大前提导出某种结论的演绎法。

(4)演绎法的应用。图书馆学研究人员系统地应用演绎法于自己的研究工作还比较少,只散见于各种学术观点的论证过程中,这可能是由于图书馆学的原理、规律、假说等等尚不成熟,而没有演绎的前提所致。

三、分析和综合方法

分析和综合是揭示个别和一般、现象和本质的内在联系的思维方法,是各种认识活动的基础。人们认识客观事物,必须首先解剖事物的各个方面、各个部分,弄清各个部分的结构、功能、性质及其在整体中的作用,然后再从整体考虑,找出各部分之间的联系和统一,从而达到从总体上把握事物的本质和规律,这就是采用的分析和综合方法。

分析和综合这两种方法既对立又统一,是认识过程中的两个侧面,共同承担着揭示事物本质的任务。任何综合都必须以分析为基础,没有分析就不可能有综合,任何分析又都要以综合的现象为对象,在综合的指导下分析,没有综合就不可能对事物进行深入和准确的分析,分析到一定程度要综合,综合到一定程度转为分析。人们的科学认识过程就是一个分析和综合互相渗透,互相转化,互相补充,互为前提的过程。

分析和综合是人们思维经常使用的方法,例如在阅读过程中,了解各个部分的内容是分析,把握全文中心思想则是综合;在整理素材过程中,熟悉并分类各部分资料是分析,综观各部分进行总体构成是综合;在研究过程中,对各部分进行剖析和探索是分析,揭示它们之间的相互关系,找出总体的规律、重点和方向则是综合。图书馆学研究广泛地应用分析和综合方法,每个图书馆学研究者都应该熟练地掌握这种方法。

　　1.分析法

　　分析法是把整体分解为部分,把复杂事物分解为各个要素,并对这些部分或要素进行研究和认识的思维方法。分析的任务是从事物的总体中,分出构成该事物的部分、要素和属性,使事物的各种属性和本质清晰地暴露于人们的面前。因此,分析的基本特点在于从事物多样性的现象中,从事物的许多属性中,深入事物的内部,看清它们的内部结构,了解它们的基本特征,掌握它们的内部联系。分析的方法之所以可行,一方面是因为事物的部分、要素和各种属性具有相对独立性,存在着可间隔性。另一方面,作为人认识事物的感觉器官和大脑神经系统,在接受信息时也是有分工的,所以人对事物所形成的感觉和印象具有可分割性。有了这样内外两方面的条件,人们进行的分析就不是一种随心所欲的活动,而是具有主客观根据的有规律的活动。

　　(1)分析的基本步骤

　　①分解事物为各个部分。分解首先就要选择一定的标准。各项研究选择的标准不同,分解的方面和分解出的部分的大小也不相同。其次是进行界限分明的分解。因为分解的目的是使整体的内在构成部分在认识中清晰起来,突出出来,所以分解的各个部分必须界限清楚,不能互相重叠、交叉和包容。

　　②考察各个部分的特殊结构和本质。这一步不但要求考察每一部分的内部状况,还要求抽取出该部分的主要的、本质的东西,

并作出概括。在概括的过程中,一方面要抽取共同的、本质的东西,另一方面要舍弃次要的、偶然的、非本质的东西,同时也要排除一切与研究对象没有必然联系的因素,使研究对象的本质属性得以充分的暴露出来。

③研究各个方面的地位作用和相互联系。分析是为了更清楚地认识事物的各个方面、各个部分。认识事物各部分、各方面只有放在其与外部的联系中才能认识更清楚,把握更准确,所以,我们在从事物的每一部分、每一方面本身抽取出本质的东西之后,还要把它放在该事物的各个方面、各个部分的关联中去考察,才能更好地把握事物的各个方面、各个部分。

(2)分析的类型。由于分析可以从不同的方面和在不同层次上进行,所以分析的类型是多样的和多级别的。分析可以是定性的,也可以是定量的;可以是对事物矛盾的分析,也可以是对理论观点正确与否的分析;可以是事物结构的分析,也可以是事物与事物之间、观点与观点之间的各种关系的分析;可以作低层次的简单分析,也可以作高层次的深入分析。不过最基本的类型是定性分析和定量分析两类。由于定量分析已有专章阐述,这里只介绍定性分析的一些种类。

①因果分析。任何现象都有它产生的原因,任何原因都必然引出一定的结果。从事物固有的这种因果关系出发,由原因推导出结果,或者由结果探究出原因的分析称为因果分析。

②相关分析。相关分析是利用事物之间内在的或现象上的联系,从一种或几种已知事物判断未知事物的方法。按事物之间联系方式,相关关系可分为因果相关、伴随相关、并列相关、包容相关等。因果相关分析是利用已知事物和未知事物具有因果关系来研究事物的方法。伴随相关分析是利用已知事物和未知事物相伴出现的特点研究事物的方法。

相关分析是一种由此及彼的研究方法。它研究甲事物,但直接面对的却是乙事物,然后通过甲乙事物之间的联系,从乙事物出发,采用迂回、侧面的方式去接近甲事物,最后认识甲事物。相关分析是一种由表及里的研究方法。利用这种方法研究问题不是停留在事物的表面上,而是深入到事物的内部,使研究者对事物的认识发生从感性到理性的深化和突变。相关分析在很大程度上要依靠研究者的经验。一种事物与哪种事物或哪几种事物相关要靠研究者细心观察,勤于思考,经常积累并从中总结出相关规律才能知晓。

2. 综合法

综合法是一种把事物的各个部分、要素联结和统一起来进行考察的思维方法。它是在分析的基础上,进行科学的概括,把对象的各个部分、各种要素的认识统一为对事物整体的认识,从而达到以总体上来把握事物本质和规律。

(1)综合的基本步骤

①把握事物被分析出来的各个方面。如果是分析之后的综合,则这一步在分析中已经完成。如果是研究者不熟悉的内容的综合,则这一步是不可缺少的,即要求研究者必须把握将要综合的各个方面、各个部分,只有掌握被综合的对象,才能有深刻的概括。

②确定各个方面的有机联系和结构形式。这一步是综合法的关键步骤。有人以为综合就是把分析出来的各部分、各方面的本质特征相加起来或凑合起来就行了。这是没有掌握综合真谛的缘故。综合的主要任务是发现部分与部分、方面与方面之间,各部分、各方面与整体之间的有机联系以及是以怎样的方式相互关联的(即结构形式)。图书馆界的一些研究,实际上常常是进行了分析,分别列出了各部分、各方面的分析结论,但却理不出它们之间的内在联系,甚至还误以为列出了分析结论就达到了综合的目的;也有的作者说几句不痛不痒的话就算是综合了,并没有认真去研究事物各部分、各方面之间的有机联系和结构形式。

③揭示事物总体的本质和规律,再现事物的整体。当我们把握了事物的各方面、各部分,又知道了各方面、各部分之间的有机联系和结构形式,我们就了解了事物的本身了。把这些方面、部分及其联系综合起来,就再现了事物的整体。如果再进一步研究一下该事物与周围事物的关系,我们就更清楚该事物整体的本质和规律了。只有达到了从整体上认识事物的本质和规律,综合的过程才算完结。

(2)综合的类型。综合可分为纵向综合和横向综合、求同综合和求异综合。纵向综合着眼于事物的历史和过程,如通过图书馆历史的研究,揭示图书馆的发展趋势。横向综合着眼于事物的因素和联系,如通过对比分析,研究各国图书馆事业发展的特点和规律。求同综合是从同类或异类事物中抽取出共同的特性,从而揭示事物的共同本质。求异综合是从同类或异类事物中抽取出不同的特征,从而达到找出差距和博采众长的目的。综合又可分为高层次综合和低层次综合。观点、数据、情况的归纳和整理属低层次综合;将各方面情况、观点融会贯通,并使其发生质的飞跃,提出新理论、新思想的,则为高层次综合。此外,系统方法、信息方法、控制论方法都是从整体角度研究事物,都是综合方法。

3 分析和综合方法的应用

分析和综合方法广泛应用于图书馆学研究的各个领域。应用的例子很多,这里只举一例[2]。

文献[2]研究的问题是40年来图书馆学情报学研究成果,取材于全国各图书馆上报的、评选40年来优秀研究成果的专著和论文。作者用分析法先将这一问题分解为八个方面。这八个方面是:成果的省、市、自治区分布;成果的年代分布;成果的专业分布;成果的类型分布;成果的部门分布;成果的作者分布;发表论文的刊物;著作的出版者。其次分析每个方面的情况,例如成果的省、市、自治区分布,列出统计数字,计算比例,进行对比,分出了优劣。

得出结论是,科研成果最多的是中央国家机关和科研系统图书馆学会,其次是吉林省图书馆学会。最后,综合八个方面的特点,概括八个方面的共同性。利用综合方法进行综合,可以得出如下的结论:这次优秀科研成果评选具有面广和集中两大特点。它受到全国广大图书情报工作者的普遍关心,并建议成果评定和奖励纳入中国图书馆学会的正常议事日程。

文献〔3〕也是利用分析综合方法进行研究取得成功的实例。

参考文献

1. 白国应,史学智. 我国图书情报事业发展战略研究的回顾. 图书馆学通讯,1990(2):3~9

2. 丘峰. 四十年图书馆学情报学研究成果的检阅. 图书馆学通讯,1990(2):44~47

3. 赵莉. 现代图书馆情报职能的拓变及形象再塑. 图书情报工作,1992(5):10~12

第十一章　形象思维和灵感思维法

一、形象思维法

形象思维是凭借形象进行的思维,是人们在认识过程中对表象进行取舍和重构,以具体和直观方式反映客观事物基本特征为主要任务的一种思维形式。所谓表象,就是感知过的事物在人脑中留下的印象,是在人脑中重现的形象,它既具有感觉和知觉的直观性和形象性,又具有一定的间接性和概括性。

抽象思维以概念为思维细胞,通过判断、推理等形式来认识世界、表达思想。它的认识特点是以一般概括个别,舍弃事物的个别形态;要求精确性、条理性和系统性。形象思维以表象为思维细胞,通过想象、联想、类比等形式把头脑中的表象外化为具体形象,以表达思想、显示真理。它的认识特点是以个别表现一般,保留直观性和生动性。由此可见,借助形象来思考和表达是这种思维形式的基本特征。

形象思维不仅广泛应用于文学艺术,而且也广泛应用于科学技术中。世界上任何一种科学发现、实体发明、技术革新、工程设计、概念发展都不可能在纯粹的抽象思维中完成,必须要有形象思维参与其中。图书馆学的科学研究也离不开形象思维方法。所以图书馆学研究者不但要掌握抽象思维方法,也应该掌握形象思维方法。

1.形象思维的特点

(1)形象性。形象思维的主要材料是图形、音响、色彩等等，具有具体性和直观性，都表现为一定的形象。如图画中的形象就生动具体地表达某种思想；欣赏小提琴协奏曲"梁祝"，脑子里就会浮现出梁山伯与祝英台的形象，以及他们向恶势力抗争的情景。

(2)概括性。形象思维中的形象不是停留在个别事物的表面现象上，不是停留在感性阶段中的感觉、知觉和表象上，而是经过思维加工，深入事物本质，把握同类事物的共同特征。只不过抽象思维是用抽象方式来概括，而形象思维则是用形象方式来概括。例如，卢瑟福的太阳系原子模型就是把握同类事物(所有原子)的特征，进行了科学的概括提出的。

(3)创造性。想象、联想和类比等是形象思维的表现形式，而它们既是思维创造的产物，又具有巨大的创造作用。它们是人脑改造记忆中的表象并创造新形象的过程。科学的想象、联想和类比，其重要特点是表象之间的重新联结和组合，因而不受现实原型的束缚，是一些极为自由的思维活动。哥白尼运用形象思维建立的太阳中心说宇宙体系，就是其创造性的体现。

(4)艺术性。语言既是抽象思维的描述工具，又是形象思维的描述工具，但两者的描述结构是非常不同的，前者注重逻辑性，后者强调艺术性。

形象思维的语言表达要求鲜明、生动，给人以诗情画意、栩栩如生之感。例如，图书馆界将图书馆说成是知识宝库、知识喷泉，将借书处说成是前哨、窗口等等，给人以生动鲜明的感觉，具有一定的感染力，表现了形象思维的艺术性。

2.形象思维的作用

形象思维在科学研究中的作用表现为：

(1)新概念的提出。科学的产生和发展在于新概念的提出，而新概念的提出离不开形象思维。科学史证明，不管是科学发现，

192

还是技术发明,实质上首先都是通过猜测提出的。**想象、联想和类比等是新概念产生的重要机制。**例如,从异类事物、古老学科或从新学科得到启发,从而形成新的构思,提出新概念、新见解,这就是类比在发挥作用。维纳从生物和机器调节功能相似的类比中提出了反馈的概念,从而创立了控制论。文献〔1〕基于形象思维法,把情报学与电学中已经成熟的一些概念作类比,提出了"情报场"、"情报熵"、"情报势"等相应的概念。其对应关系如下表所示(这些概念尚未被普遍接受)〔1〕。

表 11.1 情报学与电学概念的类比

学科	场	状态坐标	势	数学模型
电学	电场	电荷 e	电势 E	电量 $dW = Ede$
情报学	情报场	情报熵 S	情报势 J	情报量 $dD = JdS$

(2)模型的构思。模型和模拟方法是科学研究的重要手段。模型是人们基于想象和抽象而对现实世界某种实体系统一种简化了的印象,是经过改造的大脑表象的新集合体,它的构思不能没有形象思维,例如,建造一个图书馆,事先要在脑子里构造一个图书馆的模型,这就要靠形象思维。

(3)假说的形成。假说是有关自然现象及其规律性的一种不完备的、其基本观念尚待验证的学说。由于它还没有被证明,所以,只能运用想象、联想、类比和逻辑推理等手段,在思想中构造出一个假想过程的形象以及对这个过程的逻辑解释。虽然假说主要依赖于严密的逻辑论证,但它的形成也离不开形象思维。例如,韦格纳于1912年提出的"大陆漂移"假说就充分说明了形象思维的作用。他根据古生物证据提出巴西和非洲大陆曾经连接的设想。又根据非洲西海岸和美洲东海岸的轮廓彼此相吻合的情况,大胆设想提出整个世界大陆原来是连成一片的,后来由于漂移,才达到现在的位置。

(4)科学概念的移植和实物的仿制。把一种成功的科学概念通过想象类比的方法,可以移植到另一个新的领域,如德布罗意根据光的波粒二象性,提出实物粒子也有波粒二象性的概念。李四光把力学方法移植于地质学,提出了构造体系这个崭新的科学概念。此外,通过想象,用类比方法模仿自然界中存在的天然物,可以设计制造人工物,如模仿海豚体形建造高速潜艇;模仿人的功能,制成机器人等等。

(5)科学发展的推动力。形象思维所产生的新图像、新概念、新理论都会给科学技术工作者揭示出一个新世界,它可能指示出某种方向,也可能创造出有益于人们的新工具,这些都将鼓舞人们进一步去探索、去创造。而且形象思维中的新图像、新概念,是以人们一定的科学理论和经验作基础的。虽然它最初可能不够完整和系统,但能提供相当多的信息,并有一定的合理性,很可能形成新的突破口,因而会引起人们探索的兴趣成为发展科学的推动力。

当然,在科学研究中,形象思维不是万能的或者是完全独立的。在运用形象思维时,尚应注意以下几点:

(1)形象思维之区别于抽象思维,在于它以形象的形式体现科学认识的成果。任何一个科学认识的最终表达,则应以逻辑描述为主,形象描述为辅。整个科学研究的过程是形象思维和抽象思维辩证统一的复杂过程。

(2)对形象思维来说,不存在固定不变的逻辑思考路线,这是创新的有利条件。然而正因为这种无规范性,也最容易产生谬误。形象思维的结果都具有两重性:即一定的客观性、可靠性,又有不同程度的主观性、或然性。

(3)形象思维的成果应当随着时间的推移,不断地修改补充。因为任何模型、假说都不是永恒的、绝对的。

3.形象思维的类型

形象思维的主要类型有想象、联想和类比等三种。

（1）想象。想象是人脑在改造记忆表象的基础上创造新形象的心理过程。这是人们根据一定的直接或间接的经验材料，针对对象的一种形象化构思或者是一种设想。这种形象化的构思或设想，是由大脑记忆所储存的和对现场所记录的感觉印象，经过思维加工而形成的。但是，它既不是感觉印象的仿造，也不是纯粹逻辑演绎的结果。想象在某种程度上是离开现实或是"超脱"现实的，但想象的来源却总是客观现实。人们在进行想象时，常常把构思、设想具体化，在头脑中构成形象或图景。例如，毛泽东同志在诗词《蝶恋花》中想象，杨开慧和柳直荀烈士牺牲后进了月宫，吴刚捧出桂花酒，嫦娥翩翩起舞欢迎他们，形象地表达了对烈士的思念和深厚的感情。

文学艺术创造需要想象，科学创造活动也需要想象。在科学研究中，如果已有知识不能解释新事物，两者存在着巨大的差距而抽象思维又无能为力时，想象就可以大显身手了。因为想象既可以对两个毫不相干的事物予以联系拼接起来而成为新事物，又可以利用我们已有的知识，经过加工处理与某些事物联系起来而构成新形象。它可以把人脑中存贮的各种表象和知识重新组合并与新事物进行比较，尽量使想象的结果与新事物靠近，尽可能在某些主要方面解释新事物，为说明新事物而提出新概念、新理论。正如郭沫若所说："其实就科学活动也不能不需要想象，不能不发挥综合的创造性。科学研究有时候却需要你有一分的证据说十分的话，要你有科学预见。这是要依靠合乎规律的想象的。综合各种各样的研究成果，来构成一种自然界没有的东西。例如，最高尖端的人造地球卫星，那也是不能不充分发挥高度的创造性，因此科学研究也包含着丰富的浪漫主义精神。"[2]。在科学界被誉为"现代幻想之父"的法国科学家丁·维恩早在上一世纪就设想了电视机、直升飞机、潜水艇、导弹、坦克等等，这种想象把人们引向了未

195

来。所以,图书馆学研究,要想突破现有框框,提出新思想,创造新理论,也必须充分利用想象这个工具。

想象可以分为有意想象和无意想象。有意想象又可以分为再造想象和创造想象。再造想象是根据语言的描述或图形的示意在头脑中再造出相应形象的思维活动。创造想象则是根据一定的目的、任务,并按照自己的创见,独立地在头脑中创造出新形象的过程。

(2)联想。联想是由一个事物想到另一个事物的心理过程。它可以被看作是想象的一种。客观事物总是互相联系的,具有各种不同联系的事物反映在头脑中,形成了各种不同的联想。在空间上或时间上相接近的事物易形成直接联想;有相似特点的事物易形成类似联想;有对立关系的事物易形成对比联想;有因果关系的事物易形成因果联想。

联想在心理活动中占有重要地位。回忆就常以联想的形式出现。尽量形成或利用联想是促进记忆效果的一种有效方法。联想在科学研究中有扩大思想、丰富想象的积极作用。联想在图书馆学研究中已经取得了一定的成果,文献老化的"半衰期"概念就是将科技文献的利用率随着时间推移不断下降的情况,联想为放射性物质的放射性衰变的状况,从而得出用文献使用量降低到百分之五十的时间,来表征科技文献老化的"半衰期"。这个半衰期概念就是联想的产物。

(3)类比。类比是根据两个(类)事物之间在部分属性上的相似而推出它们在其它属性上也可能相似的一种思维方法和推理形式。

类比的客观依据是事物的相似原理。类比推理的可靠性取决于两个(类)事物的相似属性与推出属性之间的相关程度。但是由于类比是在未确定已知的相似属性和推出属性之间必然联系的情况下进行的,因此是一种或然性推理。

类比推理的重要意义在于,它立足于已有知识的基础之上,进一步发展科学知识,把陌生的对象和熟悉的对象相对比,把未知的东西和已知的东西相对比。它可以把看起来差别很大的两个(类)事物联系起来。能在不同质的两个(类)事物之间建立起特殊的推理关系,构造由此及彼的桥梁。它还适用于横向领域的知识转移,成为现代模拟法、移植法的逻辑基础。也正因为这样,有的学者认为类比是一种极富于创造性的非逻辑推理。

由于类比对象的属性之间并没有必然的联系,所以类比推理只能是一定程度的推测。类比双方相似的属性,可能是本质的,也可能是非本质的;可能是事物的具体属性,也可能是抽象的一般属性。因此选择什么对象进行类比,类比哪些相似的属性,就成了这种推测可靠性的关键问题,必须仔细认真地加以解决。

类比推理常常被理解为在两个事物之间识别其相似性,事实上,识别其差异性同样具有重要的意义。只有当两个事物之间相似性与差异性都辨别清楚时,类比推理才更富有成果。

由于运用类比方法得出的结论带有或然性,因此要注意类比的界限,它的结论归根结底要由各种科学的实践活动予以检验。

类比可以分成许多种类,如对称类比、协变类比、因果类比、综合类比等等。

二、灵感思维法

灵感思维是人们在科技活动和艺术创造过程中突然涌现的某种思想闪念,从而使问题得到瞬即解决的思维方式。它是一种非逻辑的思维过程,是显意识和潜意识相互交融的结果。它是在长期积累起来的知识和经验的基础上,在理性思维过程中,出现的认识上的突发性飞跃。在灵感的状态下,人们往往会"顿开茅塞",豁然开朗,完全超出了平时的智力极限,戏剧性地出现智力的跃进。由于这种奇特的超常态,常常导致科学上的新突破,所以不少自然科学家和社会科学家在自己的研究工作中,都十分重视那些突如其来的有价值的思想,密切注意那些在思想上出现的"火花",爆发的"激浪","一闪念"。

许多科学家在自己的科研实践中,都证实了灵感的存在。爱因斯坦谈到灵感时指出[3],从 1895 年开始就思考,如果我以光速追赶一条光线将会怎样的问题,十年来一直找不到答案,1905 年一天早上起床时,突然想到:对一个观察者来说是同时的两个事件,对在其它惯性系上别的观察者来说,就不一定是同时。狭义相对论就在这个灵感的火花中诞生了。达尔文在《物种起源》中写道:1938 年 8 月,即我开始有系统的调查工作之后 15 个月,我阅读马尔萨斯的《人口论》以资消遣,同时由于观察动植物的习惯,当然不难认识随处可见的生存竞争的事实,于是我恍然大悟,在这种环境下,有利的变化势必保存下来,而不利的则归于消灭。这样的结果便是新种的形成。这时,我终于得到了一个可以作为工作根据的学说[4]。凯库勒描写他发现苯环结构时说:"我把坐椅转向炉边,进入半睡眠状态。原子在我眼前飞动:长长的队伍,变化多姿,靠近了,连结起来了,一个扭动着,回转着,像蛇一样。看,那是什么? 一条蛇咬住了自己的尾巴,在我眼前轻蔑地旋转。我如从电掣中惊醒。那晚我为这个假说的结果工作了整夜。"[5]苯环结构就这样诞生了。此外,牛顿看到苹果落地,发现了万有引力定律。阿基米德洗澡体验到水的浮力,发现了液体浮力原理等等,都是灵感思维的实例。

1.灵感思维的特征

虽然人们对灵感思维的本质和机制意见还不一致,但对灵感思维特点的分析却颇为相似。

(1)突发性。从时间上讲,灵感的产生是仓猝而至,在意外的刹那间使冥思苦想的问题突然得到解决,而且稍纵即逝。

(2)偶然性。从原因上讲,无论是由外界机遇的触发,还是大脑内部思想闪光的激发,灵感的产生都是偶然的,且不受显意识的直接控制。

(3)独创性。灵感系指突然跃入脑际、能阐明问题的思想,对事物予以瞬间的直接判断和理解。这类非逻辑的、突发的思维形式具有巨大的独创性,具有反常规的革命性。正因为如此,许多科学家都热情讴歌灵感。

(4)模糊性。由于灵感思维的信息处理方式具有很大的或然性,因而具有模糊性的特点。而灵感思维的模糊性与抽象思维的精确性相结合,却为人们提供了强有力的认识工具。

2. 灵感思维产生的机制

灵感思维产生的机制至今仍然不是很清楚,一些学者从不同角度来解释它。

一种解释是:灵感思维活动是人脑的机能,是脑神经网络机构的某种运动,在逻辑思维中断时常会产生。具体地说,人们在认识世界和改造世界的过程中,大脑被输入了大量的信息。为了从某些事实经验中寻求新关系,需要对存贮的信息进行新的组合和加工,而在思维中进行新的创造时,就可能产生灵感思维。研究者在探索科学奥秘时,进行反复思考,怀着持久的极高的探求兴趣,反复地将已存贮的信息进行新的组合,大脑的神经网络处于积极活动的兴奋状态。在进行长时间的思考之后,有时还不能得出正确的结论。这时要将思考的问题暂时搁置一下,使有关的神经网络处于某种抑制状态,于是对问题的思考转化为潜意识活动。这就为灵感的产生做好了准备。由于某种偶然的因素,突然提取了某种早已存贮的信息,完成了一种新的组合,好像接通了从未形成联系的某种神经网络,思考的问题迎刃而解,有一种豁然开朗的感觉,使认识过程产生了飞跃,这就是灵感。

另一种解释是:这种无意识的灵感,产生于头脑的下意识活动。也就是说,产生灵感时,大脑虽然已经不再自觉注意这个问题,然而,却还在通过下意识活动思考着它。当思考某一问题时,这些下意识活动能够立即把与这一特定问题有联系的各种看法联结起来,并找到一种恰当的配合,形成某种思想或概念,再进入自觉的思考以判明这种思想或概念的正确性。因此,有的科学家曾假设人存在一个下意识头脑,当对某一问题的正常思考停止时,这个下意识头脑还在思考着它。

我国有的学者把灵感描写为智力的跃进。某人长期攻研一个问题,不分昼夜,挥之不去,驱之不散,才下眉头,又上心头,他的思想白热化了,处于高度的受激状态。忽在某一刹那,或由于某一思路的接通,或由于外界的启发,他的思维立即由常态飞跃到高能态。这时的他已非平日的他,超越了自己,超越了他平均的智力水平,完成了智力的飞跃。在所研究的问题上,他的新思想如泉涌,如雨注,头脑非常敏锐,想象力十分活跃,从而使问题迎刃而解。由此可见,这种智力的飞跃,绝不是什么神秘的神灵的启示,而是长期坚持、积极劳动的结果[6]。

综上所述可以看出,对灵感产生的生理心理学基础,人们的认识还很肤浅。但是,随着科学的发展,这个未知的领域,终将逐步被揭示出来。

3.灵感思维产生的条件

(1)必须具有专门知识的储备和思维方法的熟练掌握。科学史证明,灵感的产生是建立在专门知识的丰富储备之上的,是建立在对各种研究方法、思维方法达到十分娴熟的程度以至于可以在大脑中无意识地进行选择和运用的基础上的。研究人员要不断学习,使自己具有广博而专深的科学知识和方法论知识,掌握各种研究方法和思维方法,并达到融会贯通程度。这时再研究某一问题,就有可能产生灵感。

(2)必须对所研究的问题进行长时间的思考。研究者集中精力,有意识地进行长时间思考,使思想达到高度的"受激状态"之后,才能在头脑中产生下意识的活动。而且头脑中思考的资料针对性越强,产生灵感的可能性也越大。如果一个人对某个问题从不考虑,那么,它是绝对不可能产生出解决这个问题的灵感来的。有人问牛顿是怎样获得伟大的发现的,他回答说:"经常想着它们。"在研究工作中,没有长时间的艰苦的劳动,没有深思熟虑的钻研,就不会有智力的跃进。灵感只有从思考中才能产生,即使一个人天资很好,如果他不艰苦思考,也不会产生出灵感来的。

（3）必须充满激情,有高度兴奋的情绪。灵感的产生与研究者的精神状态有着重要关系。如果他对于所研究的问题抱有浓厚的兴趣,对于解决问题抱有强烈的愿望,充满激情,信心百倍,而又不被其它无关的事件所分扰,那么他产生灵感的机会就会增多。与此相反,如果他情绪低落,生活中充满烦恼,或者琐事缠身,精力分散,使思维不能连续进行,那么他就没有产生灵感的机会。因此,研究工作者保持饱满的热情,良好的情绪,顽强的毅力,锲而不舍的精神都会对诱发灵感有益处。

（4）要有偶然机会的诱发。如果我们对一个问题深思熟虑之后还不得解决,就要考虑是否可能要用偶然机会来诱导和激发出解决问题的办法。事实证明,灵感的产生常常要靠某种偶然因素诱导和激发。

4.灵感思维诱发的方法

许多研究表明,灵感虽然来去飘忽,似乎无法控制,但仍然可以刻意诱发。诱发的方法主要有:

（1）浏览诱发。这种诱发通常是在阅读文章过程中偶然得到某种闪光思想的启示而形成的。博览群书,广收信息是图书馆学研究人员灵感诱发的重要条件。当我们对问题百思不解、久攻不克时,或暂时搁置,阅读其他专著,或空闲之间,读读报刊,看看小说,常常会受到某种思维方式、处理方法、具体观点等的刺激,突然间找到了新的办法,产生了新的构思,形成了新的观点,这是许多人已经感受过的。

（2）交流诱发。这种诱发通常是在人际交流过程中受到某种信息的启示而形成的。这类交流包括无意识的交谈和有意识的讨论。这两种交流都可能诱发灵感的产生，尤其是与持不同观点的人交流更是如此。为了形成交流诱发的良好气氛，经常开展欢聚和畅谈、质疑和答辩，以至争论和反驳，是很有益的。这些活动都可以促进思想相撞、知识相通和潜能释放。学术界经常采用的一些智力激励的方法如头脑风暴法、集体启发法等可以看作是交流诱发的自觉运用。

（3）松弛诱发。科学史的研究表明，许多科学家的灵感都是在散步、旅行、游艺、沐浴、睡眠、听音乐过程中出现的。心理学认为显意识的压抑会导致潜意识的活动，反常信息的捕捉和诱发往往发生在长期的、紧张的思维之后的暂时松弛状态之中。所以我们在科学研究中，为了诱发灵感，可以将悬而未决的问题搁置起来，或去研究另外的问题，或变换一下自己的环境，或使大脑松弛一下，有意识地使思维离开本题，有时对所研究的问题会突然顿悟，迎刃而解。

（4）虚静诱发。如果人们自觉排除内心杂念，虚静养气，使精神净化，心情舒畅，思路清晰，灵感就很容易爆发了。居幽室，择僻境，夜深人静之时，揣摩观点，构思方案；临清流，登高阜，在曲径通幽之处想问题、做文章是科学研究人员可用的虚静诱发灵感的方法。

5.灵感的捕捉

灵感虽然来得突然，走得迅速，特别是经常发生在不易引起注意的时间，但是，只要有思想准备，还是可以捕捉到的。

格拉茨大学药物学教授洛伊遇到灵感的经历是很有典型性的：一天夜里他醒来，想到一个极好的设想。他拿来纸和笔简单记了下来。第二天早晨醒来，他知道昨天夜里产生了灵感，但使他惊愕的是:怎么也看不清自己的笔记。但是到了夜间,他又一次醒了过来,还是同样的顿悟,他高兴极了。这回,他思想有了准备,仔细地记录下来,才回去睡觉。次日他走进实验室,以生物学历史上少有的利落、简单、肯定的实验证明了神经搏动的化学媒介作用。

从这个实例可以看出,为了抓住灵感,首先要有思想准备,其次必须采取有效的措施。例如随身携带着纸和笔,把每一个一闪而过的念头尽可能详细地及时地记载下来,不使它错过或漏掉。一般认为,这是抓住灵感最有效的方法。睡眠中的想法最容易忘却,所以应该有意识地随时捕捉出现在睡前和醒后的意念。旅游、逛公园、观赏风景都可能出现思想火花,要注意记录下来。有些人在阅读、写作或进行其它不宜中断的脑力活动时,在头脑中也常常出现一些新鲜的想法,也应该养成及时记载下来的习惯。这样,既可以不干扰正在考虑的问题,又可把意外产生的想法保存下来,以便事后进行仔细研究。

6. 图书馆学研究需要灵感思维

图书馆学研究是对图书馆工作规律不断探求的过程,是一项创造性的脑力劳动。所以,特别需要运用创造能力,其中包括创造性思维,特别是灵感思维。灵感思维是创造性思维中的一个基本要素。它能给出新思想,提出新理论和新方法。它能巧妙地解决某些难以解决的问题,它能创造出前所未有的概念和理论来。在图书馆学现有理论软弱无力之时,想要创造新理论必须借助灵感思维。

在一般的研究中,也要借助于灵感。例如在撰写论文时,草拟了提纲,粗略地描绘了论文的框架、层次和准备阐述的主要论点之后,研究人员怀着浓厚的兴趣和强烈的愿望,进行艰苦的、长期的思考。在紧张思考之后,有些观点、有些结论并不十分明确完善,并不十分新颖独到。如果在长期紧张的钻研后,使思想松弛一下(如休息、睡眠、散步……),这时往往会突然涌入脑海一些新的论点、新的设想,甚至鲜明的例子、精练的语言、生动的词句,以及有说服力的数据、例证等。这些应当详细记录下来,熔于研究成果之中。

为了取得灵感就要培养灵感思维能力,图书馆学研究工作者必须具有图书馆学的渊博的知识和方法论修养,必须对所研究的问题不断钻研、艰苦思考,让思想在广阔的领域驰骋。必须有对传统思想和传统理论的批判精神和勇于求新的毅力。这样才能提高自己的灵感思维能力,才能有更多的机遇产生灵感。

参考文献

1. 王兴久. 情报场及其数学模型. 情报科学,1982(4):34~38

2. 郭沫若. 浪漫主义与现实主义. 见:郭沫若论文集. 北京:人民文学出版社

3. 许良英等编译. 爱因斯坦论文集(第一卷). 北京:商务印书馆,1977

4. 包昌火主编. 情报研究方法论. 北京:科学技术文献出版社,1990

5. 贝弗里奇著. 科学研究的艺术. 北京:科学出版社,1979.60

6. 王梓坤. 试谈自然科学研究的一般方法.《红旗》杂志,1979(2):55~62

第十二章　心理学方法

一、概述

心理学方法,就是利用心理学所提供的概念、理论和方法,对图书馆内的工作人员和读者进行心理描述和分析,并对研究对象作出判断和推理,找出其内在的、稳定的心理活动规律的方法。利用心理学方法可以揭示人的心理过程和心理特征,正确地预测人的行为,调动人的积极性与创造性,以指导图书馆的人员管理工作和读者服务工作。

心理学方法是一种既古老而又年轻的科学方法。地球上自从有了人类,就有人的心理现象,人们用心理学方法研究探讨自己的心理问题,至今已有几千年的历史了。古代的心理研究方法虽然很简单,但也得出了许多合乎心理规律的结论。由于生产力发展水平的限制,许多心理学家把人的心理现象归结为人有灵魂,从而走向宗教神学的深渊。十九世纪中叶以后,德国学者建立了第一个心理实验室,心理学研究开始采用实验的科学方法。由此使心理学研究脱离了过去的单纯主观的假说臆断,建立在科学实验的基础之上。

心理学方法一般来说是进行定性分析,但也常采用定性分析和定量分析相结合的方式。在搜集资料时主要采用观察、实验、调查等方法,在处理资料时采用科学抽象、归纳和演绎、分析与综合等研究方法。在一定场合也采用作品分析法、经验总结法和模拟法等等。在当代,心理学研究正在逐渐采用现代技术方法和先进研究手段。控制论、信息论与系统论的理论与方法已渗入到心理学研究之中,电子计算机已用来分析人的个性心理品质,评定群体心理气氛的指标等等。心理学研究,由于大量采用实验方法,用定量分析代替或补充定性分析,从现象的描述深入到揭示出心理现象的数量关系,所以研究的成果也越来越具有普遍意义。

心理学方法应用十分广泛,凡是有人活动的地方,都可以用心理学方法去研究人的心理规律。人处于各不相同的环境中,就会产生各不相同的心理现象,形成不同的心理规律,所以,心理学方法在各个领域中的应用就有不同的特点,并各自形成了相对独立的有针对性的研究方法。

心理学研究方法对每一个图书馆工作人员做好读者服务工作都是十分重要的。采用这种方法,可以研究图书馆读者的心理活动,看他们到图书馆来注意些什么? 有什么需要和愿望? 他们情绪如何? 他们的行动出于何种动机? 每个人的个性特点怎样? 如此等等,从中得出规律性的认识,指导我们做好读者教育和读者服务工作[1]。

心理学研究方法对图书馆的领导也是十分得力的工具。各级图书馆领导可以利用这种方法研究工作人员的心理状态,作好领导工作。例如,研究他们的世界观、信念、情操、情绪,做好政治思想工作;研究他们的能力、气质、性格和意志,估量他们胜任工作的程度;研究他们的需要、兴趣和心境,激发人的正确动机,调动人的积极性与创造性。

心理学研究方法对个人也有十分重要的意义。我们可以用这种方法,研究自己的心理状态,从中寻找改造自己不良习惯的正确途径,克服消极的心理状态,发扬积极的心理状态,建立高尚的情操,坚定自己的信念,锻炼自己的意志和能力,成为一个高尚而有能力的人。

二、心理学基本概念和理论

心理学是研究心理现象规律的科学,主要是研究心理活动的过程及其机制、个性心理的形成过程及其机制、心理过程和个性心理的相互关系等方面的规律性。心理学最初是哲学的一部分,后来,由于社会生产力和科学技术的发展,特别是许多自然科学实验技术应用于心理学研究,心理学才成为一门独立的学科。心理学有许多分支学科,如普通心理学、教育心理学、社会心理学、比较心理学、文艺心理学、体育心理学、军事心理学、情报心理学、读者心理学等等70多个分支学科。为了使不熟悉的读者对心理科学有一个清晰的了解,简述一下心理学的有关概念和理论是十分必要的。心理学的研究范围主要是人的心理过程和个性心理。

1.心理过程

心理过程包括认识过程、情感过程和意志过程。

(1)认识过程。认识过程是指人在认识客观事物的活动中表现出的各种心理现象。认识过程包括感觉、知觉、记忆、思维和注意等心理活动。

①感觉　客观事物直接作用于人的感觉器官,人脑中就产生了对这些事物的个别属性的反映,这种反映叫做感觉。人们借助于感觉,感知事物的各种不同属性,如颜色、气味、光滑和粗糙等。感觉也使人知道自己身体所发生的变化,如躯体的运动和位置,内部器官的工作状况等。

②知觉　客观事物作用于人的感觉器官,人脑中就产生了对这些事物各个部分和属性的整体的反映,这种反映叫做知觉。人在知觉的时候,头脑中产生的不是事物的个别属性或部分的孤立映象,而是由各种感觉结合而成的具体事物的整体映象。

③记忆　人在感知过程中所形成的对客观事物的反映,当事

物不再作用于感觉器官的时候,并不随之消失,而能在人的记忆中保持一个相当的时间,在一定条件下,还能重现出来,这种保持和重现的心理过程,叫做记忆。不仅感知过的事物能保持于记忆,而且思考过的问题、理论,接触事物时体验的情绪,练习过的动作都可能被记忆。

④思维 思维是对客观现实的概括的、间接的反映。所谓概括的反映是说所反映的不是个别事物或其个别特征,而是一类事物的共同的本质特征。所谓间接的反映就是说不是直接地,而是通过其他事物的媒介来反映客观事物。例如早晨上班,看见地面潮湿,便推想到夜里曾下过雨,夜里下过雨是通过地面潮湿的媒介而推断出来的。

⑤注意 注意是心理活动对一定事物的指向和集中。由于这种指向和集中,人才能清晰地反映周围现实中的一定事物,而离开其余事物。注意本身并不是一种独立的心理过程,而是感觉、知觉、记忆、思维等心理过程的一种共同特性。人在注意着什么的时候,就在感知着什么,记忆着什么,思考着什么。

(2)情感过程。人在认识事物的时候,不是无动于衷、冷漠无情的,而总是表现出满意或不满意,喜欢或不喜欢,振奋或惊恐,愉快或烦恼之类的内心体验,这就是情感过程。情感过程是伴随着认识过程和意志过程而出现的。它具有独特的主观体验形式和外部表现形式,在人的心理生活中有着广泛的影响。情感可以分为许多种类,按情感状态分类,可分为激情、心境和热情。按情感的社会内容分类,可分为道德感、美感和理智感。与情感相联系的心理活动还有情绪、情调和情操等心理过程。

(3)意志过程。意志过程是指人为改造现实事物去努力工作,表现出不怕困难,决心干到底的那种心理过程。例如,为要攀登科学高峰,必须勤奋学习、刻苦攻关的过程就是意志过程。

意志过程是人的心理、意识的能动性的表现,是自觉地确定目的并支配行动,实现改造客观世界的心理过程。意志过程是人类特有的心理活动,人类是有意识、有目的、有计划地实现自己的行为活动的。人在活动之前,活动的结果已经作为目的,存在于人的头脑中了。人不是消极地适应环境,而是以自己的实践活动,改造世界以适合自己的需要。意志和行动是不可分的。意志总是通过实践活动表现出来的。意志支配行动,同时也在行动中得以表现。

2. 个性心理

个性心理包括个性心理特征和个性倾向性。

(1)个性心理特征。每一个人是作为个体而存在的,一切心理过程实际上也总是在具体的个体身上进行的。而个体的心理活动,既体现着人的心理过程的一般规律,又具有他个人自己的特点。这种特点,是在长期的生活实践中逐步固定下来的,具有经常的、稳定的性质。这种在个体身上表现出来的经常的、相对稳定的心理特点,就称为个性心理特征。个性心理特征与心理过程有着密切的关系:个性心理特征是在个体生活实践中,通过心理过程形成起来的;而已经形成的个性心理特征,反过来又影响心理过程的进行,使其带上个人的色彩。

一般来说,个性心理特征包括能力、气质和性格三方面内容。

①能力 能力是指那些直接影响活动的效率,使活动得以顺利完成的心理特征的总和。也就是说能力是与顺利地、成功地完成某种活动有关系的心理特征,是顺利完成某种活动必备的心理条件。能力是在活动中形成,并在活动中表现出来的。在一般活动中表现出来的认识事物的能力,如观察力、记忆力和思维想象力、创造力等称之为一般能力,即通常所说的智力。在某一特殊领域里活动所表现出来的能力,称为特殊能力,如文献检索能力。任何单独的能力都不能成功地完成某种活动,而需要多种能力的综合运用,需要多种能力的有机结合。

②气质 气质就是日常生活中所谓的"脾气","性情"。气质

在日常生活中主要表现为每个人的情绪反应的特征,它包含人对刺激的感受程度,反应的强弱、快慢程度,以及每个人固有的心境特征。因为气质和一个人的身体内部的生理过程有着深刻的关联,往往被人们误认为是先天决定的。其实气质表现在思维、情感和意志的过程中,它的形成、发展和变化主要是由后天的生活环境条件所决定的。心理学家把人的气质区分为四种基本类型:胆汁质(兴奋型),通常表现为:精力旺盛、热忱坦率、敏捷果断、进取心强、大胆倔强、刚毅不屈;但也往往容易性情暴躁、主观任性、自制力差、易于冲动等等。多血质(活泼型),通常表现为:灵活机智、思想敏锐、善于交际、适应性强、性格爽朗、精神振奋;但也往往容易粗心大意、情绪多变、生活散漫、轻举妄动等等。粘液质(安静型),通常表现为:坚定顽强、沉着踏实、从容不迫、耐心谨慎、自信心足、自制力强;但也往往容易固执拘谨、因循守旧、精神怠惰、动作缓慢等等。抑郁质(抑制型),通常表现为:孤僻寡欢、犹豫胆怯、敏感多疑、心绪消沉、缺乏信心、自卑退让;但也往往会平易近人、容易相处、谦虚谨慎、忠于委任等等。这四种气质类型,都具有积极的和消极的两个方面,因此不能简单地评价哪个好,哪个不好。对于一个具体的人来说,多半不是完全属于哪一个气质类型,常会表现为相互交错,二者兼备或者在某个人身上体现了多种气质类型的特征。

③性格　性格是人们在对待客观事物的态度和社会行为方式中,所表现出来的那些比较稳定的心理特征的总和。性格是个性中最重要的心理特征,它足以区别一个人与众不同的、明显的和主要的差别。任何性格都不是一朝一夕形成的,而是不断地受到社会环境的影响、教育的熏陶和自身的实践,长期塑造而成的。性格贯穿在人的一切活动之中,并影响着人的一切活动。虽然每个人的性格是在生活实践中逐渐形成的,但一些其他因素也对形成性格有一定的影响,如遗传因素对人的早期性格的影响比较明显;神

210

经系统的特点对性格的个别特征的形成有一定的影响；身体内部的一些机能的变化，也会明显地反映在人的性格特征上。

（2）个性倾向性。个性倾向性是由需要、动机、兴趣、信念和世界观等构成的，它们与个性心理特征互相制约，有着密切的联系。

①需要　需要是人对一定客观事物需求的表现，是人对满足个人或社会生活所必需的东西的渴求和力求占有的趋势。例如，口渴了有喝水的需要，读者有读书的需要等等。人们有了某种需要，才能提出活动目的，考虑行动方法，以便获取所需要的东西。所以，需要是激励人们积极行动的原因，是个性积极性的源泉。人的需要是多种多样的，一般可分为三类：物质的需要、精神的需要、社会的需要。

②动机　动机是引起人去从事某种活动，从而满足一定需要的愿望或意念。动机是人的活动的推动力，它体现着所需要的客观事物对人的活动的激励作用，把人的活动引向一定的、满足他需要的具体目标。动机是在需要的基础上产生的，然而人有了明确的需要，并且找到了满足需要的手段时，还不一定去行动，只有这种愿望十分强烈，成为一种非占有某种对象就无法平息内心的紧张状态的时候，才推动自己去行动，这种愿望才是实际行动的动机。动机可以由当前的具体事物引起，也可以由事物的表象和概念，甚至是人的信念和理想道德引起。人的动机是非常复杂的，不同的人对同一种活动可能有不同的动机；同一个人的活动可能是由几种动机同时支配的。

③兴趣　兴趣是人对客观事物的选择性态度，是一个人经常倾向于认识、掌握某种事物，并力求参与该种活动的心理方面。人有了某种兴趣就会对某种事物或活动表现出肯定情绪态度。兴趣是以一定的需要为基础的，当某种需要产生时，就会对有关的事物发生兴趣。任何一种兴趣都会使人由于获得这方面的知识或从事

该种活动而体验到情绪上的满足。兴趣是取得成功的重要因素之一。因此,兴趣在人的生活和活动中具有巨大的意义。

④信念和世界观　信念是指人坚信某种认识的正确性,并经常用来支配自己的行动的个性倾向。世界观是关于自然、社会和人类思维的观点体系。这两种个性倾向性对人的活动都是长期,甚至终生起作用的因素。

三、心理学方法的应用

心理学方法在图书馆学研究中,越来越引起专家学者们的重视。许多人开始用心理学方法来分析研究图书馆工作人员的心理现象和规律,读者的心理现象和规律以及图书馆管理的有关心理问题,并取得了明显的成果。心理学方法可应用的方面有:

1. 读者阅读心理研究

这方面的主要研究课题是:

(1)读者阅读文献的心理机制　如阅读的实质、书面语言的感知过程及人脑在阅读中的活动等等。

(2)阅读需求　阅读需求是阅读活动的前期准备。主要有:社会型的需求(反映时代特征,一定时期的共同倾向);专业型的需求(反映职业特征);研究型的需求(反映任务特征);业余型的需求(反映兴趣特征)。

(3)阅读动机　阅读动机是反映阅读需要的心理现象。它可以分成学习动机、解疑动机和娱乐动机,还可以细分成求知动机、培养能力动机、生理动机、对爱情和群体的动机、伦理学动机、交际动机、旅游和观光动机以及政治动机、经济动机等等。

(4)阅读兴趣　阅读兴趣反映了读者对某种文献的喜爱程度和选择性程度。它可以分为:职业兴趣和业余兴趣;直接兴趣和间接兴趣;广泛兴趣和专门兴趣;稳定兴趣和易变兴趣。

(5)阅读目的　阅读目的是实现阅读愿望,完成阅读行为,达到阅读效果的一种要求。它可以分成学习型目的、研究型目的、应用型目的、享受型目的等等。

（6）阅读能力　阅读能力实际上是驾驭文献的能力，它的主要指标是阅读速度、理解程度、选择能力、掌握先进阅读方法的能力。

（7）阅读情感和情绪　主要指阅读的心境，阅读的热情，以及喜、怒、哀、乐、悲、恐、惊对阅读的影响。

（8）环境对阅读的影响　这里主要指图书馆的建筑、设备家具、室内布置、管理形式以及图书馆的环境、工作人员的水平和语言动作等等对阅读的影响。

除了读者阅读心理研究以外，在读者心理研究课题中还有读者检索心理的研究。这方面的研究成果目前还很少，但也引起了图书馆界的注意。其主要研究方面有：检索心理机制，检索要求，检索动机，检索兴趣，检索目的，检索能力等等。

2. 工作人员心理研究

这方面主要的研究课题是：

（1）需要　主要包括物质与生活的需要；安全与经济保障的需要；精神与社交的需要；名望和尊重的需要；自我实现和成功的需要。

（2）兴趣　主要包括兴趣的类型（直接兴趣和间接兴趣；积极兴趣和消极兴趣；物质兴趣、社会兴趣和精神兴趣等等）和兴趣的培养及其对工作的影响。

（3）情感　主要包括理智感、道德感和美感；情绪、情操和激情、热情、心境等等及其对工作的影响。

（4）意志　主要包括意志过程、意志品质（自觉性、果断性、坚韧性、自制力），意志的培养与锻炼等等。

（5）气质　主要包括气质类型（多血质型、胆汁质型、粘液质型、抑郁质型，或是两种以上合成型）；气质对工作的影响；气质的调节等等。

（6）性格　主要包括性格类型（外向型性格、内向型性格、中间型性格），性格的了解和掌握，性格的塑造等等。

（7）能力　主要包括观察能力、思维能力、记忆能力、想象能力和实践能力以及某些具体能力，如：搜集查找能力、写作能力、语言表达能力、分析鉴别能力；能力的培养和训练等等。

3. 管理心理研究

管理心理研究的主要课题是：个体心理研究、群体心理研究和组织心理研究。

（1）个体心理研究　主要包括：人的需要与动机产生及其特点；激励个人的途径；知觉及其对行为的影响；态度及其对行为的影响；工作人员的考核与奖惩心理；工作人员的心理测验和心理卫生等等。

（2）群体心理研究　主要包括：团体心理；人与人之间的人际关系；个人与群体的关系；人与人之间的意见沟通；群体的士气与风尚；群体间的竞争与冲突等等。

（3）组织心理研究　主要包括：领导心理；组织结构对心理的影响；组织内外环境对心理的影响等等。

四、应用举例

例 1. 出纳台前读者心理研究[2][3]

文献〔2〕〔3〕对到图书馆出纳台借书的读者进行了心理分析，并提出了出纳员应如何根据读者心理的变化，做好服务工作。

出纳员从读者填写的索书单上可以看出如下心理状态：

（1）如果索书单列出的书名集中在科技图书上，那么，读者是查阅与自己工作有关的图书，他们借书心情迫切，对图书仔细选择，如果借不到书，他们会很失望。如果集中在文学类图书上，那么，借世界名著、古诗词或某一作家系统著作的，是为工作、研究写作的需要,目的明确,针对性强。只借小说的读者,多数是消遣的需要,借不到书也不会产生多大情绪。如果是集中在文化学习方面的,多数是为了学习,选择性强。查书心情急迫,一旦借到书,则爱不释手。

(2)索书单上的图书学科不集中,类目种类繁杂,这样的读者有学习欲望,却没有明确目标,好奇心强,有的只想广泛浏览,也有极少数读者是由兴趣广泛所致。

(3)索书单上图书种类不少,索书号又不全。这是新读者,他们对图书馆知识懂得甚少,心情拘谨,需要耐心帮助。

(4)索书单上的书奇特,有不健康倾向。这样的读者多数具有不健康的心理倾向,寻求低级趣味;有的也可能有好奇心。

总之,在小小索书单的后面,各种读者的头脑中隐含着各不相同的阅读欲望:求知、探索、好奇、娱乐、排难、解疑、欣赏、创作……等等。他们的理解能力、文化修养、兴趣爱好都反映在纸上。当读者借不到书时,心理状态是什么样子呢? 读者借书受到挫折后,其积极进取态度表现为:要求出纳员继续查找;要求出纳员推荐相关的图书;自己重查目录,选择相关的图书等等。消极防范态度主要表现为:

①撤退:从此不再来借书了。

②攻击:攻击出纳员不认真查找;攻击图书馆书少;其他种类的怪话。

③取代:胡乱借几本书了事。

④抑制:借书次数和借书量逐渐减少。

⑤发泄:故意找麻烦,如藏起出纳员的笔、图章;连续提出索书单;把书捅到地下等等,以此发泄自己的不满。

以上种种防范态度在出纳台前是常见的。只要我们意识到这是读者的消极防范心理,就可以采取相应措施,正确对待,做好服务工作。

例2. 参考咨询的心理分析[4]

文献〔4〕应用心理学原理,联系参考咨询工作实际,对参考咨询过程的心理特点、心理原则,了解读者心理的方法及工作人员的心理品质作了深入的探讨,得出如下结论:

(1)参考咨询的心理特点具有双向性,即咨询人员和读者各有不同的心理特征;多源性,即咨询心理由认知、情感、意志和行为四方面组成;广泛性,即读者在接受咨询时有着各种各样的心理障碍需排除;递进性,即帮助读者克服不良心理要循序渐进;反复性,即咨询人员对克服读者的不良心理不能有一劳永逸的思想。

(2)参考咨询的心理原则可分为:交际性原则,即咨询人员要创造一种和读者经常交往的和谐气氛;启发性原则,即启发读者把自己要解决的问题坦诚相告;尊重读者原则,即要尊重读者性格、气质、能力等方面的差异;一般和特殊相结合原则,即既要考虑读者一般心理特征,也要照顾特殊读者的特殊心理特征;保密性原则,即满足读者提出的为他们的课题保密的要求。

(3)参考咨询人员应具备的心理品质:准确的观察力;较强的记忆力;简洁、明快的语言;诚挚的情感等。

例3. 馆员心理特征研究[5]

文献〔5〕对馆员的心理特征,影响馆员的心理因素及如何排除消极心理因素进行了探讨,得出如下结论:

(1)除了态度、语气、精神状态、工作修养之外,馆员的主要心理特征表现在气质、能力、情绪、需要等方面。气质的特点,能力的高低,情绪的好坏,需要是否得到满足,都对工作有重要的影响。

(2)影响馆员心理状态的因素有:馆领导缺乏管理才能;工作不受重视,待遇较低;自感工作繁琐而平凡。

(3)排除消极心理的方法:①对馆员加强思想教育,树立为人民服务的宗旨,赢得社会的重视;②领导和馆员之间要经常进行思想交流,领导要尊重他们,倾听他们的意见;③馆员要与读者进行

216

沟通,做好服务工作,这样就会受到读者的尊敬和爱戴;④建立有效的工作责任制,功过分明,奖惩有据。

例4.读者病态借阅心理研究[6]

文献[6]对读者病态借阅心理的特征进行了分析,并提出了应采取的对策。

所谓病态借阅心理,是指一种超乎于正常借阅心理的、颓废空虚的借阅心理反应。主要表现在读者借阅过程中对书刊的感知、注意、兴趣、逆反心理等几个方面,从这几个方面进行剖析就可以了解和掌握读者借阅的病态心理。

(1)具有病态借阅心理的读者,对整体书刊的感知,往往是只感知那些刺激性较强的书刊,对其它类书刊常常不屑一顾。

(2)具有病态借阅心理的读者的注意和兴趣多集中在不健康的书刊上。

(3)具有病态逆反心理的读者和具有一般逆反心理的读者不同。一般读者,其逆反心理大都出于好奇心或想深入探究某一问题。具有病态逆反心理的读者,他们总是从一些格调不高、情绪低下的作品中寻求某种刺激,从中获得一点空虚的精神寄托。

对于具有病态借阅心理的读者,图书馆应开展各项有益活动,如书评、书展及举行读书报告会等,提高读者对优秀图书的感知强度,转移病态读者对劣书的注意和兴趣,消除他们的逆反心理,使他们的病态借阅心理得以逐步扭转。

参考文献

1. 赵莉. 视听资料在图书馆中的应用. 吉林高校图书馆,1988(1):54

2. 黄实. 出纳台前读者心理状态分析. 图书馆学研究,1983(4):86~87

3. 钱琦. 当拿到索书单的时候——读者阅读心理的分析. 图书馆学研究,1983(1):84~86

4. 张放. 试论图书馆参考咨询心理. 黑龙江图书馆,1991(5):42~44

5. 朱桂春,宋风云.馆员心理特征及其对工作的影响.吉林高校图书馆,
1991(3):25~26

6. 刘勤久,黄广祯.对读者病态借阅心理的探讨.黑龙江图书馆,1991
(2):67~68

第十三章　描述统计法

本章和十四、十五两章将较详细地阐述图书馆学研究中的三种数学方法，即描述统计法、推断统计法和数学模型法。这三种方法并不是图书馆学研究使用的全部数学方法，只是其中使用较多或者很有发展前途的方法，它们在以往的研究中起过相当重要的作用，在今后的研究中，也必将会显示出强大的威力。

大家知道，数学是研究现实世界空间形式和数量关系的科学。数学方法作为科学研究的一种方法，已在自然科学中得到了极为广泛的应用，无论从历史上看还是从现实角度看，都创造了惊人的成就。300多年以前，伽利略、牛顿等物理学家首先把数学引进自然科学，开始了自然科学数学化的进程。随后，人们相继利用经典数学解决了一系列研究课题。如今，利用经典数学将自然科学的基本规律表示成为相应的代数方程式或微分方程式，并求得数学解，已经成为研究者们很自然的事情了。近100年来，随机数学（主要是概率论、随机过程理论及数理统计）又使数学向自然科学渗透的范围进一步扩大了。例如1901年数理统计进入生物学，建立了生物统计学。于是，生物学像物理学一样，开始进入精密科学的行列。数学进入社会科学领域，就使社会科学的面貌焕然一新，开始研究社会现象的量的规定性。在社会科学领域里，最早运用数学的要属经济学和心理学。30年代诞生了计量经济学和心理测验学。社会科学中的其它学科虽然进行定量化的研究要迟一些，但是，不同程度的探索也在方兴未艾，极为活跃。近年来，模糊数学和突变理论应运而生，并且一开始就和各学科的科学研究紧密结合，相依为命。随着电子计算机的日益普及，与电子计算机相结合的数学，已经成为各个学科领域开展现代化研究的必不可少的工具。马克思说："一种科学只有成功地运用数学时，才算达到了真正完善的地步。"[1]现代科学发展的趋势就是数学化。任何一门科学不与数学发生联系，不借助于数学方法，就不可能更好地刻划出研究对象的运动规律，也就不可能达到精密科学的程度。所以人们常说，数学是科学的"皇后"，是现代科学方法的基石。任何一门科学的数学化程度是这门科学是否达到精确化和完善化的显著标志，也是其发展水平和成熟程度的显著标志之一。

所谓科学的数学化就是要先把研究对象数量化，然后再进行公式化，最后达到理论的公理化。每门科学想要建立起自己的完整理论体系，必须将自己的理论用一定的数学公式表达，经过演绎推理去覆盖所有的已往的科学结论，并利用这些结论来解释本学科范围内的过程和现象。所以每门科学的数学化程度，就是看其理论的公式化程度及公式化理论推演出的推论与客观实际的符合程度。

数学具有一整套完整的反映客观现实世界空间形式和数量关系的概念、理论和方法。所谓运用数学方法，就是利用数学所提供的概念、理论和方法，对研究对象的空间形式和数量关系进行描述、分析、计算和推导，以期对研究对象作出判断和推理，找出其内在联系的数学表达式或图像、曲线，从而做出结论和预见，对事物发展变化得到规律性的认识。数学方法具有高度的概括性、严密的逻辑性、足够的准确性以及在应用上的广泛性。

图书馆学是一门社会科学。当前,数学方法的应用还处于初级阶段。图书馆中的绝大多数现象和过程还没有用数学方法去研究。图书馆界的许多人还不熟悉数学和数学方法的功能,甚至还有的人拒绝引入数学方法。所以图书馆学的研究者为了完善自己的学科,为了使图书馆学在学科之林占有一席之地,必须大力提倡在研究工作中使用数学方法,以加速图书馆学数学化的进程。近年来,图书馆界的有识之士,特别是一些新秀,开始呼吁图书馆学向自然科学学习,大量应用定量的研究方法,这无疑是一个良好的迹象。我们应该把图书馆学发展的前途与数学联系起来,企望有一天,图书馆学的理论也能用一定的数学公式表示出来,而现在的经验性的研究成果都成为这些公式的推论。

在图书馆学领域内,一切研究对象都具有一定的空间形式和数量关系。所以我们在研究过程中,也就不可避免地要进行空间形式的考查及数量关系的分析,这就要用到数学方法。以往的研究已经用了一些数学方法,其中主要有初等数学、微积分、微分方程、线性代数、概率论、数理统计、运筹学以及集合论、数论、图论等等许多数学分支。不过,应用最广的要算初等数学、概率论和数理统计。图书馆学研究所使用的统计方法,就是初等数学、概率论和数理统计这些数学分支与图书馆学研究对象相结合的产物。

图书馆学研究使用的统计方法可以分为描述统计法和推断统计法。推断统计法将在下一章叙述。本章阐述描述统计法及其在图书书馆学研究中的应用。实际上,很多研究都是描述统计法和推断统计法结合使用。描述统计法是推断统计法的初级部分,推断统计以描述统计为基础,是描述统计的发展和提高。

描述统计法是指对原始数据进行整理、简化和概括或进行简单计算，以醒目的形式表达出来，使数据有规律性，更容易理解并对数据进行分析研究的一种方法。图书馆日常活动中积累了许多反映工作过程的数据，有些图书馆工作者知道怎样利用这些数据，有些图书馆工作人员不知道如何加工整理和分析这些数据，从中引出有益的结论，用以改进图出馆工作。描述统计法的知识可以对不会利用这些日常统计数据的人，给以充分的帮助。掌握描述统计法，并不需要高深的数学知识，只要有初等数学的水平，就可以运用自如了。

一、描述统计法的特点

描述统计法与其他研究方法相比，有许多不同的特点，现归纳如下：

1. 应用广泛

在图书馆学研究中，应用描述统计法进行研究的问题相当广泛。可以说，几乎没有哪一项工作不能用描述统计法进行研究。这是因为图书馆工作几乎没有哪一项可以离开数量统计，也没有哪一项是不能统计的。例如，可以研究藏书利用率、图书周转率、读者到馆率、读者借阅率、拒借率等等，还可以研究书刊采购规律、读者借阅规律、参考咨询规律等等。所以，利用描述统计法进行图书馆业务研究，课题是最容易选定的。

2. 研究结果可直接应用于实践

描述统计法不但简单易行，而且研究的结果比较直观，几乎每一个图书馆工作者都能利用研究结果来改进自己的工作，直接在图书馆的业务实践中发挥指导作用。利用描述统计法来处理日常统计数据，还可以经常用来监督图书馆的各方面工作情况，例如，领导的决策，工作计划的制定，工作人员的考核，各项工作的评估以及每个出纳口、阅览室、检索室、复制室满足读者需求的情况。

3.资料容易获得

使用描述统计法,其研究资料很容易获得。除了进行某些专项研究需要专门搜集资料之外,描述统计法一般是使用图书馆的常规统计资料来进行研究的。图书馆的常规统计是每一个图书馆都有的日常数据的记录统计,其中主要有:

(1)馆藏统计,主要是指本馆藏书数量、种类、类型、文种,及经费开支等情况,由馆藏登记体现。

(2)读者统计,主要是指每日入馆的总人数,各借书处和阅览室读者入馆的分布等情况,由各种读者登记来体现。

(3)借阅统计,主要统计每日对各类图书期刊的借阅情况、还回情况及拒借情况。

此外还有采购统计、工作量统计、用品统计、复印统计等等。

4.经常与其他研究方法配合使用

除了少数专门用描述统计法研究的课题外,许多课题是把描述统计法作为方法之一来使用的。图书馆学研究的许多课题都包含有定量的数据。凡是有定量数据的课题都不可避免地要用描述统计法来处理和分析这些数据。但是大多数研究课题,又不光凭统计数字来作为唯一的根据,往往要同时利用许多事实资料,而事实资料就要用其他方法来表述和分析。描述统计法几乎可以和任何其他方法配合使用,这样的实例是随处可见的。

二、描述统计法的内容

描述统计法不是搜集资料、鉴别资料的方法,而是处理资料、表现并分析资料的方法。任何数字资料,使用描述统计法处理后,都会使我们得到最大量的信息,并导致规律性的认识。

使用描述统计法处理统计数据的方式主要有:给数据以适当的表示,计算数据的集中趋势测度和分散程度测度。

1.数据的表示

一组数据用统计方法表示,主要有三种方法:叙述表示,表格表示、图形表示。

所谓叙述表示就是将数据作为文字叙述的组成部分,通过文字叙述把数据的意义揭示出来的一种表示形式。多数用于表示比较简单的行政管理数据,例如,我馆今年有工作人员49名,是去年人数的1.5倍等等。

所谓表格表示就是将数据填写于事先制定好的表格内,用以揭示数据的相互关系和意义的表示形式。表格是行与列统计数据的系统组织,是十分清晰、醒目的表示形式,对于大量数据表示特别有效。

所谓图形表示就是用各种图形把数据表示出来的一种形式。图形表示有许多种,每一种都有自己的特点,并适合于某一类数据的表示。

在实际应用中,常常是叙述表示、表格表示和图形表示配合使用。这样更能把数据的意义清楚地表示出来。由于数据的叙述表示比较简单,这里仅就比较常用的表格表示和图形表示形式阐述如下:

(1)顺序排列 假如一个变量所取的值不多,那就可以记录成原始资料的形式。如果按着数值的大小把这些数据从小到大或者由大到小的顺序排成一行,这个变量的值所包含的意义就会更容易理解。但是,从统计学的角度看,这种少量数值是没有多大价值的。

(2)频数表 如果一个变量所取的值很多(例如50个以上),原始数据只按顺序排列来进行处理,就没有多大意义了。

例如,我们对某研究生阅览室的日借阅量进行观察,共观察 50 天。依观察的顺序,记录的数据如表 13.1 所示。

表 13.1　日借阅量—原始数据

22	24	24	28	26	24	28	24	25	23
28	24	25	27	26	25	22	24	28	25
26	27	26	25	30	25	26	23	25	29
29	25	27	21	22	26	25	24	26	26
23	26	28	24	24	24	26	25	25	23

这样一组数据,看上去没有什么规律可循,即使按着顺序把它们排列起来,也说明不了什么问题。但是,如果把这组数据用另一种方法表示出来,就可以发现某种规律性。这种表示方法如表 13.2 所示。在表 13.2 中,上面一行是变量(日借阅量)所有的值的从小到大(也可以从大到小)的排列;下面一行是变量的每个值被观察到的次数。后者称为频数。这种表示数据的表格称为频数表。

表 13.2　日借阅量—频数

日借阅量(册)	21	22	23	24	25	26	27	28	29	30
观察频数	1	3	5	9	11	10	3	5	2	1

表 13.2 中的数据就可以给予我们某种容易掌握的规律。我们看到,所观察的日借阅量中,借阅量为 21 册的 1 天,22 册的 3 天,23 册的 5 天等等,被观察到的总天数是所有频数之和,即 50。可以看出借阅量最多的(30 册)和借阅量最少的(21 册)都很少,而借阅量 25 册的最多,并有两头小、中间大的趋势。

(3)相对频数表　频数表的不足之处在于,我们无法一眼看出借阅量相同的那些日子在全部被观察的天数中占多大比

225

例。为了回答这个问题,需要把上述数据用相对频数表的形式表示出来。相对频数用实际频数计算,其计算公式为:

$$相对频数 = \frac{实际频数}{所有实际频数之和}$$

利用表 13.2 的数据计算出的相对频数如表 13.3 所示。由表 13.3 可以很快看出,在所有进行观察的日子里,有 0.10 的借阅量为 23 册,有 0.22 的借阅量为 25 册等等。全部相对频数的和永远等于 1。从表 13.3 中还可以看出,借阅量相同的天数占全部天数的比例。当然,如果把表 13.3 的相对频数换算成百分比,那也是可以的。

表 13.3　日借阅量—相对频数

借阅量(册)	相对频数	借阅量(册)	相对频数
21	0.02	26	0.20
22	0.06	27	0.06
23	0.10	28	0.10
24	0.18	29	0.04
25	0.22	30	0.02

(4)直方图　用频数表或相对频数表表示的数据也可以用直方图来表示。直方图是用紧密接触的多个竖直柱表示频数或相对频数的图形。直方图的横轴表示变量,竖轴表示频数或相对频数。横轴上和竖轴上标有距离相等的间隔,用来分别代表变量的值和频数或相对频数。变量的每个值的观察次数用竖直长条柱的高度表示,长条柱的底与横轴相接。表 13.2 的数据用直方图表示,如图 13.1 所示。

从图 13.1 可以看出,直方图表示的变量的频数更醒目,更容易进行分析研究。

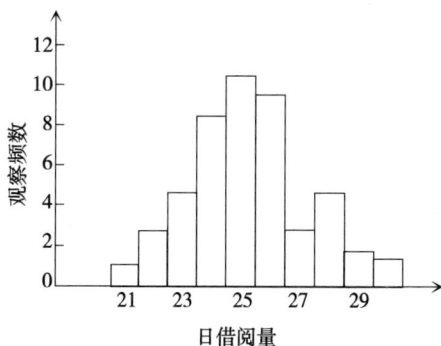

图 13.1 日借阅量—直方图

（5）频数多边形 直方图在表示一组数据时是很好的,但在表示两组或两组以上的数据时,就不能令人满意,因为两组以上数据的重叠会使图面不易辨别。这时,我们可以用频数多边形来解决问题。频数多边形就是把直方图中每个竖直长条柱顶端的中间点联接起来所构成的折线图形。图 13.2 就是表 13.2 数据的频数多边形。显而易见,同一个图面上可以作两个或多个频数多边形来进行比较,而不会使图面混乱不清。当然在图书馆学研究中,作一组数据的频数多边形比作直方图要省时省力,所以频数多边形是较常用的一种表示数据的方式。

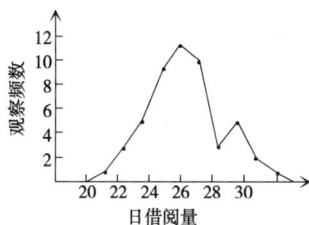

图 13.2 日借阅量—频数多边形

（6）累积频数表　在某些研究中,可能要用到累积频数表和相对累积频数表。累积频数表和相对累积频数表可以确定等于或小于某个特定数据观察到的频数。表 13.2 的数据用累积频数表和相对累积频数表表示时,如表 13.4 所示。从表中可以看出,借阅量等于或小于 23 册的有 9 天,或总天数的 0.18 是等于或小于 23 册书的日借阅量。

表 13.4　日借阅量—累积频数和相对累积频数

借阅量 （册）	累积频数	相对 累积频数	借阅量 （册）	累积频数	相对 累积频数
21	1	0.02	26	39	0.78
22	4	0.08	27	42	0.84
23	9	0.18	28	47	0.94
24	18	0.36	29	49	0.98
25	29	0.58	30	50	1.00

（7）累积频数图　观察变量作横坐标,累积频数作纵坐标画出折线图就是累积频数图。表 13.4 的数据画成累积频数图,如图 13.3 所示。当然,还可以用类似的方法画出相对累积频数图。

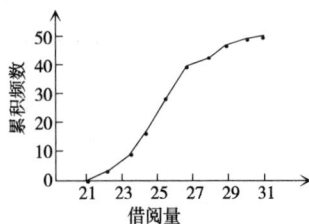

图 13.3　借阅量—累积频数图

228

（8）分组频数　前面所讲的表格表示和图形表示对于变量所取的可能值在 10～25 个范围以内还是十分合适的。但是，当变量的可能取值多于 25 个，那就要画出很长的表格和很大的复杂图形。为了简化数据，我们必须把变量的取值按照值域划分成一系列的组，使这些组的数目在 10～25 个之内。我们会看到，数据经过分组以后，虽然进一步的定量计算和表示方法简便了，但是一些原始数据都没有表示出来，而只是表示了原始数据落入了哪一个范围。分组后的数据不是哪一个变量值被观察到几次，而是在某一个范围内的变量的值被观察到几次。虽然分组数据损失了一些原始数据，使得以后得出的结果不如根据原始数据计算得出的结果准确，但是，数据分组后形成的频数分布能更清晰地看出数据之间的相互关系。

在对数据进行分组时，最主要的是确定组距。这是因为，如果组距确定的不恰当，就可能在数据分组后，看不出各组数据的相互关系。如果组距确定的好，就能很直观地看出数据的规律性和特点。所以在进行数据分组时，要认真选择恰当的组距，以达到把数据特点充分揭示出来的目的。确定组距还应考虑，组距的确定直接关系到组数的多少。如果组数太多，就会失去压缩数据带来的好处，组数太少容易损失更多的原始数据的特征。所以，比较理想的是，在把原始数据划分为 10～25 个组的范围内选择恰当的组距。

表 13.5 和表 13.6 是某大学图书馆小说日借阅量的原始数据和分组频数。图 13.4 为直方图和频数多边形。

表 13.5 日 借阅量—原始数据

12	46	61	37	54	58	23	49	46	38	16	45
84	58	50	30	61	21	17	37	77	42	44	25
78	18	10	29	50	10	36	70	45	58	50	29
36	50	31	14	54	24	34	52	30	48	59	98
31	38	54	38	54	16	37	39	30	38	22	8

表 13.6 日借阅量—分组频数表(组距 = 10)

日借阅量(册)	频数	日借阅量(册)	频数
1 ~ 10	3	51 ~ 60	9
11 ~ 20	6	61 ~ 70	3
21 ~ 30	10	71 ~ 80	2
31 ~ 40	13	81 ~ 90	1
41 ~ 50	12	91 ~ 100	1

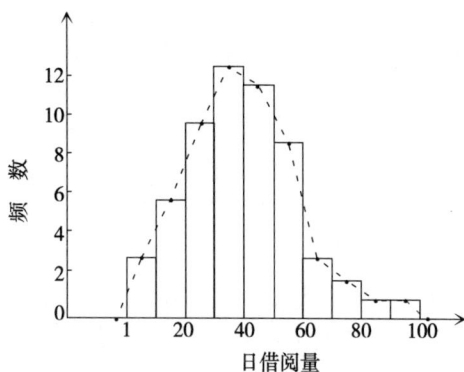

图 13.4 日借阅量—直方图和频数多边形

(9)扇形图 扇形图也是表示数据最常用的图形之一。它是以扇形面积的大小表示数据的数值的。图中每一个扇形以面积大小依次排列或与文字叙述的顺序相一致,并多被用于表示几种百分比的比较。扇形图表示的数据不能太多,太多容易看不清楚。扇形图的作法是把需要表示的几种百分比换算成圆弧的度数,然后用量角器在图上量出这个度数,画出对应度数的扇形。注意,所有扇形相加,必须成为一个完整的圆。表13.7和图13.5是某外文期刊室读者每月阅读外文期刊的文种百分比。

表13.7　外文期刊借阅量按语种的分布

语种	册数	百分比%	角度
英文	65	40	144
日文	49	30	108
俄文	35	21	75
德文	13	8	29
法文	2	1	4
	164	100	360

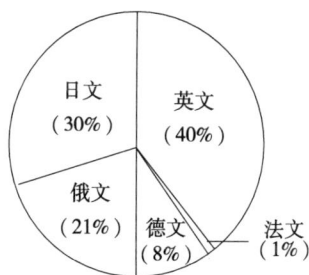

图13.5　外文期刊借阅量按语种的分布—扇形图

（10）柱状图　柱状图通常是用来表示少量数据的图形。它是由多个横向或纵向排列的宽度相等的柱子组成的。它也是由柱子的高度代表数据的大小,但与直方图不同的是柱子之间要有一定的间隔。表13.7中的数据,作成柱状图如图13.6所示。

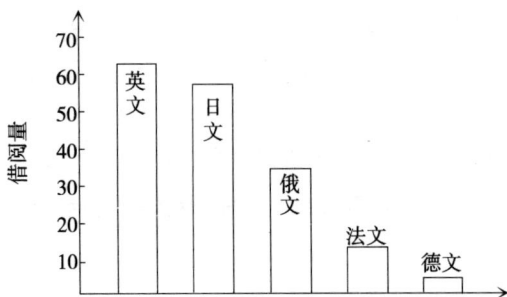

图 13.6 外文期刊各语种借阅量—柱状图

如果想比较某一变量与另一变量的大小,那么可以用双柱图。双柱图一般做成两柱之间没有间隔,但双柱之间有间隔。如果想比较三个变量的大小,可以作成三柱图,依此类推。表 13.8 中的数据作成双柱状图如图 13.7 所示。

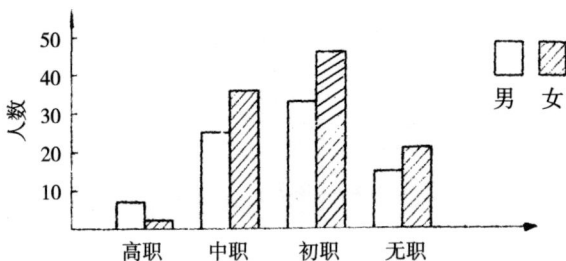

图 13.7 某省图书馆工作人员的技术职称分布—双柱图

表 13.8　某省图书馆工作人员的技术职称分布

技术职称	男	女
高级职称	7	2
中级职称	25	36
初级职称	33	46
无职称	15	21

表 13.9 的数据就更复杂些,可以作成多段柱状图。如图 13.8 所示。

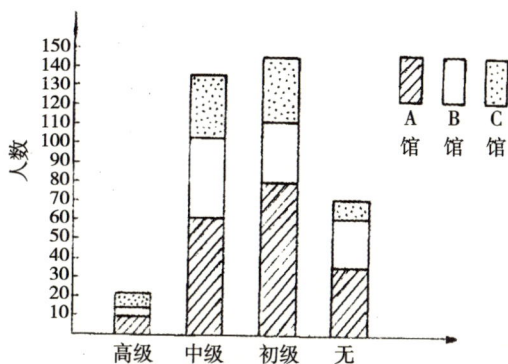

图 13.8　三个省图书馆工作人员的技术职称分布—多段柱状图

表 13.9　三个省图书馆工作人员的技术职称分布

图书馆	高级职称	中级职称	初级职称	无职称
A	9	61	80	36
B	5	42	31	25
C	8	32	34	10
合计	22	135	145	71

以上各种柱状图都是纵向柱状图,其实,所有柱状图都可以作

成横向柱状图。

（11）双变量图　当我们对两个变量进行观察,得出了两个变量的多个取值时,数据就可以用双变量图(或称散点图)来表示。一个变量在横坐标上取值,另一个变量在纵坐标上取值,就能在坐标平面上标出交会点,这些点用直线、折线、曲线连接起来,就构成了双变量图。当然,也有的双变量图上的点是散乱无趋向的,这些点是无法有规律的进行连接的。图 13.9 的折线图表示了表13.10 的数据。

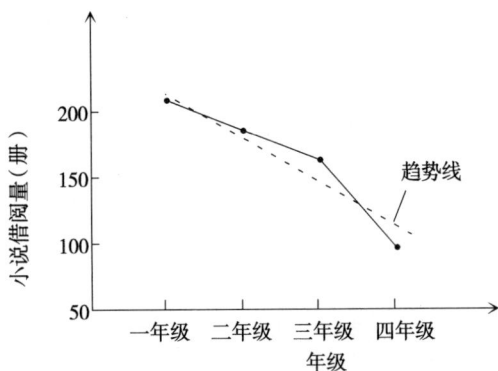

图 13.9　某专业大学生小说借阅量随年级的变化—双变量图

表 13.10　某专业大学生小说借阅量随年级的变化

年级	一年级	二年级	三年级	四年级
小说借阅量(册)	207	185	163	97

双变量图可以有许多种。如果遇到复杂的数据应该进行一定的数学演算得出比较简单的数据,画出双变量图。有的双变量图做出趋势线,以表示某种趋向就更有意义,如图 13.9 中的虚线。

数据的表格表示和图形表示还有其他一些类型,本书就不介绍了。

2. 数据的集中趋势测度

描述大量数据的方式中,还有一种方式,就是找出一个数,表示这些大量数据的平均数或典型值。这个数值被称为集中趋势测度。它通常位于一个分布中大多数数据趋向集中的中心位置。这个数值或者是从原始数据计算出来或者就是原始数据中的一个数值。这个数值在某种意义上可以代表这一组数据的特征。

集中趋势测度一般包括:平均数、众数、中位数、几何平均数、调和平均数等5种。由于几何平均数和调和平均数在实践上应用较少,故予省去。本书只介绍平均数、众数和中位数。

(1)平均数 平均数在这里是指算术平均数,所以,它是把所有要研究的数值加起来,除以这些数的个数所得的结果。平均数使每一个所要研究的数值都得到了相应的重视,每个值在平均数中都起了相应的作用。平均数是一个可以代表某个变量的所有取值的数。我们还可以把它作为一组数据的代表,有把握地来作进一步的数学计算。

平均数能够用原始数据计算得出。平均数的计算可分两种情况:不分组数据和分组数据。

对于不分组数据,若设 x 为某一变量,则平均数可用 $\bar{x}$ 来标记。如果某一变量 x 的取值用 x_i 来代表,取值次数用 n 来代表,则有:

$$\bar{x} = \frac{\sum_{i=1}^{n} x_i}{n}$$

在此计算公式中,$\sum$(读作"西格玛")是求和符号,i 的取值是1,2,……,n。

例如,5 册图书的价格(元)分别是 2.70,3.85,7.90,15.20,1.95。其平均价格为

$$\bar{x} = \frac{\sum\limits_{i=1}^{5} x_i}{5} = \frac{2.70 + 3.85 + 7.90 + 15.20 + 1.95}{5} = 6.32 \,(\text{元})$$

此处,6.32 是 5 个数的平均数。

对于分组数据,若设 x 为某一变量,$x_i(i=1,2,3,\cdots\cdots,n)$ 为 n 个组的组中值,$f_i(i=1,2,3,\cdots,n)$ 是 n 个组的频数,则:

$$\bar{x} = \frac{\sum\limits_{i=1}^{n} x_i f_i}{\sum\limits_{i=1}^{n} f_i} = \frac{x_1 f_1 + x_2 f_2 + \cdots\cdots + x_n f_n}{f_1 + f_2 + \cdots\cdots + f_n}$$

例如计算表 13.6 数据的平均值。计算的步骤为:

①计算组中值(第一个数加最后一个数除以 2);

②计算每组的 $x_i f_i$;

③计算 $\sum\limits_{i=1}^{n} f_i$ 和 $\sum\limits_{i=1}^{n} x_i f_i$;

④计算平均值。

前三步的计算结果如表 13.11。从表 13.11 可计算平均数为:

$$\bar{x} = \frac{\sum\limits_{i=1}^{n} x_i f_i}{\sum\limits_{i=1}^{n} f_i} = \frac{2400}{60} = 40.0$$

即某大学图书馆小说日借阅量平均为 40 册。

表 13.11　平均数的计算

x 日借阅量(册)	f_i(频数)	x_i(组中值)	$x_i f_i$
1 ~ 10	3	5.5	16.5
⋮	⋮	⋮	⋮
31 ~ 40	13	35.5	461.5
41 ~ 50	12	45.5	546.0
⋮	⋮	⋮	⋮
91 ~ 100	1	95.5	95.5
Σ	60		2400.0

对于不分组数据,如果数据很多(如表13.2),也可以采用分组数据计算平均数的公式,只是此时 x_i 不是组中值,而是数据中的任何值。

(2)众数 众数是指一个变量的所有取值中,出现次数最多的取值。但是众数并不能完全准确地代表变量的所有取值。当然,这并不是说,众数是一种没有多大意义的数。众数容易寻找,而且在有些情况下能够成为非常合适的所有取值的代表。

如果一个变量的取值较少,确定众数是先把数据按从小到大(或从大到小)的顺序排列起来,然后将出现次数最多的值找出来,即为众数。

例如,有一组数据(已经按顺序排好)如下:

2 3 3 3 4 4 4 5 5 5 5 6 6

显而易见,这个变量的取值出现次数最多的是5这个数,所以众数就是5。

确定众数,也可以借助于直方图或频数多边形,沿横轴找出图中最高点所对应的值,即是众数。例如,图13.1和图13.2中的25即是众数。

一组数据也可以有一个以上的众数,如在下列数据中:

2 3 3 3 3 4 4 4 5 5 5 5 6 6

3是一个众数,5也是一个众数,这组数据被称为"双峰"数据。

对于分组数据,确定众数的方法是,先找到频数最大值,然后找到它所对应的变量值的那个数组(这个组常被称为"众数组"),这个组的组中值就是众数。

例如,表13.6中的分组数据,先找到最高频数13,其对应的数据组是31~40,(此称"众数组"),组中值是35.5(见表13.11)即为众数。

(3)中位数 中位数是指一个变量的所有值中,数值的大小是处于中间位置的值。如果把所有取值按大小顺序依次排列起来,处于中间大小的数值就是中位数。中位数可能是一个或两个(视取值次数是单数还是双数而定)。中位数同众数一样,其作用是有限的,但是在某些情况下,中位数是十分有用的。

确定中位数时,首先将数据按由小到大(或由大到小)的顺序依次排列起来,如果取值的次数是单数,那么从中间一分为二,中间的数即为中位数。

例如,一组数据是:

2 3 3 3 4 4 4 5 5 5 5 6 6

这组数据的中位数就是 4,因为它左边有 6 个数,右边也有 6 个数,它正处在中间位置。

如果取值的个数是双数,中间的值就有两个。这时就把中间的两个数相加被 2 除,即得中位数。

例如,有一组数据是:

2 3 3 3 4 4 4   5 5 5 5 6 6 7

其中位数是 $(4 + 5) \div 2 = 4.5$。

请注意,众数一定是所有取值中的一个值,而中位数不一定是。

确定分组数据的中位数要稍微复杂一些。

例如,确定表 13.6 中的分组数据的中位数。

首先,将频数相加

$3 + 6 + 10 + 13 + 12 \cdots\cdots + 1 = 60$

其中中位数大概是第 30 个数值,

$3 + 6 + 10 + 13 = 32$

这样,我们知道中位数是频数 13 对应的 31 ~ 40 这一组中的第 11 个数值。这组数据的组距是 10,上一组的最后一个数值是 30,这一组的第一个数值是 31,所以分界点的值为 30.5。这样,我们求得的中位数应是:

$$30.5 + \frac{11}{13} \times 10 = 30.5 + 8.46 = 38.96 \approx 39$$

所以,这一分组数据的中位数是39。

总之,平均数、众数和中位数具有各自的特点和长处,在具体条件下,必须谨慎地选择使用。对一个变量的所有值总有可能选择三者中的任何一个或几个来很好地描写它们,代表它们,使我们对它们的意义更能清楚地理解,以指导我们的实践。

3. 数据的分散程度测度——离差测度

集中趋势测度固然是描述一系列统计数据重要特征的数值,但是还不足以全面描述变量取值的特征,特别是当某几个变量的取值的集中趋势测度无明显差别时,在进行这几个变量的比较时,集中趋势测度就显得无能为力了。这时我们可以利用数据的离差测度。所谓离差是指数据中每个值与集中趋势测度的偏离程度或数据的分散程度。变量取值的偏离程度或分散程度是数据的重要特征。离差测度主要有全距、平均差、方差和标准差等。

(1)全距 全距是一个简单的离差测度,它是指一个变量取值的最大值和最小值之差。例如,有一组数据:22 24 26 28 31 35 37,则全距为37 - 22 = 15。可见,全距是很容易计算的,它仅取决于两个极值,并且不考虑数据的分布细节。由于全距只表示数据的延伸范围,对数据的细微特征无所反映,因此,它是离差的一个粗糙测度。

(2)平均差 描写数据的偏离程度或分散程度,不能只考虑两个极值与集中趋势测度的偏离程度,而要考虑每一个值,这就需要平均差来描写。平均差是描写数据中的每个值与平均数偏离程度的量。

设 $x_i (i = 1, 2, 3, \cdots\cdots, n)$ 是变量 x 的 n 次取值中的第 i 个值,$\bar{x}$ 是其平均数,则平均差为:

$$MD = \frac{\sum_{i=1}^{n} |x_i - \overline{x}|}{n}$$

对于分组数据

$$MD = \frac{\sum_{i=1}^{n} |x_i - \overline{x}| f_i}{\sum_{i=1}^{n} f_i}$$

其中 x_i 是第 i 组的组中值，f_i 是第 i 组的频数。注意,上两个计算公式中,$x_i - \overline{x}i$ 取绝对值。例如,计算下列数据的平均差:10,25,48,50,60

第一步,计算平均数,亦即:

$$\overline{x} = \frac{10 + 25 + 48 + 50 + 60}{5} = \frac{193}{5} = 38.6$$

第二步:计算每个值与平均数的差,并取绝对值,即:
$|10 - 38.5| = 28.5; |25 - 38.5| = 13.5; |48 - 38.5| = 9.5; |50 - 38.5| = 11.5; |60 - 38.5| = 21.5$

第三步:

$$MD = \frac{\sum_{i=1}^{n} |x_i - \overline{x}|}{n} = \frac{2.85 + 13.5 + 9.5 + 11.5 + 21.5}{5}$$

$$= \frac{84.5}{5} = 16.9$$

对于分组数据,我们来计算表 13.11 中数据的平均差。表 13.12 列出了计算平均差有关数据。

$$\overline{x} = \frac{\sum_{i=1}^{n} x_i f_i}{\sum_{i=1}^{n} f_i} = \frac{2400}{600} = 40.0$$

$$MD = \frac{\sum_{i=1}^{n} |x_i - \overline{x}| f_i}{\sum_{i=1}^{n} f_i} = \frac{908}{60} = 15.13$$

（3）方差和标准差　在描述统计中,用得最多的离差测度是方差和标准差,它们是能较好地反映数据分散程度的测度。

表 13.12　平均差计算表

x 日借阅量(册)	f_i 频数	x_i 组中值	$x_i f_i$	$\lvert x_i - \bar{x} \rvert$	$\lvert x_i - \bar{x} \rvert f_i$
1～10	3	5.5	16.5	34.5	103.5
⋮	⋮	⋮	⋮	⋮	⋮
31～40	13	35.5	461.5	4.5	58.5
41～50	12	45.5	546.0	5.5	66.0
⋮	⋮	⋮	⋮	⋮	⋮
91～100	1	95.5	95.5	55.5	55.5
Σ	60		2400.0		908

方差被定义为：

$$\sigma^2 = \frac{\sum_{i=1}^{n}(x_i - \bar{x})^2}{n} \quad (i = 1, 2, \cdots\cdots, n)$$

其中 σ^2（读作"西格玛"平方,希腊字母 σ 是 Σ 的小写）是方差, x_i 是变量的取值, $\bar{x}$ 为平均数, n 为频数。

对于分组数据,方差的定义为：

$$\sigma^2 = \frac{\sum_{i=1}^{n}(x_i - \bar{x})^2}{\sum_{i=1}^{n}f_i} f_i \quad (i = 1, 2, \cdots\cdots, n)$$

式中, x_i 是第 i 组的组中值, f_i 是第 i 组的频数。

标准差定义为方差的平方根,用 σ 表示。

方差和标准差的计算公式如下：

方差:$\sigma^2 = \dfrac{\sum\limits_{i=1}^{n}(x_i - \bar{x})^2}{n} = \dfrac{\sum x_i^2}{n} - \bar{x}^2$

分组数据:$\sigma^2 = \dfrac{\sum\limits_{i=1}^{n}x_i^2 f_i}{\sum\limits_{i=1}^{n}f_i} - \bar{x}^2$

标准差:$\sigma = \sqrt{\dfrac{\sum\limits_{i=1}^{n}x_i^2}{n} - \bar{x}^2}$

分组数数:$\sigma = \sqrt{\dfrac{\sum\limits_{i=1}^{n}x_i^2 f_i}{\sum\limits_{i=1}^{n}f_i} - \bar{x}^2}$

计算标准差方法:

例如一组数据为 1,2,3,4,5,求其标准差。

根据公式

$$\sigma = \sqrt{\dfrac{\sum\limits_{i=1}^{n}x_i^2}{n} - \bar{x}^2}$$

首先,计算平均数 $\quad \bar{x} = \dfrac{1+2+3+4+5}{5} = 3$

$$\bar{x}^2 = 3^2 = 9$$

第二步,求 $\sum\limits_{i=1}^{5}x_i^2 = 1^2 + 2^2 + 3^2 + 4^2 + 5^2 = 55$

第三步 $\quad \sigma = \sqrt{\dfrac{\sum\limits_{i=1}^{n}x_i^2}{n} - \bar{x}^2} = \sqrt{\dfrac{55}{5} - 9} \approx 1.414$

对于分组数据,我们来求表 12.11 中数据的标准差。

根据公式 σ：$\sqrt{\dfrac{\sum\limits_{i=1}^{i}x_i^2f_i}{\sum\limits_{i=1}^{n}f_i}-\overline{x}^2}$

已知 $\overline{x}=40$，$\sum\limits_{i=1}^{n}f_i=60$

$\sum\limits_{i=1}^{n}x_i^2f_i=(5.5^2\times3)+(15.5^2\times6)+(25.5^2\times10)$

$+(35.5^2\times13)+(45.5^2\times12)+(55.5^2\times9)$

$+(65.5^2\times13)+(75.5^2\times2)+(85.5^2\times1)$

$+(95.5^2\times1)=117685$

$\therefore\quad\sigma\sqrt{\dfrac{117685}{60}-40^2}=19.01$

三、应用举例

例 1. 研究阅览室的管理问题[2]

长春光机学院图书馆学生阅览室详细记录了 1988 年（共 10 个月）学生借阅图书的原始数据，经汇总清点并按照数值的大小，由小到大以分组方式组织和排序（共分 12 个组，选定组距为 10），得分组频数表 13.13（经过简化）。

为了更清楚地表达表 13.13 中数据的特征，画出直方图和频数多边形（如图 13.10 所示）。

表 13.13　读者借阅频数分布表(括号中数字是观察次数)

组区间 (人次数)	每天借阅人次数	频数(天)
1~10	7(5),2,10(3),9(2),6,8	13
11~20	19(4),17(5),16(3),15(3), 12(3),18(4),11(2),20(2),13(1)	27
⋮ 41~50 ⋮		⋮ 58 ⋮
71~80		14 ⋮
101~110	105	1
111~120	113	1

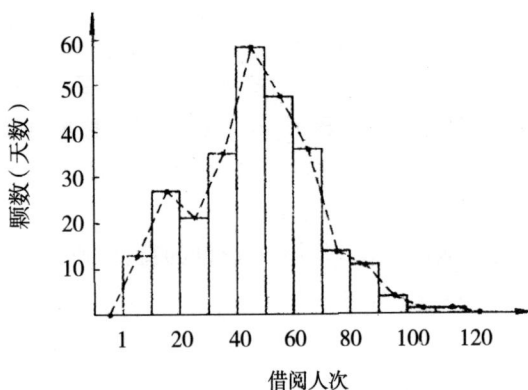

图 13.10　读者借阅频数的直方图及频数多边形

为了进一步概括数据的主要特征,我们来看数据的集中趋势。

244

集中趋势的测度之一是平均数。下面来计算平均数：

根据公式 $\bar{x} = \dfrac{\sum x}{n}$

其中 $\bar{x}$ 表示平均数，x 表示每个观察值，n 表示观察次数。

此例中，将每个观察值（表 13.13 中间部分，有省略）相加得

$$\sum x = 12482$$

频数相加得 $n = 268$

$$\therefore \quad \bar{x} = \frac{\sum x}{n} = \frac{12482}{268} = 46.57（人次/天）$$

如果采用分组数据求平均值公式：

$$\bar{x} = \frac{\sum x_i f_i}{\sum f_i}$$

$$= \frac{5.5 \times 13 + 15.5 \times 27 + \cdots\cdots + 85.5 \times 11 + \cdots\cdots + 115 \times 1}{13 + 27 + \cdots\cdots + 11 + \cdots\cdots + 1}$$

$$= \frac{12473}{268} = 46.54（人次/天）（式中 x_i 为组中值，f_i 为频数）。$$

经过对数据的分析研究，可得如下几点认识：

①学生阅览室最高日借阅量为 113 册，最低为 2 册，全距为 113 − 2 = 111（册）。

②日借阅量在 40 ~ 60 册范围出现的次数最多。

③平均日借阅量为 46.6 册。

例 2. 科技人员利用文献情况的调查[3]

文献[3]将描述统计法和调查法相结合进行科技人员利用文献情况研究。该文献应用描述统计法对调查数据进行了整理、概括和表达。其中使用扇形图表示的有 3 处，使用柱状图表示的有 4 处，使用双变量图的有 12 处，其它图形的 3 处。单独使用表格 5 处。这里只举其中几个以供参考。

（1）在被调查人员的分类比例方面使用了扇形图，作者按照高级、中级、初级职称和职称不明确四类及科研人员、高校人员、工

245

厂科技人员、地县所属科技人员、情报站工作人员等五类共 601 人分别用扇形图表示,如图 13.11。

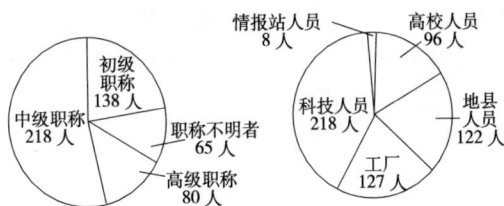

图 13.11　被调查人员的分类

（2）在表示科技人员使用检索刊物经常利用的检索途径时,应用了四柱状图,见图 13.12。

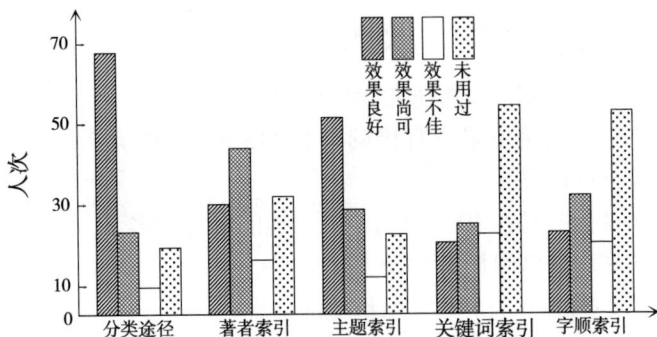

图 13.12　科技人员经常利用的检索途径

（3）在表示科技人员利用各文种文献情况时,使用了双变量图。见图 13.13。

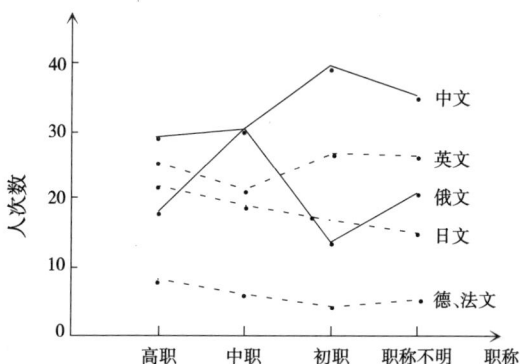

图 13.13　科技人员利用各种文献情况

例 3. 分析馆藏利用率[4]

　　文献〔4〕对吉林市图书馆 1979～1981 年藏书利用率进行分析时,采用了表格表示和图形表示。图形表示中用了双变量图和双柱状图。作者首先将馆藏利用率列表,如表 13.14(经简化)所示。然后根据数据起伏很大的特点,又采用双变量图进行 3 年藏书利用率的比较,如图 13.14。该图形成一个深深的山谷形状,形象直观地表示了 3 年的馆藏利用率是差距很大的。最后对形成"深谷"的原因进行了分析,并提出了改进意见。

表 13.14　吉林市图书馆馆藏利用情况

年度	馆藏总数(万册)	借阅总数(万册)	馆藏利用率(%)
1979	114.0	28.4	24.9
1980	118.6	10.8	9.1
1981	121.9	29.2	24.0

　　为了比较 3 年中馆藏总数与借阅总数,作者采用了双柱状图,

247

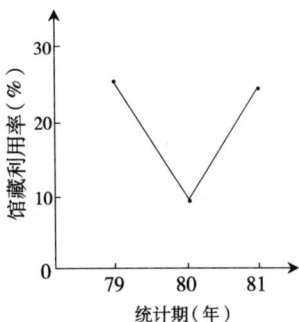

图 13.14　馆藏利用率变化图

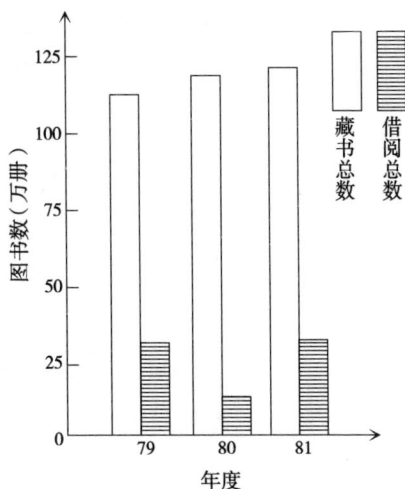

图 13.15　馆藏与借阅情况的比较

如图 13.15 所示。从图可见,3 年内馆藏总数中只有一小部分藏书得到利用,大部分藏书没有得到充分利用。图中表示出来的这种鲜明的对比,比表格 13.14 所表示的要清楚明白得多。随后,分析了馆藏利用率低的多种原因,并提出了改进措施。该文还使用了一些其他图表来表示数据,但以此处介绍的这 1 表 2 图使用得最成功,显示了描述统计法的优越性。

此外,文献〔5〕用描述统计法研究大学生借书的规律也是很典型的,可借鉴参考。

参考文献

1. 马克思. 马克思恩格斯全集(13 卷). 北京:人民出版社

2. 邱明礼. 运用描述统计分析加强阅览室科学管理. 高校图书馆工作, 1990(2): 35～37

3. 江乃武等. 吉林省科技人员利用文献情况的调查报告(上)(下). 图书

馆学研究,1983(3):36~45,(4):100~104

4 黄玉华.试析我馆藏书利用.图书馆学研究,1983(3):61~65

5.李栋忱.赵云龙.学生读者借阅图书的统计分析.图书馆学研究,1991(6):74~77

第十四章 推断统计法

我们知道,描述统计主要是对原始数据进行总结、简化、压缩和表达,把数据的特点报道出来。其目的是使人们对数据的特征有一个鲜明的认识,并通过分析研究,得出对研究对象的规律性结论。推断统计就不同了,它的技术方法远胜于仅对一组数据的描述。推断统计是根据已知数据进行推理和运算,使数据的意义更清楚地显示出来,推断出对研究对象的更深层的认识。推断统计法是利用概率论的原理进行抽样、概率运算、检验假设,从样本特征推断出总体特征以及推断出数量依存关系的一套技术方法。推断统计法要运用一些较深的数学知识,而且内容又十分丰富,所以在图书馆学研究中,掌握使用它就有一定的难度,本书限于篇幅,只能介绍一些较简便的方法,多数公式的推导都予省略。

一、概率与概率分布

人们在实践中发现,有些事件是在一定条件下必然发生的,称为必然事件。有些事件是在一定条件下必定不发生的,称为不可能事件。除了这两类事件外,还有些事件是在一定条件下可能发生也可能不发生的,称为随机事件。例如掷一次硬币,正面向上的事件就是可能发生也可能不发生的随机事件。人们在研究这些随机事件中,创立了概率论。

概率论是一门研究随机事件发生规律的学科。它是从数量的角度研究随机事件,从中获得规律性认识的学问,在科学技术中有广泛的应用。图书馆工作中存在着大量的随机事件,所以与一切科学领域一样,图书馆学科也不可避免地要研究随机事件的规律。实践证明,概率论对于图书馆学研究是十分重要的,特别是在各种抽样调查研究中更是不可缺少的研究工具。

1. 概率

概率是表示随机事件发生的可能性大小的一个量。例如,掷一枚硬币,出现正面还是反面,是一个随机事件,但是如大量重复掷许多次,我们会发现,出现正面的次数和出现反面的次数是几乎相等的,即出现正面的概率在0.5左右摆动,于是可以认为出现正面和反面的可能性大小相等,我们便取0.5作为"正面出现"这一随机事件的概率。

一般说来,如果随机事件 A 出现的频率 γ/n 是稳定的,它总是在某一常数 p 左右摆动,而 γ/n 与 P 有显著差异的情况是极为罕见的,这个数 P 就是随机事件 A 的概率,记作:

$$P(A) = p$$

这个定义也称为概率的统计定义。

2. 概率分布

一个变量有许多取值,每个取值有不同的出现概率,形成了概率分布。对于一个实际问题,变量的概率分布可能是各种各样的,但是在推断统计法的实际应用上,有大量情况可以利用一些典型的概率分布作为分析的基础。也就是说,实际应用上,许多变量的概率分布特征是属于或接近于一些典型的概率分布特征的,因此,这些变量的特征可以用典型的概率分布特征来描写。通过典型概率分布数学公式的应用,必要的概率计算可以大大简化,或用查表方法得到答案。

下面来介绍几种典型的概率分布。

(1)正态分布 在自然界和社会生活中有许多变量的分布是

属于或接近于正态分布的。正态分布是应用最广泛的概率分布，是连续型分布的典型，是研究其它类型分布的基础。它的许多概念，可以在其它分布中使用，只是要稍加修正而已。

图书馆学研究要经常用到正态分布。图书馆学研究者经常进行的读者或工作人员调查和文献调查，其数据中有很多是具有大量取值的，它们都可以用正态分布来近似地描写，特别在抽样调查中，从样本平均数推断总体平均数时，更要用到它的许多概念。

正态分布可以用正态分布曲线来表示。正态分布曲线是一条光滑的，两头低、中间高、两边对称的、呈钟形的曲线，如图 14.1 所示。

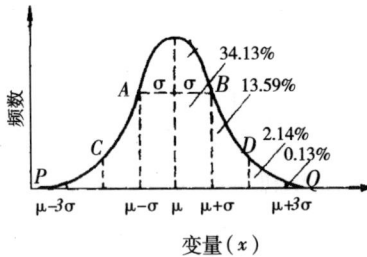

图 14.1　正态分布曲线

正态分布的平均数 μ 是曲线与横轴相交处的两个点（P 点和 Q 点）之间处于正中位置的那个点。因此，平均数决定了分布曲线在横轴上的位置。标准差 σ 是图中 A 点或 B 点与对称线（通过 μ 点垂直横轴的直线）之间的距离。A 点和 B 点是正态分布曲线中段凸出部分与两侧凹进部分的连接点。在正态分布中，σ 大约是全距（P 到 Q）的六分之一，即 $PQ \approx 6\sigma$。

在正态分布中，观察点的总数等于由曲线和横轴围成的面积。可以证明，曲线下面平均数左右两个标准差以内的面积是总面积的 95.4%。因而，所有的观察点中，有 95.4% 位于距平均数两个标准差的范围以内（如图 14.1 所示）。

252

由于95%以上的观察点位于平均数上下各两个标准差($\mu \pm 2\sigma$)的范围内,即我们有95%的把握可以断言,一个任意的观察点位于这两个界限之间,因此,图14.1中C点和D点被称为95%置信界限。值得注意的是,根据概率理论,当观察次数(n)较大时,二项分布(泊松分布)趋近于正态分布,所以95%置信界限也近似的适用。

(2)二项分布　我们所以要讨论二项分布,是因为二项分布不但应用广泛、表达简明,而且与其它典型概率分布也有较密切的关系,可以作为了解某些其它典型概率分布的基础。二次分布是离散型变量概率分布的一个重要典型。在许多图书馆学研究中,牵涉到正反两种可能结果的观察中都可以应用二项分布作统计处理。

二项分布的公式是:

$$P(x) = C_n^x p^x q^{n-x} \qquad (x = 0, 1, 2, \cdots\cdots, n)$$

其中　　x——表变量的任意值。

　　　　$P(x)$——代表变量的值x出现的概率。

　　　　n——代表观察点的数量。

　　　　P——代表成功的概率。

　　　　q——代表失败的概率。

$$C_n^x = \frac{n!}{x!\,(n-x)!}, \qquad n! = n(n-1)(n-2)\cdots\cdots1 \text{。}$$

(由于上述公式正是数学中二项式$(P+q)^n$展开式中的第$x+1$项,所以人们常称这个公式为二项分布。)

我们可以证明(证明省略),二项分布的平均数 $\mu = np$;方差 $\sigma^2 = npq$;标准差 $\sigma = \sqrt{npq}$

为了说明二项分布的应用,我们举下面的例子。

经过调查确认,某图书馆平均每小时有16位读者在借阅台前逗留,平均每32位读者中有一人向出纳员提出咨询问题,请予回答。试问读者每小时平均提出多少次询问？如果回答每次询问的时间需要30分钟，这位图书馆工作人员是否有95%的把握由自己一人来回答这些问题？1小时内没有一个人提出询问的概率有多大？

解答：如果我们把读者每提出一次询问看作一次"成功"，反之看作"失败"，这个问题就可以用二项分布的一些结论来解决。

平均每小时的观察次数 $n = 16$

成功的概率 $p = \dfrac{1}{32}$

于是，平均每小时的询问次数是

$$\mu = np = 16 \times \frac{1}{32} = \frac{1}{2}$$

每小时询问次数的标准差是

$$\sigma = \sqrt{npq} = \sqrt{16 \times \frac{1}{32} \times \frac{31}{32}} = 0.696$$

在置信度等于95%的情况下，预计一小时提出的询问次数最多为

$$\mu + 2\sigma = 0.5 + 2 \times 0.696 = 1.892$$

但是，由于回答每次询问的时间需要用30分钟，因此回答1.892次询问需要的时间是56.76分钟。即使在这种极端的情况下，有一名图书馆工作人员也就足以应付读者提出的问题了。而且，这位工作人员不会经常受到这种压力，因为一小时中出现两次询问的概率是 $P(2)$，它只有：

$$P(2) = C_{16}^2 p^2 q^{14} = \frac{16!}{2! \ 14!} \left(\frac{1}{32}\right)^2 \left(\frac{31}{32}\right)^{14} = 0.088$$

可见，这种繁忙情况每 $1 / 0.088$ 小时才会出现一次，即每11小时才会出现不到一次。

一小时中一次询问也没有的概率是

$$P(0) = \frac{16!}{0! \ 16!}(\frac{1}{32})^0(\frac{31}{32})^{16} = 0.6$$

所以,如果这位工作人员一天工作 10 个小时,他有 6 个小时的时间不会遇到任何询问,有一个小时的时间要相当紧张地回答各类问题。平均地看,他要用 1/4 的时间回答询问。

(3)泊松分布　如果在二项分布中,成功的概率(p)非常小并且观察的数量(n)特别大,那么二项分布近似地接近泊松分布。泊松分布的公式是

$$P(x) = \frac{e^{-\lambda}\lambda x}{x!} \qquad (x = 0,1,2,\cdots\cdots,n)$$

式中　　x——变量的取值。

　　　　$P(x)$——变量的值 x 出现的概率。

　　　　λ——常数,其值等于平均数 μ。

　　　　e——自然对数的底,其值等于 2.718。

　　　　$x! = x(x-1)(x-2)\cdots\cdots2\times1,0! = 1$。

泊松分布是法国数学家泊松(Poisson)在 1837 年推导出来的,故得名。

符合或接近泊松分布规律的图书馆学变量是很多的,但是必须是观察点数量(n)大于 40 而成功的概率(p)小于 0.1 的情况下,才能采用这个公式。而且 n 值越大,得出的结果就越准确。

泊松分布的平均数 $\mu = np$,与二项分布相同。

泊松分布的标准差 $\sigma = \sqrt{\mu}$

这是由于 p 小于 0.1,q 大于 0.9 并接近于 1,因此有

$$\sigma = \sqrt{npq} \approx \sqrt{np} = \sqrt{\mu}$$

例如,如果某教学参考书的复本需要量平均每种书是 16 册,问:图书馆应该定购多少册复本,才能有 95% 的把握使读者的要求得到满足?

解答:假定这是一个泊松分布,则复本的平均需要量 $\mu = 16$,

复本需要的标准差 $\sigma = \sqrt{\mu} = \sqrt{16} = 4$。所以,95% 置信界限的上限 $\mu + 2\sigma = 16 + 8 = 24$,即每种图书应该选购 24 册,才能满足预期的需要。

(4)指数分布 指数分布也是一个重要的分布,它与泊松分布有密切关系,并且应用很广,特别是随机服务系统中的服务时间(见第十五章)可以近似地看成服从指数分布,这在图书馆学研究中有重要意义。

指数分布是连续型概率分布,其分布曲线是一条负指数曲线,数学表达式为:

$$P(x) = \theta e^{-\theta x} \qquad (x \geq 0, \theta \text{ 为大于零的常数})$$

分布的平均数与标准差为:$\mu = \sigma = 1/\theta$

二、抽样

1. 总体和样本

在描述统计中,我们观察的是变量可能出现的所有的值。换句话说,我们是在对一个"总体"进行观察。在统计学中,"总体"这个概念指的是任何一个被观察的群体。它可以指一群人,也可以指一群物(如图书、期刊等等)。描述统计只能描述很小的总体,如果遇到很大的总体,数据的表达和分析就十分困难。在总体很大的情况下,人们是利用总体的一个部分进行观察和计算的,所得的结果在一定程度上代表了总体的特征。虽然以整个总体为观察对象进行的计算,可以保证计算结果的精确性,但是对于很大的总体,利用能代表总体特征的一部分进行计算,无疑是又快又省的方法。

总体中被抽取出来进行观察的那个部分称为样本。抽取样本的目的是为了确定这个样本的一个或几个特征,并据此推断出关于总体的相应特征。在统计学中,表示样本特征的量被称为统计量;表示总体特征的量被称为参数。一个已知的总体可以提供许

256

多不同的样本。选择哪一个样本作为对总体特征进行推断的样本，要看研究课题的需要。

在图书馆学研究中，为了减少样本统计量与总体参数之间的差距，常采用随机样本。随机抽样时，被观察总体所包含的每一个元素都应有相等的机会被抽选到。

2. 抽样方法

抽样通常采用简单随机抽样、等距抽样、分层抽样和整群抽样等几种方法。

（1）简单随机抽样　简单随机抽样是抽样的基本方法。它对总体的各个元素不要求进行任何分组、排队，而是完全随机地抽取观察元素。因此，抽样时，总体中每一个元素都有同等被选中的机会。在具体抽样时多用抽签方法，即先将总体中各个元素进行编号，再将号码写在签条上，然后随机抽取。随机抽取有多种方法：如将签条混放位置，用手摸取；或用机器摇出编号中的任何号码。用《随机数表》进行抽选也是一个基本方法。

简单随机抽样又分重复抽样与不重复抽样两种：重复抽样，就是总体任何一个元素被抽中后，仍旧放回原来的总体中再参加抽选。因此抽样过程中，总体的元素数不变，每个元素有可能被抽中若干次。不重复抽样，就是每一个总体元素一经抽中，便不再参加下次抽选。因此，每抽选一次，总体元素数就少一个，而且每个总体元素只有一次被抽中的机会。

简单随机抽样，虽然最能保证总体中各个元素都有同等被抽中的机会，但抽样误差较大。为了保证抽样结果的准确性，就需要抽选容量较大的样本。这种方法只是在总体元素之间差异程度较小，总体元素也不很多的条件下适用，在实际应用上有很大的局限性。

（2）等距抽样　等距抽样方式是先将总体各个元素按某一标志排队，然后以相等距离或相等时间间隔抽取观察元素。这种抽

样是不重复抽样。其具体过程是:

首先根据观察对象的特点,选择一种标志,用以排列总体中各个元素的顺序,并将总体元素按照这个标志排列好。

其次是根据已确定的样本量与总体的元素数计算出应抽取的观察元素间的距离或间隔。计算方法是样本元素数除总体元素数。

最后确定抽样的起点,也就是确定抽选样本的第一个观察元素的位置或编号,然后根据上面已经计算出来的样本距离,每隔一个样本距离抽选一个观察元素,直至抽出最后一个观察元素为止。

例如,某参考室有 8000 册图书,用等距抽样法抽出 100 册作为样本。

我们先按照图书在书架上的排列顺序,给每册书一个编号,即从 1 到 8000。

由于总体单位数 N = 8000,样本容量 n = 100,从而求得样本距离为 N/n = 80,即每隔 80 册书抽取一册进行观察。

再随机地确定抽样起点,例如用《随机数表》确定抽样起点。一旦起点选定,就每隔 80 册抽出一册,组成一个 100 册书的样本。

等距抽样的优点是:①可以简化抽样手续。只要抽选的第一个元素一经确定,其余应抽选的元素也随之确定。②由于抽取的观察元素比较均匀地分布在总体之中,有较好的代表性。因此,在抽样研究中运用较多。

(3)分层抽样 分层抽样方式是先按有关标志,将总体划分为若干层(或组),然后在各层中采用简单随机抽样或等距抽样方法抽选观察元素组成样本。关于各层(或组)观察元素数目的确定,有两种方法:一是按照统一的比例来确定各层(或组)应抽选的观察元素数;二是根据各层的差异程度,按照不同的比例来抽选各层(或组)的观察元素数。

例如,利用分层抽样法研究高校图书馆图书的借阅量分布,就可以将图书分为几个层次进行考察。可以分为马列主义毛泽东思想、哲学类图书，自然科学图书，社会科学图书和综合类图书等几个大类；也可以再细分，细分以后抽样。如果研究教师利用图书馆的情况，可以把教师分为高级职称、中级职称、初级职称等几个层次，然后分层抽样。

采用这种抽样方法，由于通过分层（或划组），各层（组）内部各元素之间的差异程度缩小了，从中抽出的观察元素，其代表性就比较好，所以这样抽样方式在统计研究的实践中应用比较广泛。

（4）整群抽样　整群抽样方式是在总体中以群（或组）为抽样元素，按简单随机抽样方式或等距抽样方式，抽取若干群（或组）组成样本，然后对所抽中的各群（或组）中的全部元素一一地进行研究。

例如，某开架书库有 5000 册图书，用整群抽样方法，抽取样本量为 100 册的样本。

我们可以等距地在书架上依一定次序每隔 500 册抽取 10 册相邻的图书，抽取 10 次，组成 100 册的样本；也可以随机地每次抽取相邻的 10 册图书为一群，抽取 10 次，得到 100 册书的样本。

整群抽样方式，由于样本过于集中，分布不均，准确性较差，但这种方法简单易行，适于大规模的抽样研究。

以上四种抽选样本的方法，在图书馆学研究中往往要结合起来使用。至于每一次具体抽样研究，究竟如何使用上述抽样方法，要根据研究对象的特点、研究的目的等多方面因素，全面研究确定。

3 从样本统计量到总体参数

抽取样本的目的是为获得该样本所在的那个总体的情况。我们希望能够利用所求得的样本统计量来推断总体可能具有的参数。而样本的统计量和总体的参数主要有两个：平均数和标准差。假如从某个总体中抽取一个样本，虽然样本的平均数和标准差并不就是总体的平均数和标准差,但是我们希望这个样本的平均数和标准差能够成为总体平均数和标准差的合理的估计值。

那么,如何推断这个估计值呢?抽样的实践已经证明,在样本量较大的情况下(观察元素在 30 个以上),样本的标准差与总体的标准差相当接近,可以作为总体标准差的近似值。但是对于平均数,问题就不那么简单。

下面来看平均数。我们知道,从任一总体中可以抽取许多个样本,所有这些样本的平均数能够构成样本平均数的抽样分布。可以证明,这个抽样分布的平均数与总体平均数是完全相等的。然而,抽取足够多的样本去计算总体平均数的准确值,在实际上是办不到的。如果可以用一个样本提供的数据来计算总体平均数的估计值,这就达到了我们的目的。但是,需要找到一种方法,来测量这个估计值的准确程度。

由于样本与总体之间存在着差别,所以我们以后用不同的符号来分别代表样本统计量和总体参数。具体情况见表 14.1。

表 14.1 参数与统计量的符号

	参数	统计量
变量的值	X	x
观察次数	N	n
平均数	μ	$\bar{x}$
标准差	σ	s

样本平均数公式是 $\bar{x} = \dfrac{\sum x}{n}$

样本标准差的公式是 $s = \sqrt{\dfrac{\sum x^2 - n\bar{x}^2}{n-1}}$

4. 总体平均数的估算

我们可以证明(证明略),对于一个总体,重复抽样同量的样

260

本,则其平均数的分布是正态的。在将正态分布的概念用于样本平均数的抽样分布时,可以得出总体平均数的估算范围。由于在样本较大的情况下,样本平均数的抽样分布的标准差等于$\sigma/\sqrt{n}$。这样,在将正态分布规则用于样本平均数的抽样分布时,我们可以说,95%的样本平均数位于$(\mu - 2\sigma/\sqrt{n})$和$(\mu + 2\sigma/\sqrt{n})$之间。即

$$\mu - \frac{2\sigma}{\sqrt{n}} < \bar{x} < \mu + \frac{2\sigma}{\sqrt{n}}$$

得
$$\bar{x} - \frac{2\sigma}{\sqrt{n}} < \mu < \bar{x} + \frac{2\sigma}{\sqrt{n}}$$

如果总体的标准差 σ 是一个未知数,可用样本的标准差 s 作为总体标准差的合理近似值,条件是这个样本至少要包含 30 个观察点。于是有:

$$\bar{x} - \frac{2s}{\sqrt{n}} < \mu < \bar{x} + \frac{2s}{\sqrt{n}}$$

式中$\bar{x} - 2s/\sqrt{n}$和$\bar{x} + 2s/\sqrt{n}$的值分别是 95% 置信界限的下限和上限。

如果样本量很小(即样本包含的观察元素不足 30 个),则可用$s^s\sqrt{n/(n-1)}$来代替 s。

这样一来,只要知道了一个样本的平均数 $\bar{x}$ 和标准差 s,我们就可以确定一个有限的区间,我们能以 95% 的把握断定,总体平均数 μ 就在这个区间之内。

由于总体平均数的估计值完全是依靠对一个样本的观察,所以如果我们想要取得令人满意的结果,就必须尽一切努力避免在抽样中发生偏差。

例如,如果我们从总体中抽取的一个样本的平均数$\bar{x} = 5.60$,样本标准差 $s = 4.15$,样本容量 $n = 100$,则

$$5.60 - \frac{2 \times 4.15}{\sqrt{100}} < \mu < 5.60 + \frac{2 \times 4.15}{\sqrt{100}}$$

$$4.77 < \mu < 6.43$$

因此,我们能够以 95% 的把握断定,μ 在 4.77 与 6.43 之间。

如果上下限之间的差已经给定,而且样本的标准差是已知的,那么我们就可以确定,抽取的样本应该有多大的样本量。

如上例,上下限之差为

$$\frac{4s}{\sqrt{n}} = 6.43 - 4.77 = 1.66$$

而 $s = 4.15$,上式变为

$$\frac{(4 \times 4.15)^2}{1.66^2} = n \qquad 即 \quad n = 100$$

因此,要想取得规定的精确度,抽取的样本必须包含 100 个以上的观察元素。

三、假设检验

对于我们所研究的统计总体,总希望对其性质有所了解,这是所有统计研究工作的共同目的。为此,我们往往根据以往的资料和其它方面的知识对总体作出某种假设,然后通过样本来检验这种假设是否正确,从而决定接受或舍弃这种假设。这种由总体抽取一个样本来检验原来假设的方法,叫做假设检验。假设检验方法可以检验总体平均数、标准差的取值;可以进行两组数据的比较或检验一组数据属于、接近什么样的典型分布。

假设检验是用样本(局部)推断总体,所以不能绝对正确,可能会有错误,不过犯错误的概率是较小的,这是我们使用假设检验特别应当注意的问题。可能犯的错误,一是假设符合实际情况,而检验结果把它否定了;二是假设不符合实际情况,而检验结果却把它接受下来。通常情况下,样本量较大,犯这两种错误的概率就小一些。

在检验实践中,我们会遇到两个概念,一个是显著性水平,一个是单、双尾检验。

对于正态分布,位于平均数上下各两个标准差范围的那两个点(图14.1中的 C 点和 D 点)被认为是标志显著性水平的临界点。位于这两个点之间的观察值是非显著的,而位于这两个点以外的观察值是显著的。于是就有95%的观察值是非显著的,5%的观察值是显著的。因此,两个临界点被称为0.05显著性水平。通常还使用另一个显著性水平——0.01显著性水平。这个显著性水平使99%的观察值位于两个临界点之内。

在查阅统计数表时,我们会遇到两种检验:单尾检验和双尾检验。所谓双尾检验就是5%(或1%)的观察值位于正态分布曲线的两个尾端,每端2.5%(或0.5%)。所谓单尾检验就是5%(或1%)的观察值位于分布的一个尾端。

假设检验有多种检验方法,我们只简述 z 检验、t 检验和 x^2 检验。

1. z 检验

z 检验是用来确定样本的平均数是否同提供样本的总体的平均数有显著的差别。这种检验只适合于样本量很大($n \geqslant 30$)的大样本。

z 检验的公式是

$$z = \frac{\bar{x} - \mu}{\sigma/\sqrt{n}} (\text{如果不知道} \sigma, \text{可用} s \text{代替})$$

检验的步骤是

(1)列出拟定假设。

(2)规定显著性水平 α 值。

(3)计算 $z = \dfrac{\bar{x} - \mu}{\sigma/\sqrt{n}}$

(4)查分布表。

(5)若 z 小于临界值的绝对值,接受拟定假设,否则,拒绝拟定假设。

例如,某书库的书架平均载书量是 100 册,标准差是 21.7。一个随机样本是 40 个书架,平均载书量是 89.8 册。确定样本的平均数与总体平均数是否有显著差别。

解答:拟定假设:除了偶然因素以外,样本平均数与总体平均数没有显著差异。

计算　$z = \dfrac{\bar{x} - \mu}{\sigma / \sqrt{n}}$

这里 $\mu = 100, \sigma = 21.7, \bar{x} = 89.8, n = 40$

∴　$z = \dfrac{89.8 - 100}{21.7 / \sqrt{40}} = \dfrac{-10.2}{3.43} = -2.974$

因为样本平均数可能多于总体平均数,也可能少于总体平均数,所以这里是一个双尾检验。我们从 t 分布表(见附录 1)最后一行查到,在双尾检验中,0.05 显著性水平和 0.01 显著性水平的值分别是 2.000 和 2.600。这两值都位于分布的右尾部分,即 z 值大于零的部分。如果 $\bar{x} < \mu$,z 就会小于零。因此,在分布的左尾部分,0.05 显著性水平和 0.01 显著性水平的值分别是 −2.000 和 −2.600。

由于计算得出的 z 值位于 0.01 显著性水平以外,因此,可以得出结论,拟定假设应予否定,即样本平均数显著地少于总体平均数。

2. t 检验

z 检验只适用于样本量较大($n \geqslant 30$)的情况。如果样本量较小,则要用 t 检验。

t 检验的公式是

$t = \dfrac{\bar{x} - \mu}{s / \sqrt{n}}$　　(σ 未知)

在计算出 t 值以后,把这个值同 t 分布表(附录 1)中 t 值进行比较（样本自由度等于样本量减 1，即 $n-1$）。在 t 分布表找到适当的自由度，就可以在这个自由度的那一行中查到 0.05 显著性水平和 0.01 显著性水平的值。这时就可以断定，计算得出的 t 值在 0.05 和 0.01 显著性水平上是否显著。

例如，某书库的书架平均载书量是 100 册，一个随机样本是 10 个书架，平均载书量是 95.6 册，标准差是 23.6。样本的平均数与总体平均数是否有显著差异？

解答：拟定假设，样本平均数与总体平均数没有显著差异。

这里 $\mu = 100, \bar{x} = 95.6, s = 23.6, n = 10$

因此　　$t = \dfrac{95.6 - 100}{23.6 / \sqrt{10}} = \dfrac{-4.4}{7.47} = -0.59$

在这个例子中，自由度的度数是 9。因为样本书架上的书可能多于总体书架上的书，也可能少于总体书架上的书，所以这是双尾检验。我们从 t 分布表（见附录 1）中查到，在自由度为 9 的双尾检验中，0.05 显著性水平和 0.01 显著性水平的值分别是 2.262 和 3.250。由于我们的 t 值等于 -0.59，显而易见，拟定假设应该予以接受。然而，对小样本进行检验，其结果不如对大样本检验那样可靠。如有可能，最好用大样本检验。

3. x^2 检验

x^2（读作"卡方"）检验有多种用途，但多数用于检验两组数据有无显著性差别，尤其更多的应用于检验一个总体分布是否属于某一类型的分布，如二项分布、正态分布等等。

x^2 的检验公式是

$$x^2 = \sum \frac{(O - E)^2}{E}$$

其中　　O—观察频数。

　　　　E 理论（期望）频数。

计算步骤：

（1）计算分布的参数（平均数和方差）。

（2）根据平均数和方差的关系提出拟定假设。

（3）计算概率。

（4）计算理论频数。

（5）计算 x^2。

（6）确定显著性水平 α 和自由度 $(n-1)$。

（7）查 x^2 分布表，确定是否有显著性差异。

（8）确定拒绝还是接受拟定假设。

例如，用 x^2 检验来确定图书破损服从二项分布。

解答：在 1000 册图书的样本中，每次取 8 册进行一次观察，并将破损册数记录下来。将观察数进行清点汇总，按每一次观察的破损册数为 0，1，2，3，4，5，6，7，8 册的顺序列出观察频数并求和，所得数据填入表 14.2。

计算平均数：为计算平均数先计算 xf，所得数据填入表 14.2。

平均数　$\bar{x} = \dfrac{\sum xf}{\sum f} = \dfrac{358}{125} = 2.864$

此即每取 8 册书进行一次观察的平均破损册数。

计算方差：为计算方差先计算 x^2f，所得数据填入表 14.2。

方差　$s^2 = \dfrac{\sum x^2 f}{\sum f} - \bar{x}^2 = \dfrac{1234}{125} - 2.864^2 = 1.67$

标准差　$s = 1.292$

表 14.2 破损图书分布及计算表

破损册数 x	观察频数 f	xf	x^2f	理论概率 $P(x)$	理论频数 $\sum fP(x) = E$
0	1	0	0	0.0289	3.6 ≈ 4 ⎫
1	18	18	18	0.1287	161. ≈ 16 ⎬ 20
2	32	64	128	0.2513	31.4 ≈ 31
3	37	111	333	0.2802	35 ≈ 35
4	24	96	384	0.1953	24.4 ≈ 24
5	10	50	250	0.0871	10.9 ≈ 11 ⎫
6	2	12	72	0.0243	3.0 ≈ 3 ⎪
7	1	7	49	0.0039	0.5 ≈ 1 ⎬ 15
8	0	0	0	0.0003	0.04 ≈ 0 ⎭
Σ	125	358	1234	1	125

由平均数和方差的计算结果可知

$$\bar{x} > S^2$$

所以样本中的数据很可能服从二项分布。因此我们提出假设:样本中破损图书的频数分布服从二项分布。

概率　　$p = \dfrac{325}{1000} = 0.358$

∴　　$q = 1 - p = 0.642$

二项概率分布公式　　$P(x) = C_n^x p^x q^{n-x}$

和　　　$C_n^x = \dfrac{n!}{x!\,(n-x)!}$

计算理论概率:

$P(0) = C_8^0 p^0 q^8 = q^8 = 0.642^8 = 0.0289$

$\vdots$

$P(2) = C_8^2 p^2 q^{8-2} = \dfrac{8 \times 7}{2 \times 1} \times 0.358^2 \times 0.642^8 = 0.2513$

$$\vdots$$

$$P(8) = C_8^8 p^8 q^{8-8} = p^8 = 0.358^8 = 0.0003$$

将计算结果填入表 14.2 中。

由 $\sum f = 125$，计算理论频数 $\sum fP(x)$，得出结果填入表 14.2，经四舍五入得近似整数。

由于理论频数中的第一个值和后三个值都不大于 5，在计算 x^2 时，需将前两值和后四个值相加。下面计算 x^2：

$$x^2 = \sum \frac{(O-E)^2}{E} = \sum \frac{(f-E)^2}{E}$$

$$= \frac{(19-20)^2}{20} + \frac{(32-31)^2}{31} + \frac{(37-35)^2}{35} + \frac{(24-24)^2}{24}$$

$$+ \frac{(13-15)^2}{15} = 0.4633$$

本例中自由度为 4（等于观察种类数减 1）。查 x^2 分布表（见附录 2）得 0.05 显著性水平的值是 9.49，0.01 显著性水平的值是 13.3。本例中算得 x^2 的值比这两个值都小，拟定假设应该予以接受。即样本中破损图书频数分布服从二项分布。

四、相关分析和回归分析

用推断统计法研究数量依存关系就要用到相关分析和回归分析。相关分析和回归分析是处理具有相关关系的变量之间关系的数学方法。在相关分析和回归分析中，人们不是对单个数据系列进行研究，而是对数据系列之间的联系或关系进行研究。

实际问题中，变量之间的关系不外有三种：一种是函数关系，即一变量取某值时另一变量取确定值与之对应；一种是没有任何关系，即一变量取值完全不受另一变量取值的影响；再一种是介于二者之间的关系，它既不像函数关系那样密切，又不是完全没有关系，当一个变量取某个值时，虽然不能确定另一变量取什么值，但可以确定它的分布范围和分布规律,这种关系称为相关关系。如图书页数和价格的关系,图收出版年限和利用频次的关系,年进书量和购书经费的关系等等都属于相关关系。在图书馆学研究中,某一变量的变化往往受许多变量的影响。变量之间的关系十分复杂,一个变量相对另一变量而言,有许多情况是不存在确定性(函数)关系的,而是存在相关关系。所以研究变量之间的相关关系的课题是相当广泛的。

1. 相关分析和回归分析的步骤

(1)做散点图 在相关分析中,每一个观察元素均有成对的数值,一个被看作自变量,另一个被看作因变量。采用平面直角坐标系,以横轴标示自变量,以竖轴标示因变量。每一个观察元素可以用图上的一点来表示,这个点同时显示了横轴的自变量和竖轴的因变量的值。绘出两变量的所有数值相对应的点,就得到了散点图。从散点图上各点的分布趋势,就可大体上看出两个变量的依存关系是否具有相关关系。如果散点图上的点都聚集在一条假想的直线周围,而这直线是向右上方伸延的,则称两变量有正相关关系;如果这条直线是向右下方伸延的,我们称两变量有负相关关系。如果图中的点向所有方向分散开,不是聚集在一条假想直线的周围,两个变量就互不相关,不存在相关关系。

(2)确定相关系数 散点图从质的方面描述了两个变量之间的关系,从量的方面来分析这种关系时,就需确定相关系数。相关系数是描写两个变量之间关系与线性关系吻合到什么程度的量。相关系数有皮尔逊相关系数和斯比尔曼相关系数。我们只介绍皮尔逊相关系数 R 如何确定。

实际计算中,如果计算结果 $R=1$,说明两个变量是完全线性相关,是正相关,即所有观察点都聚集在一条假想的直线周围,和直线吻合得很好,直线向右上方伸延。如果 $R=0$,说明完全不是线性相关,或者没有关系,或者不是线性关系。如果 $R=-1$,是负

相关,假想的直线向右下方伸延。一般认为 R 在 0. 75 以上和
－0. 75以下才是线性相关的,或者说是与线性关系吻合得很好。

皮尔逊相关系数的计算公式是

$$R = \frac{\sum x_i y_i - n\,\bar{y}\,\bar{x}}{n\sigma_x\sigma_y} \qquad (i = 1, 2, 3, \cdots\cdots, n)$$

其中 χ_i、$\bar{x}$ 和 σ_x,是一个变量的第 i 个值、平均数和方差。

y_i、$\bar{y}$ 和 σ_y 是另一个变量的第 i 个值、平均数和方差。

n 是两组数据的取值数。

(3)建立回归方程并划出拟合直线　进行回归分析主要是建立回归方程和划出拟合直线。

我们假定变量 x_i 和 y_i 有如下关系:

这里 $\hat{y} = a + bx$

这里 $\hat{y}$ 表示期望值,为区别于观察值。a 和 b 是待定常数。这个方程称为变量 y 对 x 的回归方程,所表示的直线称为变量 y 对 x 的回归直线,b 称回归系数,a 为常数项。

这种形式的直线在平面上有无穷多条,而回归直线是其中一条"最好的"直线,"最好的"标准是:该直线总的看来最接近观察点 (x_i, y_i)。下面我们来确定这条直线的方程。

考虑平面上的点 (x_i, y_i)。对 x_i 来说,我们的期望值是 $\hat{y}_i = \hat{a} + \hat{b}\hat{x}_i$,而观察值是 y_i。我们用

$$(y_i - \hat{y}_i)^2 = [y_i - (a + bx_i)]^2$$

来描写点 $(x_i - y_i)$ 与直线 $\hat{y}_i = a + bx_i$ 的远近程度,于是 $\sum [y_i - (a + bx_i)]^2$($\sum$ 为求和符号)就定量地描写了直线 $\hat{y}_i = a + bx_i$ 与所有观察点总的远近程度。这个量是 a、b 的二元函数,记为 $Q(a, b)$,则有

$$Q = \sum_{i=1}^{n} [y_i - (a + bx_i)]^2$$

这样,要找一条直线,使该直线总的看来最接近这些观察点(x_i, y_i),就变成二元函数$Q(a, b)$的求极值问题(最小二乘法原则)。根据微积分中求极值的方法,可以求出a、b的值,即解二元一次方程组:

$$\begin{cases} \dfrac{\partial Q}{\partial a} = -2 \sum [y_i - (a + bx_i)] = 0 \\ \dfrac{\partial Q}{\partial b} = -2 \sum [y_i - (a + bx_i)] x_i = 0 \end{cases}$$

解得 $b = \dfrac{\sum y_i x_i - n \bar{x} \bar{y}}{\sum x_1^2 - n \bar{x}^2}$

再根据$a = \bar{y} - b\bar{x}$得出a的值。将a、b的值代入方程$\hat{y} = a + bx$并经进一步简化,可得回归方程(去掉"∧"号)

$$y - \bar{y} = R \frac{\sigma_y}{\sigma_x} (x - \bar{x})$$

其中R是皮尔逊相关系数。

将回归方程表示的直线画在散点图上,就是拟合直线。从图中可看出这条直线和观察点的拟合程度。

(4)推断   根据回归方程和拟合直线,可以预测未来和指导工作,解决工作中的实际问题。但是这种推断不可能是十分准确的,只是给出一个范围。

2. 应用举例

例1. 年进书量与购书经费的相关分析和回归分析[1]

文献[1]从长春光机学院图书馆1958年(建院)到1983年共26年内年进书量和购书经费的统计结果(统计表略)出发,进行了相关分析和回归分析。

(1)做散点图   为简化计算和标图,将相邻两年的数据相加作为一个数据,得13对数据(见表14.3),并划在图14.2上。从散点图可以大致看出两个变量之间存在相关关系,而且关系相当密切。

表14.3 计算相关系数所用数据

序号	购书经费 (千元)x_i	进书量 (千册)y_i	x_i^2	y_i^2	x_iy_i
1	19.1	13.4	364.8	179.6	255.9
2	44.2	30.0	1953.6	900.0	1326.0
⋮	⋮	⋮	⋮	⋮	⋮
6	1.3	1.3	1.7	1.7	1.7
⋮	⋮	⋮	⋮	⋮	⋮
10	22.9	13.6	524.4	185.0	311.4
⋮	⋮	⋮	⋮	⋮	⋮
13	128.3	55.9	16460.9	3124.8	7172.0
Σ	548.3	262.6	45449.4	9571.3	20626.5

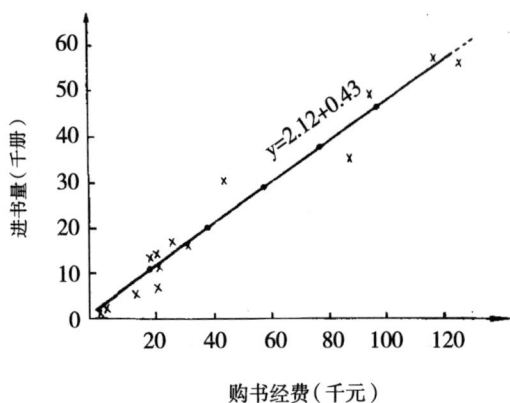

图14.2 散点图和回归直线

(2)确定相关系数

根据皮尔逊相关系数 R 的计算公式

$$R = \frac{\sum x_i y_i - n \, \bar{y} \, \bar{x}}{n \sigma_x \sigma_y}$$

来计算 R 值。为此先计算 $\sum x_i^2$、$\sum y_i^2$ 和 $\sum x_i y_i$ 并列入表 14.3 中。利用表 14.3 数据计算如下：

$$\bar{x} = \frac{\sum x_i}{n} = \frac{548.3}{13} = 42.2$$

$$\bar{y} = \frac{\sum y_i}{n} = \frac{262.6}{13} = 20.2$$

$$\sigma_x^2 = \frac{\sum x_i^2}{n} - \bar{x}^2 = \frac{45449.4}{13} - 42.2^2 = 1715.3$$

$$\sigma_y^2 = \frac{\sum y_i^2}{n} - \bar{y}^2 = \frac{9571.3}{13} - 20.2^2 = 328.3$$

$$\sigma_x = 41.4 \qquad \sigma_y = 18.1$$

$$\therefore \quad R = \frac{\sum x_i y_i - n \, \bar{y} \, \bar{x}}{n \sigma_x \sigma_y}$$

$$= \frac{20626.5 - 13 \times 20.2 \times 42.2}{13 \times 41.4 \times 18.1} = 0.98$$

以上计算得出 R 的数值接近于 1，并为正数，可见年进书量和购书经费具有线性相关关系，是正相关，而且各观察点与直线吻合得很好。

（3）建立回归方程并划出拟合直线

回归方程为

$$y - \bar{y} = R \frac{\sigma_y}{\sigma_x} (x - \bar{x})$$

我们已知，$R = 0.98$，$\bar{x} = 42.2$，$\bar{y} = 20.2$，

$\sigma_x = 41.4$，$\sigma_y = 18.1$

将这些值代入回归方程，得

$$y - 20.2 = 0.98 \times \frac{18.1}{41.4} (x - 42.2)$$

即　$y = 2.12 + 0.43x$

此方程就是年进书量对购书经费的回归方程。利用这个方程,给定一个 x 值(购书经费)就可算出 y 的值(年进书量)。

将此直线划在散点图上,看与观察点接近的程度如何。为此

设　$x = 20,\ 40,\ 60,\ 80,\ 100$

则　$y = 10.7, 19.3, 27.9, 36.5, 45.1$

将两组数据标在图 14.2 上,并连成直线。从图中可见,直线 $y = 2.12 + 0.43x$ 与 13 个观察点总的说来是最近的,代表了它们的总趋势。

例 2. 我国激光文献发展趋势的研究[2]

文献[2]根据《全国报刊索引》科技版报道的国内激光文献题录,对 1976 年至 1981 年各年度我国激光文献数进行统计并列表(见表 14.4)。

表 14.4　各年度激光文献数

公元年号	1976	1977	1978	1979	1980	1981
年度编号 x	1	2	3	4	5	6
年度激光文献 y	47	56	156	345	416	602

我们以年度编号 x 为横坐标,年度激光文献数 y 为纵坐标做散点图(图 14.3)。从散点图上可见,这些点大体上按一条直线的方向分布,即年度激光文献数与各年度是相关的。

用计算相关系数的方法(同例 1),计算表 14.4 数据的相关系数,得 $R = 0.975$。这说明,这种相关关系是相当密切的。

再用例 1 的方法求得回归方程为:

　　$y = -134.0 + 115.5.x$　　　　(作图,见图 14.3)

应用回归方程预测 1982 年至 1985 年激光文献数如表 14.5。这种预测不一定很准确,特别是有某些偶然现象发生时,就更不容

274

易准确,不过,这些预测数字作制定政策和长远规划的参考还是很有益处的。

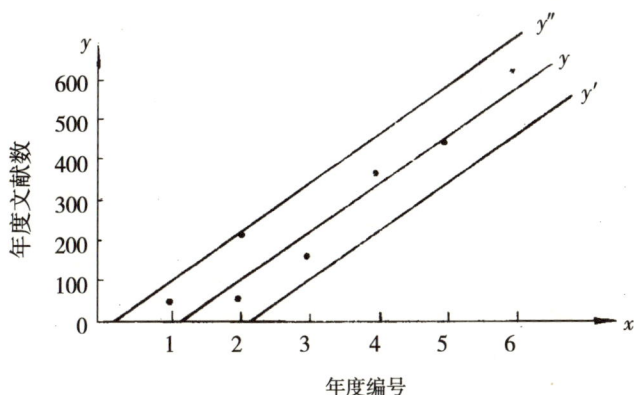

图 14.3 散点图、回归直线和 95% 置信界限

表 14.5 激光文献预测数

公元年号	1982	1983	1984	1985
年度编号	7	8	9	10
预测文献数	675	790	906	1021

还可以计算得两条直线(见图 14.3),使得大约有 95% 的点落在这二条直线所夹的范围内。

这两条直线是:

$$y' = -134.0 - 2s + 115.5x$$
$$y'' = -134.0 + 2s + 115.5x$$

其中 s 为剩余标准差,数值为 55.10。

参考文献

1. 赵云龙,娄纯焕,年进书量与购书经费的相关分析和回归分析. 吉林高校图书馆,1989(1):33~36

2. 王心维. 根据文献统计预测激光科学在我国的发展趋势. 情报学报,1983(3):230~234

第十五章　数学模型法

目前,图书馆界使用数学模型方法进行课题研究的还为数不多,而且已经进行的研究也显得十分粗糙,但它却是有广阔发展前景的一种研究方法。这是因为图书馆学的研究结果的最精确的表达方式是数学表达式,并最终要达到公理化的形式,而数学模型方法是研究成果走向公理化的不可逾越的手段,它可以使研究成果上升到最抽象最概括的形式。所以,图书馆学研究人员,特别是理论研究工作者,掌握数学模型方法具有特殊的意义。

什么是模型,模型在现实生活中是指对实物的模仿。例如玩具飞机就是对真实飞机的模仿,就是真实飞机的模型。地图也是反映地理特征的地貌模型。军事上用的沙盘及各厂矿企业建筑物的模型都是实物模型的实例。模型不是反映实物的全部特征,而是反映实物的主要特征。

数学模型是用数学语言表达现实世界的一种形式。数学模型是对实物或过程的特征和变化规律的一种定量的描写,是其空间形式和数量关系的抽象形式。根据大量的经验材料,经过数学处理以后,得到的反映研究对象的数量关系的数学表达式、图表、曲线等等,都是研究对象的数学模型。例 $h = \frac{1}{2}gt^2$ (h 代表高度, g 是重力加速度, t 是时间)就是自由落体运动规律的数学模型。勾股定理 $c^2 = a^2 + b^2$ (a、b 为直角边, c 为斜边)就是直角三角形三边关系的数学模型。

　　以上两个数学模型只是利用初等数学建立起来的。其实,对于不同的对象,人们采用不同的数学工具建立不同的数学模型。一般地说,描述必然现象,利用经典数学,数学模型的方式是方程式,如代数方程、微分方程、积分方程和差分方程等等。描述或然现象,利用随机数学,主要是概率论和数理统计,其数学模型被称为随机模型或概率模型。描述模糊现象,利用模糊数学,其数学模型称为模糊数学模型。描述突变现象,利用突变理论,其数学模型称为突变数学模型。由于后两种模型的建立需要较高深的数学知识,图书馆界的研究成果极为稀少,故略去不述。下面仅就提炼数学模型应注意的问题、提炼方法和几种常用的经典数学模型和概率模型作一些介绍,以期能引起广泛兴趣。

一、提炼数学模型应注意的问题

　　1. 必须从原型出发

　　数学模型必须是现实世界事物(原型)的模写,能描述事物的主要特征。所以,建立数学模型必须从原型出发,把原型的主要特征化为数学问题,列出公式或图表,不能离开原型建立数学模型,已建立的数学模型必须要"像"原型。

　　2. 必须符合数学理论并能求得数学解

　　已经建立起来的数学模型必须符合数学概念和理论,并且能够运用已知的数学方法进行演算、分析和推导,从而获得明确的数学解答。如果建立的数学公式或图表不符合数学理论,或者不能用已有的数学知识求得数学解,那将是没有意义的。

　　3. 必须能对事物进行判断和预测

　　数学模型必须能对原型及其相类似的实际问题作出判断和预见,达到规律性的认识。它必须能对现实问题给予满意的解答;必须能够说明大量的同类事实,而不是仅仅解释两三个特定的事实。

278

它所作的预测必须有相当的准确性,不能有模棱两可的现象发生。

4. 形式必须简单

数学模型本身必须具有简便的形式。因为只有形式简便,才能给人清晰的印象,使人们清楚地看清各变量之间的关系,而且简便的数学形式也便于推导和演算。

二、提炼数学模型的步骤

1. 定性分析

对实际问题的定性分析,就是对研究对象的本质特征和变化规律的定性分析,这是建立数学模型的开端。因为只有揭示研究对象的本质,弄清事物的质的规定性,建立的数学模型才能从量的角度揭示研究对象的本质特征。只有把研究对象的本质特征搞清楚了,才能区别不同的研究对象,进行具体的数学抽象,从而建立针对具体问题的数学模型。所以,在提炼数学模型时,都应首先对研究对象的本质及其与周围环境的关系进行准确的分析,求得比较明确的定性概念。

2 把研究对象从周围环境中分离出来

图书馆学研究的对象都是互相联系,互相影响,彼此渗透的大大小小的系统。每一个研究对象与其它系统都有多方面的联系。我们必须"割断"研究对象与其它系统的联系,只研究我们想要研究的系统本身。只有把研究对象从周围环境中离析出来,独立出来,才能集中注意力于我们的研究对象。

3. 抓住主要矛盾

数学模型不是研究对象本身,不可能描述研究对象的一切特征和一切运动规律。它的作用在于表达研究对象的主要特征,特别是表达我们最需要知道的那些特征。而研究对象常常是由多种复杂因素构成的,各种因素之间彼此关联,共同处于一个统一体中。我们建立数学模型,只能考虑影响该研究对象的一些主要因素,舍掉那些影响不大的次要因素,选择那些具有关键作用的变量,舍掉那些作用不大的变量。我们必须分清主要矛盾和次要矛盾,抓住主要矛盾,把这些主要矛盾及表现它们的变量集中地置于数学模型之中,这样的数学模型才能揭示研究对象的主要本质特征和运动规律。

4. 进行科学的抽象

这一步主要做三件事:(1)我们已经针对研究对象划定了研究范围,抓住了研究对象的主要矛盾,就要根据有关的图书馆学理论对主要矛盾予以量化,即确定一些基本的量,用这几个量描述系统的运动状态和变化规律,以反映研究对象的量的规定性。(2)分析各种量的关系,确定哪些量是常量,哪些量是变量,哪些是已知量,哪些是未知量。在搞清基本量的基础上,根据量的性质和有关数学概念、理论和方法,将这些量以数学形式表现出来,形成一个待解决的数学问题。(3)对一些常量,给予确定的数值,即进行参数估计。这要通过以往的统计资料,运用数学方法估算出各个常量的数值。经过这样的数学抽象,一个数学模型就建立起来了。

5. 作出判断和预测

建立数学模型只是一种手段,而不是最终目的。只有当数学模型求得的数学解,能对所要研究的问题作出合乎实际的说明,能作出科学预见与判断时,建立数学模型的目的才算达到。所以,在数学模型建立起来之后,我们就要用它对描写研究对象的有关量进行演算和推导,求得其数学解,用这个数学解来解释研究对象的性质,作出判断和推理,进行预测,以指导实践。

综上所述可以看出,从实际问题提炼数学模型并不是一件容易的事情。研究者没有一定的学术素质是不容易完成的。研究者首先要对研究对象有比较清晰的了解,对它的质的规定性有相当的知识,只有了解得深,才能确定出哪些是已知量,哪些是未知量,才能知道已知量和未知量大致是个什么关系,从而对未来的数学模型能有一个基本估计。其次还要掌握一定的数学知识和技能，掌握运用数学方法的本领。因为只有对数学工具很熟悉，在把研究对象的特征数量化之后才能很容易地把这些量用数学形式联系起来，形成数学的表达式。

数学模型虽然能在我们所要研究的主要范围内更普遍、更集中、更深刻地描述研究对象的特征和规律，是化繁为简、化难为易的解决实际问题的一种有效手段，其形式有推导性，其结论有确定性，对解决问题常常能起到事半功倍的效果。但是数学模型终究不是事物本身，它舍掉了一些影响事物发展的次要因素，它简化了客观现实，所以数学模型与现实问题的不一致是必然的。问题是，实际问题所允许的误差范围有多大，应用数学方法的可能性如何？所以我们必须将数学模型放到实践中去，经过实践的检验和证实。如果发现有与实际不符的情况，必须立即查找原因，予以认真地修正。总之，对数学模型的建立和使用必须采取慎重态度。

三、几种常用的数学模型

图书馆学研究中，使用较多的数学模型有线性数学模型、指数数学模型和单线服务排队模型。

1. 线性数学模型

图书馆业务范围内，有一些变量之间的关系是可以用线性数学模型来表示的。根据这些关系，就可以提炼出线性数学模型。我们以图书价格的数学模型为例[1]来说明线性数学模型的建立方法。

图书馆工作中经常遇到一些无价格的图书，如某些教材或交换赠送的书籍，而在验收分编时又要求定出价格。是否可以建立一个数学模型解决这个问题呢？

我们知道，每种书的价格都是确定的，一种书对应着一个确定的价格（既不是概率价格，也不是模糊价格），所以，这个数学模型只能用经典数学来建立,建立代数方程或微分方程等等形式。

我们发现图书价格与许多因素有关,如图书的种类,使用价值,字数和页数的多少,纸张的优劣,有否插页,开本大小,装帧情况,甚至不同的出版社以及社会的物价指数等等因素都影响图书的价格。所以图书价格的确定是一个复杂问题,我们必须舍掉一些影响因素,保留主要影响因素。在诸多因素中,我们找到图书价格与图书页数关系最密切。不但已往有经验的图书馆工作人员常常以书的页数来估算书的价格,而且页数在一定程度上反映了字数和所用纸张多少以及花费的工时多少等等因素,所以在图书种类、开本、装帧等因素确定以后,图书页数就是影响图书价格的主要因素。于是,抓住这一对主要矛盾,用图书价格与图书页数建立数学模型。而且,同一类书中,页数越多,价格越高,可能存在线性相关关系,所以,建立的数学模型可能是线性数学模型。

假如我们要确定开本为 20 厘米,平装的物理学教材的价格,则应搜集该类图书近期的目录卡片 10 张,将其价格与页数的数据抄下列表(如表 15.1 所示)。

表 15.1　图书页数和价格的关系

序号	1	2	3	4	5	6	7	8	9	10
页数 x_i	641	391	443	557	59	268	348	291	525	189
价格(元)y_i	4.70	2.80	3.15	5.10	0.65	2.25	2.50	1.85	3.85	1.80

按照第十四章(四)中的方法,得出回归方程:

$$y = 0.0913 + 0.0075x$$

此方程即为图书价格的数学模型。

推断:利用已经建立起来的数学模型 $y = 0.0913 + 0.0075x$,当一册开本为 20 厘米的平装物理类图书需要定价时,只要查出该书的页数,就可以近似的定出价格(当然,还可以证明所定价格有多大把握）。用同样的方法,可以建立任何种类的图书价格的数学模型,从而方便地定出该类图书的近似价格。

上面这个线性数学模型是单元的,也就是说,只有一个自变量。线性数学模型也可以是多元的,即自变量是多个的。下面我们介绍二元线性数学模型——我国图书出版趋势的数学模型[2]——的建立方法。

一个国家的图书出版规模和多种社会、自然因素有关系,全面反映这些众多因素的影响是很难做到的,也是不必要的。在影响我国图书出版数量的众多因素中,出版社数量和工农业总产值是非常重要的,如果我们用出版社数量(x_1)和工农业总产值(x_2)作自变量,图书出版数量(y)作因变量,根据它们的相关关系建立起数学模型将会很好地描写我国图书出版的形势和未来发展趋势。

根据历年出版年鉴和经济统计年鉴,获得了如表 15.2 所示的数据。从表 15.2 的数据可以明显地看出:我国从 1977 年至 1983 年的 7 年间,图书出版种数是逐年递增的,而相应年度的出版社数量和工农业总产值也有类似的趋势。这说明前者与后两者之间有正相关的关系。

表 15.2　　数据统计表

序号	年度	图书出版数 (y)	出版社数 x_1	工农业总产值(亿)(x_2)
1	1977	12886	89	3578
2	1978	14987	121	4067
3	1979	17212	156	4483
4	1980	21621	174	4897
5	1981	25601	203	5120
6	1982	31784	233	5506
7	1983	35700	256	6088

以出版社数量(x_1)和工农业总产值(x_2)为自变量,图书出版量为因变量的数学模型的形式应为

$$\hat{y} = a + b_1 x_1 + b_2 x_2 \tag{1}$$

为了求得 a、b_1、b_2 的数值,要解以下三个规范方程式:

$$\begin{cases} \sum y = na + b_1 \sum x_1 + b_2 \sum x_2 \\ \sum x_1 y = a \sum x_1 + b_1 \sum x_1^2 + b_2 \sum x_1 x_2 \\ \sum x_2 y = a \sum x_2 + b_1 \sum x_1 x_2 + b_2 \sum x_2^2 \end{cases} \tag{2}$$

为求解(2)式,先要分别计算 $\sum y$、$\sum x_1$、$\sum x_2$、$\sum x_1^2$ 和 $\sum x_1 x_2$ 和 $\sum x_2^2$,且 $n = 7$。将这些数据代入(2)式(其中 y 的单位为万种,x_2 的单位为千亿),则有:

$$\begin{cases} 15.98 = 7a + 1232 b_1 + 33.74 b_2 \\ 3115.05 = 1232 a + 238208 b_1 + 6243.91 b_2 \\ 81.34 = 33.74 a + 6243.91 b_1 + 167.03 b_2 \end{cases}$$

解以上方程得:

$$a = -1.7113 \qquad b_1 = 0.0051 \qquad b_2 = 0.6441$$

∴ (1)式可写成:

$$y = 0.0051 x_1 + 0.6441 x_2 - 1.7113 \tag{3}$$

(3)式就是我国出版趋势的数学模型。该数学模型反映了出版社数量和工农业总产值与图书出版量的相关关系。

我们可以利用(3)式进行预测。预测结果,到1990年,如果工农业总产值达到9.794亿元,出版社达到350家,那么,我国图书出版量可达到63820种。

2. 指数数学模型

指数数学模型在图书馆学研究中也有许多应用。许多图书馆过程符合这个模型,例如,图书馆的馆藏增长,科学期刊出版量的增长,文摘出版量的增长以及外文期刊订户数量和期刊种类的关

系等等都符合指数模型。下面以外文期刊订购的指数模型[3]为例来说明这种模型是怎样建立起来的。

根据中图公司编辑的《国外报刊目录》(第5版)所载,我国引进国外"出版发行事业、图书馆事业、情报学、文献学"(即375类)期刊148种,订户为184家(次)。订数最高的一种期刊拥有53家订户,最少的为1家。期刊的订户量是否有规律呢?我们来看可否建立一个数学模型来描写这个规律。

外文期刊的订户数量统计结果如表15.3。

表15.3 期刊与订户数量指数数学模型数据表

组别 (户/刊)	组中 值 x_i	订户数 量(%) y	y_i lny	x_i^2	y_i^2	$x_i y_i$
0~6	3	60	4.0943	9	16.7632	12.2829
7~14	11	19	2.9444	121	8.6694	32.3884
15~21	18	10	2.3025	324	5.3015	41.4450
⋮	⋮	⋮	⋮	⋮	⋮	⋮
43~49	46	~1	0	2116	0	0
>50	53	~1	0	2809	0	0
Σ	227	100	12.0412	8549	34.5138	161.2505

依表中 x 与 y 的数据作图(从略)可知曲线的形状大致为指数函数曲线。所以数学模型的形式就是 $\hat{y} = ae^{bx}$。

将两边取对数,得 $\ln \hat{y} = 1na + bx$

设 $y = \ln \hat{y}$, $\ln a = A$

则上式可写成 $y = A + bx$

这样,指数方程化为直线方程。为确定系数 b 和常数 A, y_i, x_i^2, y_i^2 和 $x_i y_i$ 等数据都是不可缺少的(见表15.3)。

∵ $n = 8$ 则有

$$\bar{x} = \frac{\sum x_i}{n} = 28.38 \quad \bar{y} = \frac{\sum y_i}{n} = 151.1$$

$$\sigma_i^2 = \frac{\sum x_i^2}{n} - \bar{x}^2 = \frac{8549}{8} - 28.38^2 = 263.20$$

$$\sigma_y^2 = \frac{\sum y_i^2}{n} - \bar{y}^2 = \frac{34.5138}{8} - 1.51^2 = 2.034$$

$$\sigma_x = 16.22 \quad \sigma_y = 1.43$$

$$R = \frac{\sum x_i y_i - n\,\bar{y}\,\bar{x}}{m\sigma_x \sigma_y}$$

$$= \frac{161.2505 - 8 \times 151 \times 28.38}{8 \times 16.22 \times 1.43} = -0.98$$

又由于
$$y - \bar{y} = R\frac{\sigma_y}{\sigma_x}(x - \bar{x})$$

$$y = -0.98\frac{1.43}{16.22}(x - 28.38) + 1.51$$

$$y = -0.086x + 3.95$$

由上式可知 $\quad b = -0.086$

$\because \quad A = \ln a = 3.95 \quad \therefore a = 51.94$

$\therefore \quad y = 51.94e^{-0.086x} \qquad$（去掉期望值符号"∧"）

此式即为订户数量与期刊数的指数数学模型。

经检验,此模型与实测值吻合得相当好,用此模型可以进行未来几年这类期刊的订户发展趋势预测。

3. 排队数学模型

与日常生活和生产活动中经常遇到的排队现象(如去医院看病,到车站售票处买票,上仓库领物品要排队)一样,到图书馆的读者在一些地方(如借阅处,复印室)也常常排起队来,等待服务。这是由于读者希望得到及时服务,但在某个时刻,要求服务的数量超过了服务机构(出纳员,出纳台等)的容量所造成的。也就是说,读者不能立即得到服务,就不得不等待,于是出现了排队现象。

这时,读者和出纳员就构成了一个排队系统,或称服务系统。这种排队系统在图书馆日常工作中常常碰到,很有研究的必要。

当然,排队等候"服务"的也不一定是读者,也可能是待分编的图书或待登记的期刊等等。"服务员"也不一定是人,也可能是复印机或缩微、照相翻拍设备。此外,除了有形的排队,也可能出现无形排队,例如,多人预约借阅一册图书,读者分散在各处,都无形地排起队来。总之,只要要求服务的特点和服务时间都具有随机性,排队现象就是不可避免的。

排队现象是由多种原因形成的,可能是服务员不足;可能是服务设备不够用;也可能是由于经济上考虑不可行或不合算,主管领导人不想增加人力和物力造成的。如果服务机构的数量或服务速度得到充分的保证,那么服务中的排队现象是可以充分缓解的。服务机构越多,服务速度越快,排队现象就会减少,读者就会越满意,但是这样会增加人力、物力或发生空闲浪费。如果服务设施少,服务速度低,排队现象就会越严重,对读者就会很不利。如何在两者之间求得平衡,即一方面使读者比较满意,一方面又不至于造成浪费,这就提出了一个需要解决的问题。

数学中的排队论(此处仅指随机服务系统理论),就是为解决上述这一类问题而发展起来的一门科学,它为解决这一类问题提供了有效的数学方法。排队论的主要内容是研究各种排队系统的概率规律性;判定现存排队系统符合哪一种模型,并进行分析研究以及如何设计一个最优化的排队系统等问题。利用排队论的理论和方法,人们已经对现存排队系统进行了广泛的研究,建立起了一些典型的排队模型,许多实际问题都服从或接近于这些典型的排队模型。其中最基本的、最简单的排队模型是单线服务排队模型。图书馆中许多排队现象都可以用单线服务排队模型来描写,或者可以化为单线服务排队模型的形式来进行分析研究。

几个读者来到一个服务设施前,服务员按照先到先服务的原则进行服务,服务完一个人就离开系统一个人。由于服务速度满足不了需求,不时在服务设施前形成了一条线式的排队,或说排成了一个队。这就是单线服务排队模型,是排队模型中最简单的形式。

单线服务排队模型的基本要求有三条:

(1)到达系统的人或物必须是随机的,典型地服从于泊松分布。我们知道,泊松分布要求到达系统的人或物在任何一个时间段中的机会是相等的;个人或物的到达不受其他人或物的达到的影响;在任意短的时间内,同时发生两个人或物的到达的概率是零。这样几个条件对图书馆的读者或文献的排队来说,都是可以满足的。

泊松分布的公式是

$$P(x) = \frac{e^{-\lambda}\lambda^x}{x!}$$

在此处 $P(x)$ 是每个单位时间内读者到达 x 次的概率。λ 是每个单位时间里读者到达的平均速度。

为了说明这个公式的涵义,我们做一个简单的计算。我们假定 $\lambda = 2.5$,即每分钟平均到达出纳台的读者为 2.5 人,经查 e^{-x} 数值表(见附录 3)得 $e^{-2.5} = 0.082$,于是有

$$P(0) = \frac{0.082 \times 1}{1} = 0.082$$

$$P(1) = \frac{0.082 \times 2.5}{1} = 0.205$$

$$P(2) = \frac{0.082 \times 2.5^2}{2 \times 1} = 0.256$$

$$P(3) = 0.214$$

$$P(4) = 0.133$$

$$\vdots$$

这个计算结果表明,如果每分钟平均到达出纳台的读者数是

288

2.5 人，我们就可以预测，在 100 个一分钟时间段里大约有 8 个时间段里无人到来，有 21 个时间段里有 1 人到来，有 26 个时间段里有 2 人到来，有 21 个时间段里有 3 人到来，有 13 个时间段里有 4 人到来等等。

（2）服务时间的长度是可变的，典型地服从于指数分布。指数分布有一个重要性质，即在服务已经进行了时间 t 的条件下，还需进行的服务时间与已经进行的服务时间是相互独立的，就是说，已经服务多长时间，对后边还要服务多长时间无影响。这样一个要求，对图书馆许多服务时间来说，是可以满足的。

指数分布的公式是

$$P(t) = e^{-t/\mu}$$

式中　$P(t)$ 是一次服务所需时间超过 t 个时间单位的概率。

$\mu = 1/\theta$（见第十四章），是平均服务速度。

$t = x$（见第十四章），是时间长度。

为说明这个公式的涵义，我们也进行简要的计算。假定某图书馆出纳台一次服务平均所需时间 $\mu = 4$ 分钟，则有

$$P(0) = e^0 = 1$$
$$\vdots$$
$$P(2) = e^{-2/4} = e^{-0.5} = 0.607$$
$$\vdots$$
$$P(4) = e^{-1} = 0.368$$
$$\vdots$$
$$P(8) = e^{-2} = 0.135$$
$$\vdots$$

这说明，在读者排队的情况下，100 次服务中大约有 61 次服务时间将超过 2 分钟，有 37 次服务时间将超过 4 分钟，有 14 次服务时间将超过 8 分钟……等等。

（3）不考虑回避和放弃这两种情况。在实际排队的场合，并

不完全像前面所说的那样理想,常常发生被称之为"回避"和"放弃"这两种现象。我们经常看到,在服务设施前来等候服务的读者可能认为队列排得太长,于是不肯排队而离去;或是已经排了队,由于等候时间过长而不耐烦,最后决定不再排下去而离开了排队系统。在单线服务排队模型中是不包括这两种称为回避和放弃的现象的,即不考虑这两种特殊情况。

满足上述三个条件的单线服务排队模型,有下面几个特征量是特别重要的,在实际运用中可以用这几个量来估计排队系统的效果。其计算公式(省略推导)如下:

(1)服务系统被占用的平均时间

$$\rho = \lambda / \mu$$

(2)系统内读者的平均人数(包括正在排队或正在接受服务的读者)

$$L = \rho / 1 - \rho$$

(3)系统内排队等待的读者平均数

$$L_q = \rho^2 / 1 - \rho$$

(4)一个读者在系统中平均等候时间(包括服务时间)

$$T = 1 / \mu - \lambda$$

(5)系统中恰有 n 个人的概率

$$P_n = (1 - \rho) \rho^n$$

例如,某图书馆咨询服务台只有 1 人服务,每小时平均有 4 位读者随机的、独立的要求服务,咨询员每小时能服务 10 人。如果读者到来服从泊松分布,服务时间服从指数分布,即本咨询系统是单线服务排队系统。请求出(1)系统被占用的平均时间;(2)系统空闲的概率;(3)有 3 个读者的概率;(4)系统中平均读者人数;(5)系统中排队等待的读者平均数;(6)一个读者在系统内平均等待时间(包括服务时间)。

解答:

（1）系统被占用的平均时间

$$p = \lambda / u = \frac{4}{10} = 0.4$$

（2）系统空闲的概率

$$P_0 = (1 - \rho)\rho^0 = 1 - \rho = 1 - 0.4 = 0.6$$

（3）系统中有 3 个读者的概率

$$P_3 = (1 - \rho)\rho^3 = (1 - 0.4) \times 0.4^3 = 0.038$$

（4）系统中平均读者人数

$$L = \frac{\rho}{1 - \rho} = \frac{0.4}{1 - 0.4} = 0.67(人)$$

（5）系统中排队等待的读者平均数

$$L_q = \frac{\rho^2}{1 - \rho} = \frac{0.4^2}{1 - 0.4} = 0.267(人)$$

（6）一个读者在系统内平均等待时间

$$T = \frac{1}{\mu - \lambda} = \frac{1}{10 - 4} = \frac{1}{6}(人)$$

很显然，上述计算的各数值，已经能够提供该系统是否最优化的数量信息，这些信息可以使主管人员考虑是否采用什么有效措施或是保持原状。

上面的例子里，我们曾假定咨询系统符合单线服务排队模型，但图书馆中的实际排队系统符合不符合单线排队模型要通过对实测数据的检验才能确定。这个检验分两步，第一步要检验读者到达服务系统是否符合泊松分布；第二步要检验服务系统的服务时间是否符合指数分布。我们知道，检验实测数据符合哪一个理论分布（即拟合优度）最好的方法是 x^2 检验。但由于泊松分布的平均数和方差相等，指数分布的平均数与标准差相等，所以检验实测数据是否服从这两个分布的方法就变得简单了。如果一组实测数据的平均数等于方差，则该组数据服从泊松分布；如果一组实测数据的平均数等于标准差，则该组数据服从指数分布。经过检验，如果一个排队系统中,其读者到达情况的实测数据符合泊松分布,而服务时间的实测数据符合指数分布,不考虑回避和放弃的情况下,这个排队系统就可以用单线服务排队模型来描写了。

如有一个特定的排队系统,在全部服务时间里不符合单线排队的模型,我们可以考虑把这个排队系统化为符合单线排队模型的系统。例如,可以把全部时间分成几个时间段,使每个时间段内成为单线排队系统,于是在每个时间段上就可以运用单线排队模型了。

单线排队模型必须在"稳定状态"下使用。所谓稳定状态是指当系统运行了一段时间后,初始状态的概率分布的影响消失,系统的状态概率分布不再随时间的变化而变化。对于实际问题而言,排队系统将很快趋于稳态。例如,出纳台前,每天早晨工作开始时无人排队,这就是初始状态,以后逐渐变化,形成稳定的状态,这个"稳定状态"不用多少时间就能达到。

参考文献

1. 赵云龙. 建立图书价格的数学模型的一种方法. 晋图学刊, 1989(3): 10 ~ 12

2. 王崇德. 我国图书出版趋势的一个数学模型. 图书情报工作, 1986(2): 8 ~ 10

3. 王崇德. 科技期刊订户的研究. 图书情报知识, 1983(3): 7 ~ 13

第十六章　文献计量学方法

一、概述

　　文献计量学是用定量的方法研究文献规律的科学。文献计量学是以几个经验定律为基础建立起来的。这几个经验定律构成了文献计量学的核心，是其最基本的内容。

　　文献计量学的产生和发展，为图书馆学的理论研究开辟了新的方向，为定量地研究图书馆学创造了新方法，为图书馆学的深化和发展作出了新贡献。文献计量学的出现以及社会计量学、经济计量学的出现，推动着整个社会科学向着严密精确科学的方向前进了一大步。

　　文献计量学本身是一个独立的学科，同时，它所使用的研究方法已经成为图书馆学及其它科学的一种研究方法。在图书馆学研究中，文献计量学研究方法还是使用较多的，其主要方向有两个：一个是对经验定律本身的深入研究，完善和改进这些经验定律，使其更具普遍性，并阐述其意义和局限性及使用时的注意事项；另一个是应用研究，将这些经验定律应用于图书馆学（及其它科学）的研究中，对文献的运动规律有更深刻的认识，以指导工作实践。这后一个研究方向是我们图书馆实际工作者最需要的。从这一点来说，文献计量学方法就是应用这些经验定律的基本思想以及总结出这些定律的方法，去认识、总结文献产生和流通中的特征和规律的方法。

文献计量学方法采用数学语言，进行定量分析，其对规律的表现是数学公式或图形，对问题的陈述及计算都采用简明的数学符号，从而简化和加速了思维过程，具有深刻的描述性能和高度的概括能力。

文献计量学方法也是以大量的统计资料为依据的，但在处理这些资料时采用了与一般统计方法不同的处理方法。这种方法就是从统计资料中寻求公式化的规律性。特别是布拉德福等人使用了等级分布法，将文献划分若干等级来进行研究，从而揭示了文献的特殊统计规律——等级分布规律，使统计分析技术有了新发展。文献计量学方法描述的量很多。一切与文献有关的量都可以用文献计量学方法来研究，如图书量、期刊量、著者量、读者量、借阅量、机构量、文献复制量、引文量、文摘量、关键词量、叙词量等等。

文献计量学方法所分析的统计资料除了从实践中获得外（这当然是非常重要的！），还可以从各种类型的书目、文摘、索引以及各种目录、题录、指南、述评等等文献上获得研究资料。这些资料都是很容易搜集的。

目前，文献计量学方法还在发展和创新，新的应用途径不断出现，解决问题的广度和深度越来越大。图书馆界越来越多的研究者开展了文献的定量研究，已经建立了一些新的概念和数学模型，其前景是非常乐观的。

二、文献计量学的经验定律

1. 文献分散规律——布拉德福定律

我们知道，某学科的文献大量地相对地集中在一定数量的期刊上，而其余的文献则分散在其它大量的相关期刊上，这就是文献的分散现象。定量地描述文献分散规律的就是布拉德福定律。这个定律的表述有三种形式：区域表示、图像表示和公式表示。

（1）区域表示　如果将科学期刊按其刊载某个学科主题的论文数量,以递减顺序排列起来,就可以在所有这些期刊中划分出载文率最高的核心区域和包含着与核心区域同等数量论文的随后几个区域,这时,核心区和后继各区中所含期刊数成 $1:a:a^2:\cdots(a>1)$ 的关系。

例如,布拉德福当年统计的期刊数和论文数如表 16.1 所示。他将期刊按其刊载的论文数以递减顺序排列后,分成三个区(1 区为核心区),这三个区的论文数量几乎相等,于是有

$$5:59:258\approx1:5:5^2(a\approx5)$$

表 16.1　　布氏定律的统计数字

区	期刊数量	论文数量
1	9	429
2	59	419
3	258	404

（2）图像表示　如果用横坐标表示按载文率递减排列的期刊的顺序号(或期刊数) n 的对数,用纵坐标表示上述排序的期刊内论文的累计数,我们可以绘制出布拉德福定律的图像表示——布拉德福分散曲线(见图 16.1)。

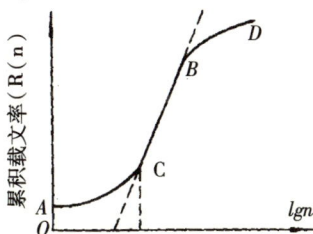

图 16.1　布拉德福分散曲线

我们看到,布拉德福分散曲线由三部分组成,先是一段上升的曲线 AC,然后是一段直线 CB,最后是下垂的曲线 BD。

(3)公式表示 布拉德福定律的公式表示为:

$$R(n) = \alpha n^{\beta} \qquad (1 \leqslant n \leqslant C)$$

$$R(n) = k\log(n/s) \qquad (C \leqslant n \leqslant N)$$

式中 $R(n)$——论文累计数;

$\qquad$ n——期刊等级排列的序号;

$\qquad$ α、β、κ、s 都是常数;

$\qquad$ N 为期刊总数,C 见图 16.1。

2. 著者分布规律——洛特卡定律

洛特卡定律揭示了著者与其所著文献数量的关系,描述了科学生产率问题,即科学工作者论著的数量问题。

洛特卡定律可以表述为:在某一时间里,具有论文数 x 的著者频率 y 与 x^n 成反比,即

$$y(x) = \frac{c}{x^n}$$

式中 y——生产 x 篇论文的著者频率。

x——论文数。

c——某主题领域的特征常数(对物理学和化学,$c \approx 0.6$)。

n——常数(对物理学和化学,$n = 2$)。

例如,对物理学和化学来说,写过一篇论文的著者有 100 人,即 $x = 1$,$y = 100$;那么写两篇论文的著者数就是 25 人;写过三篇论文的著者就是 11 人,如此等等。

3. 词频分布规律——齐夫定律

齐夫定律可表述为:如果把一篇较长文章(5000 字以上)中每个词出现的频次按照递减顺序排列起来(高频词在前,低频词在后),并用自然数给这些词编号,则有

$$fr = c \qquad \text{或} \qquad f = c/r$$

式中　f——表示词在文章中出现的频次。

r——表示词的等级序号。

c——常数。

例如,某一篇文章中,出现频次最高的词即 1 号词,其频次为 3000,即 $r=1$,$f=3000$;则依次有 $r=2$ 时,$f=1500$;$r=3$ 时,$f=1000$;$r=4$ 时,$f=750$;$r=5$ 时,$f=600$;如此等等。

4. 文献增长规律——普赖斯曲线

科技文献的增长规律可用下式描写:

$$F(t) = ae^{bt}$$

式中　　　$F(t)$——表示时刻 t 的文献量。

t——表示时刻。

a——统计初始时刻($t=0$)的文献量。

b——持续增长率。

e——自然对数的底($e=2.718\cdots\cdots$)。

例如,在某一初始时刻,科技文献量为 $a=10000$ 件,增长率为 10%,那么 10 年后文献量将是

$$F(10) = 10000e^{0.1\times10} = 27183(件)$$

文献增长规律如果用图像表示,就是一条指数曲线,此称普赖斯曲线(见图 16.2)。

实际上,由于多种原因,文献增长不可能无限继续下去,所以文献增长的逻辑曲线更符合客观实际一些。文献逻辑增长的公式是

$$F(t) = \frac{K}{1 + ae^{-bt}}$$

式中,$F(t)$ 代表时刻 t 的文献量,K 为上限,即文献增长的最大值。

文献增长的逻辑曲线如图 16.3 所示。

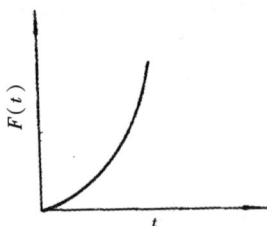

图 16.2　普赖斯曲线

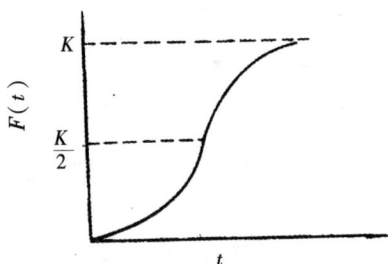

图 16.3　逻辑增长曲线

逻辑增长曲线表明,在科学文献增长的初始阶段,符合指数增长规律,当文献增长至最大值 K 的一半时($K/2$),其增长率开始变小,最后缓慢增长,并以 K 为极限。

5. 文献老化规律——巴顿—凯普勒方程

以前很有价值的文献,随着时间的推移,日益变得陈旧过时,因而越来越少地被科技人员所利用,这就是科学文献的老化现象。

描述文献老化规律的公式是

$$y = 1 - \left(\frac{a}{e^x} + \frac{b}{e^{2x}} \right) \qquad (其中 \quad a + b = 1)$$

式中 y——现时正被利用的某学科或某主题文献的相对数量。

x——表示时间,以 10 年为单位。

此方程称为巴顿—凯普勒方程。

另外,布鲁克斯提出如下公式:

$$y = ae^{-bx}$$

式中 y 是文献量; x 是时间; a 是常数,随学科不同而异; b 为老化率。

为了描述文献老化速度,人们常用文献"半衰期"这样一个概念。文献半衰期的定义是:现有正在被利用的某学科文献中 50% 的出版年限,叫做这个学科文献的半衰期。

例如,如果某学科文献的半衰期是 10 年,那就意味着现有正在被利用的该学科文献有 50% 是在 10 年内发表的。

这个定义从文献使用年限上刻画了文献老化程度。

以上介绍了文献计量学的 5 个经验定律,值得指出的是,这只是它们的基本形式(或常见形式)。后来,学者们提出的一些修正形式一般都比较复杂,目前图书馆界使用得也较少,这里就不赘述。

三、使用文献计量学方法应注意的问题

1. 必须深刻领会各经验定律的内容实质

每个经验定律都有自己独特的产生环境,产生过程,适用范围和局限性;每个定律都是对少数学科文献特征的大量统计结果而由特殊情况推出一般性规律,所以每个定律都带有产生这个规律时的原始痕迹。我们在利用文献计量学方法时,必须细致深刻地领会这些经验规律的内容实质,细致深刻地吃透这些定律的基本精神,不能对定律的内容一知半解就生搬硬套,那样是很危险的。例如齐夫定律对高频词和低频词就不适用;洛特卡定律只是由物理、化学两学科文献的统计结果导出的,对其它学科也有不适用的情况;布拉德福定律的文字描述与图像描述存在着差异等等。所以,我们要全面领会各经验定律的内容,只有把定律的内容搞清楚

了,应用起来就得心应手了,就会得出科学的结论。

2. 必须精于掌握总结出各定律的方法

经验定律的内容中都包含了产生这些定律的方法因素。我们利用文献计量学方法就是利用文献学家们总结这些定律时所采用的方法。例如,如果我们利用布氏定律来确定某学科的核心期刊,基本方法是,进行大量的该学科文献资料的统计;然后等级排列统计数据;最后分析统计数据的相互关系,这时可以用区域分析法,将数据分成几个区,也可以用图像分析法,画出布拉德福分布曲线,从而确定出核心期刊。这个方法就是布拉德福当年总结文献分散定律使用的方法。我们利用文献计量学方法进行图书馆学研究时,主要是以这些定律为指导,从实测数据出发,利用其研究方法得出规律性的结论。

3. 必须认识经验定律描写文献特征是近似的

经验定律是由实际统计资料得出的,没有经过严格的理论论证,特别有些结果还互相矛盾,所以利用这些定律得出的结果都是近似的,或者说从数学角度看是不精确的。例如,布拉德福在其导出文献分散定律时使用的数据就是近似的,三个区的论文数并不完全相等,期刊数三个区的比也不是严格的 $1:5:5^2$(见表16.1)。文献老化定律也只能概括一般情况,描写了一般发展趋势,对许多特殊情况是不适用的。例如,有的一次文献进入了二次文献,利用率并无减小;牛顿三定律已经进入中学课本,而课本的利用率最高;有的文献不但不老化,而且越老,利用价值越大。此外,文献利用是以文献是否被引用和借阅量大小为基础,这也是不准确的。有的文献被利用了却没有作引文;有的文献并没有被认真阅读,却出现在引文中;借阅的文献没有利用就还回的情况也是屡见不鲜的。这些因素都影响文献老化定律的准确性,使它不能像自然科学定律那样在数学上严格的准确。洛特卡定律也只是"科学生产率"的一般理论估计,不是一个精确的统计分布。$y(x) = c/x^n$ 中的 n 就是个近似值,对物理学来说,它等于 2.021,对化学来说,它是 1.888。这些情况告诉我们,经验定律是近似的,使用时,要根据具体情况进行具体分析。如果在实际运用时,发现某些统计结果不符合经验定律,就要认真分析原因,看这种不符合是否有道理,如果差异是合理的,那就要接受它。

4. 运用经验定律进行未来预测要慎重

经验定律有一定的适用范围,如果越出这个范围,就要十分慎重。例如,文献的指数增长曲线和逻辑增长曲线,对以往历史年代的文献增长情况的描写都相当符合,但对未来年代的预测就不一定准确。如果按这两个曲线预测,在许多年之后,文献可能增长为无限多(指数增长曲线)或不再增长(逻辑增长曲线),这实际上是不可能的。再有,用洛特卡定律预测著者数量及文献数量也要谨慎从事。

四、文献计量学方法的应用

如上所述,由于文献计量学方法应用的对象很多,而且搜集统计资料也十分方便,所以文献计量学方法能够解决的科研课题也是多方面的。自从经验定律产生以后,对经验定律本身的研究,包括阐述产生背景意义,内容的修正、检验,各参数的计算以及适用范围等方面的研究一直在进行。当前我国学者在这方面的研究也十分活跃,但是这种研究由于站的位置较高,理论性较强,大多数图书馆工作者并没有涉足。一般图书馆工作者主要是应用经验定律所提供的方法,进行实际工作中存在的课题研究,并用所得结果直接指导自己的工作。这里的介绍也只侧重于这后一方面的应用。

1. 核心期刊的测定

由于订购经费不足,存放空间紧张,管理人员缺乏,各馆都希望以较小的代价得到较大的文献量。不少人觉得以往凭经验或请专家选刊不能令人满意,而用文献计量学方法可以获得令人信服的结果。

根据布拉德福定律,我们知道,某一学科的文献在期刊中既集中又分散,即某些少数期刊载文量特别高,而大量的期刊载文量较低,载文量特别高的期刊是核心期刊,而载文量较低的大量期刊是相关期刊或边缘期刊。用布氏定律的方法,找出核心期刊,作为订购的必保期刊,根据需要和可能适当地订购相关期刊,就可以最大限度地满足读者的需求。当前,已有不少学者发表了这方面的研究成果,一些图书馆已经付诸实践,并取得了可喜的效果。

2. 馆藏管理的研究

各图书馆库房紧张是个普遍的问题。近年来许多新馆落成,暂缓了紧张的程度,但人们很快发现,随着图书的逐年增加,库房紧张问题很快又会出现。解决这个问题虽然有许多途径,但是采用"三线典藏制度"确是一个值得提倡的方法。如果我们把图书的流通次数进行统计,然后按流通次数从次数多到次数少进行等级排序,再分成三个区,使每个区图书流通的总次数相等。这样一来,第一区为核心区,即少量图书流通频次极高,作为一线藏书,开架借阅;第二区为相关区,流通频次也较高,作为二线藏书,半开架借阅;第三区为边缘区,流通频次较低,作为三线藏书,紧密排架,闭架借阅,单设库房或排架于离出纳台较远的位置。应用文献计量学方法划分图书成三个区以实现"三线典藏制度",要比其它方法更符合实际,既保证了正常流通,又缓和了库房紧张的压力。

3. 其它应用

利用布氏定律研究出版社出版专著的情况确定核心出版社,以指导采购工作。

利用文献老化定律研究文献老化情况,主要通过半衰期的计算来确定每类文献的老化速度,以指导馆藏的组织管理(例如安排架位)和文献的剔除工作。

利用洛特卡定律研究著者的分布规律及预测著者数量、文献数量,便于掌握文献增长趋势,以指导文献管理工作和理论研究工作。

利用齐夫定律研究词频分布,可以指导词表的编制和文献标引工作,也可以研究文档的构成和指导情报检索工作。

五、应用举例

例1. 确定纺织学科的核心期刊[1]

确定核心期刊的方法很多,利用布拉德福分散定律确定核心期刊是最好的方法之一。

取1983年全年的《Textile Technology Digest》(纺织工艺文摘)这个在纺织学科很有代表性的检索刊物作为统计对象。用它的文摘条目来统计各种来源期刊的被摘篇数。经统计,《纺织工艺文摘》1983年全年共摘期刊395种,摘论文8365篇。利用布拉德福等级排列技术,将来源期刊按被摘篇数从多到少的顺序排列,再计算期刊的累计载文量 $R(n)$ 和 lg$n$ 等数据,得表16.2。

我们采用布氏图像分析法。以 lg$n$ 为横坐标,以累计载文量 $R(n)$ 为纵坐标,将表16.2的数据画在图上,得出纺织文献的布拉德福分布曲线,如图16.4所示。分布曲线以 A 点(643篇文献)为起点,从 A 至 C 是曲线,到 C 点变为直线,到 B 点开始下降。AC 段为核心期刊,共21种;CB 直线部分为相关期刊,共132种;BD 部分为边缘期刊。所以纺织学科的期刊的采购方针应是核心期刊21种必订,相关期刊132种可根据经费情况酌情订购适当数量,边缘期刊不订,通过馆际互借或复印方式解决所需的文献。

表 16.2　纺织学科文献在期刊中的分布

序号	各级载文量	各级期刊数	各级载文总量	累计期刊数 n	累计载文量 $R(n)$	lgn
1	643	1	643	1	643	0
2	224	1	224	2	867	0.3010
3	204	1	204	3	1071	0.4771
⋮	⋮	⋮	⋮	⋮	⋮	⋮
12	110	2	220	13	2246	1.1461
⋮	⋮	⋮	⋮	⋮	⋮	⋮
81	2	42	84	294	8264	2.4684
82	1	101	101	395	8365	2.5966

我们还可以根据表 16.2 的累计载文量 $R(n)$ 分别计算出 60%、80% 文献量所订期刊数,以供订购期刊的参考。经计算,订购前 50 种期刊就可得 60% 的文献量,订购前 97 种期刊,可得到 80% 的文献量。

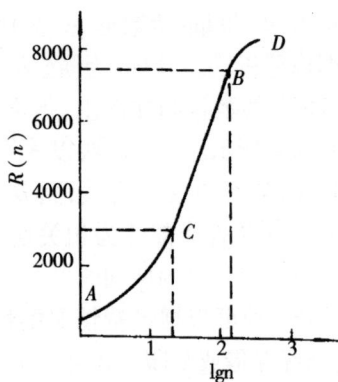

图 16.4　纺织文献的布氏分布

如果用布氏定律区域法来确定核心期刊,其作法如下:

将表 16.2 中的数据分成三个区,则有表 16.3。从表 16.3 我们看到,载文量基本相等的各区的期刊数之比并不是 $1 : \alpha : \alpha^2$。这个结果与布拉德福区域划分方法所得结论不符合。产生这种差异的原因可能是多方面的,一个是布氏定律本身的局限性,一个是统计数字可能有偏差。但从订购期刊的角度看,上述区域划分同样有参考价值。从表 16.3 可知,核心期刊 17 种,与图像法的结果核心期刊 21 种相差不大;如订购期刊 $17 + 46 = 63$ 种,可得总文献量的 63% 。

表 16.3 区域法分析

区	期刊数	载文量
1	17	2764
2	46	2883
3	332	2798

通过以上分析和计算,已经可以看出,用文献计量学方法确定核心期刊,从方法到结果都有相当的可靠性。当然如果应用于具体采购工作,还需考虑本馆读者的外文文种和借阅统计情况,以及与其它方法测定核心期刊的结果核对之后,才能最后定下本馆纺织学科文献的收藏范围。

此外,用布拉德福定律确定电气工程领域中的核心期刊[2]也是很成功的。

例 2. 我国情报科学论文著者的洛特卡分布[3]

表 16.4　五种期刊中作者分布数据

篇/人 x	人数 y	论文数
1	1105	1105
2	235	470
3	95	285
⋮	⋮	⋮
12	4	48
13	2	26
14	1	14
⋮	⋮	⋮
18	1	18
19	1	19
合计	1593	2883

　　选择目前国内影响较大,足以反映我国情报科学学术水平的五种期刊:《情报学报》(1982 ~ 1985),《情报科学》(1980 ~ 1985),《情报学刊》(1980 ~ 1985),《图书情报工作》(1980 ~ 1985,仅选其中情报科学的论文),《科学情报工作》(1979 ~ 1985),统计其著者数及其所著的论文数,数据及其整理结果如表16.4。

　　洛特卡定律的公式是

$$y(x) = \frac{c}{x^n}$$

我们的任务就是确定常数 n 和 c。

　　为确定常数 n,将上式两端取对数,得

$$n\log x + \log y = \log c$$

用最小二乘法,其公式为:

$$n = \frac{N\Sigma XY - \Sigma X \cdot \Sigma Y}{N\Sigma X^2 - (\Sigma X)^2}$$

式中　N 为被考察数据对的数量。

$$X = \log x \qquad Y = \log y$$

去掉表 16.4 中高产著者,即去掉写出 13 篇以上论文的著者数,并计算 X、Y 等有关数据,如表 16.5 所示。

$$\therefore \quad n = \frac{N\Sigma XY - \Sigma X \cdot \Sigma Y}{N\Sigma X^2 - (\Sigma X)^2}$$

$$= \frac{12 \times 9.6844 - 8.6810 \times 17.0736}{12 \times 7.4647 - (8.6810)^2} = 2.2511$$

表 16.5　n 值计算数据

x	y	$X = \log x$	$Y = \log y$	XY	X^2
1	1105	0.0000	3.0433	0.0000	0.0000
2	235	0.3010	2.3710	0.7136	0.0906
3	95	0.4771	1.9777	0.9435	0.2276
$\vdots$	$\vdots$	$\vdots$	$\vdots$	$\vdots$	$\vdots$
7	14	0.8451	1.1461	0.9685	0.7141
$\vdots$	$\vdots$	$\vdots$	$\vdots$	$\vdots$	$\vdots$
12	4	1.0791	0.6020	0.6496	1.1644
Σ		8.6810	17.0736	9.6844	7.4647

为了确定常数 c,我们应用公式

$$c = 1 / \sum \frac{1}{x^n}$$

而 $\displaystyle\sum_{x^n}^{\infty} \frac{1}{x^n} = \sum_{x=1}^{p-1} 1/x^n + 1/(n-1)p^{n-1} + 1/2p^n + n/24(p-1)^{n+1}$

(其中　$p = 20$)

由于　$n = 2.2511$,则有

$$\sum 1/x^{2.2511} = \sum_{x=1}^{19} 1/x^{2.2511} + 1/1.2511(20^{1.2511}) + 1/2 \times 20^{2.2511} +$$

$2.2511/24 \times 19^{3.2511} = 1.4551$

$$\therefore \quad c = 1/1.4551 = 0.6872$$

我国情报科学论文著者的洛特卡分布为

$$y(x) = 0.6872(1/x^{2.2511})$$

经 $K-S$ 检验,证明我国近年来情报科学论文著者的分布符合洛特卡定律。

例 3. 计算文献的半衰期[4]

中国矿业大学图书馆 1989 年 3 月～1990 年 1 月实测了采矿、地质、建筑、计算机、经济等五大类图书的流通情况,根据文献老化的规律,计算了文献的半衰期,其具体作法如下:

1. 将当年读者还回的上述五类图书进行书龄登记,即登记每册书的出版年限。

2. 统计各年龄区图书被利用的总册次。如 1988 年出版的采矿类图书借阅数为 140 册次。

3. 计算每一年龄区图书利用册次占本类图书借阅总册次的百分比。如采矿类 1988 年出版被利用的图书占各年度出版该类藏书被利用总数的 8.3%。

4. 将书龄区的百分比从 1988 年开始依次相加,到 50% 为止,看加到那个书龄区,这个书龄区的书龄即为图书的半衰期。例如,建筑类图书,从 1988 年加到 1985 年,恰好其百分比是 50.4%,该类图书的半衰期即为 4 年。所有统计计算的数据表示在表 16.6 中。利用各类文献的半衰期,可以指导各类图书的补充和剔除。

表 16.6　各类图书利用册次和半衰期

书龄（年）	出版年限	采矿		经济		计算机		建筑		地质	
		利用册次	%	利用册次	%	利用册次	%	利用册次	%	利用册次	%
1	1988	140	8.3	72	11.6	122	8.9	40	11.3	42	11.4
2	1987	180	10.7	146	23.5	209	15.2	51	14.4	45	12.2
3	1986	200	11.9	150	24.1	247	18.0	44	12.5	70	19.0
⋮	⋮	⋮	⋮	⋮	⋮	⋮	⋮	⋮	⋮	⋮	⋮
11	1978以前	170	10.1	6	0.9	6	0.4	8	2.3	19	5.1
合计		1682	100	622	100	1376	100	353	100	368	100
半衰期（年）		4.7		2.6		3.2		4.0		3.5	

参考文献

1. 柴雅凌等. 纺织学科的核心期刊与相关期刊. 大学图书馆通讯, 1986（3）：30 ~ 35

2. 沈关龙. 电力期刊文献分布规律初探. 情报学刊, 1984(2)：31 ~ 33

3. 王崇德. 我国情报科学论文作者的洛特卡分布. 情报学报, 1987(3)：190 ~ 196

4. 刘寿华, 殷勤. 探讨藏书老化规律优化文献资源实体. 黑龙江图书馆, 1991(1)：26 ~ 29

第十七章　引文分析法

科技文献的末尾,普遍列出有参考文献。我们称这些参考文献为引用文献,简称引文,而称文献的正文为著文。当前,文献引用的著录格式已有标准,文后所附参考文献已成为科技文献不可缺少的组成部分,是科技论文的基本属性之一。引文分析法就是通过对引文的统计分析,研究引文与著文的关系以及由它们反映出来的作者、出版社、学科、文献等等之间的相互关系,达到规律性认识的一种定量方法。引文分析法常常用对比、归纳、概括、抽象等逻辑方法或图论、模糊数学以及推断统计等数学方法对统计数据进行分析。但目前,图书馆界的研究者采用除描述统计方法以外的数学方法进行引文分析还相当少见。随着引文分析法的优越性被人们逐渐认识,用该法研究图书馆学课题的学者越来越多,研究的问题越来越广,采用的技术方法也越来越科学。以往一些无法解决的难题,有许多可以用引文分析法来解决。

一、引文分析法的优越性

引文分析法在定量地研究文献规律方面确实有许多优点,认识这些优点,对于掌握和使用这种方法是很有意义的。

1. 应用广泛

引文分析的素材是文末的参考文献,即引文。从理论上讲,由于科学劳动中互相借鉴、继承、参考等特点的存在,引文也就不可避免地普遍存在,也就是说,引文分析法所研究的素材是普遍存在的。从实际情况来看,以期刊论文为例,据统计,世界范围内约有90%以上的科学论文附有引用文献。我国目前88%左右的重要科学论文带有引用文献。图书的书末索引和篇章后的引用文献也日益增多。我们知道,凡是有引文的文献,都可以应用引文分析法进行研究。引文现象的普遍存在,而且引文分析不要求什么先决条件或辅助条件,形成了这一方法的广泛适用性。

2. 简便易行,研究结果令人信服

由于引文醒目地记录在文末,出现的位置固定,所以很容易查找。引文的记录形式也比较统一,有相应的国际标准和国家标准等统一规定格式。引文著录格式的统一和规范,使引用文献反映的信息量也大体上一致,所以便于归类、统计和整理,这给引文分析提供了方便的条件。而且引文的分析方法多采用简单的比较方法,也很容易掌握。对于大型的研究课题,尚有《科学引文索引》等工具书可以利用。

引文分析的结果不容易产生分歧。因为它是对引文有根有据的数量统计,并就统计数字进行分析。引文和著文之间的关系、引文和引文之间的关系以及著文和著文之间的关系一目了然,分析的结果有很强的说服力,容易使人信服。

3. 考察的深度和广度很大

从表面上看,引文只是著文的附属物,放置的地位也很次要,但是不但引文和著文之间有亲密关系,而且各引文之间以及著文之间都存在亲密的关系。这种关系是由作者的多种多样的引用动机所造成的。加菲尔德分析了文献被引用的原因,有十五种之多[1],我们摘录 8 种如下:

(1)寄先驱者学术成就以敬意。

(2)对已有的成果表示赞赏与褒扬。

(3)核对已经应用过的方法和仪器。

（4）提供著文以外的、更为广泛的阅读资料。

（5）对自己以前工作的修正、补充和深化。

（6）对他人的工作加以反驳、批判与更正。

（7）评论前人工作的成就，优点与缺点，成就与不足。

（8）为自己的主张提供文献依据和支持。

仅就上述8种引文动机就可以看出，作者引文的目的是十分复杂的。这样一来，我们可以通过引文的分析来考察深层次的人们的心理动态及广大范围内的国家、地区、团体、机构、作者等的相互关系。

4. 自引可以反映著者的研究方向

在引文行列中常出现引用作者自己的著作，亦即著文和引文的作者相同，这种引用现象称为自引。自引行为分两种，其一是直接自引，即著文的引文中出现了著文作者的文献，这种自引很普遍；其二是间接自引，即著文的引文中有他人之作，但他人之作又引用了著文作者的文献，这种自引较少。自引反映了科学劳动的连续性，反映了著者自己前进发展的道路，反映了著者的研究方向及研究过程。自引不但是著作个人的行为，也是国家、科学机构、科学学科、科技期刊的行为，所以我们可以通过自引来考察自引主体的动机和行为。

二、引文分析法的局限性

引文分析法的局限性来源于作者的引文动机和行为。这些引文动机和行为使引文分析不能充分达到我们的预期效果。

1. 引文不能完全反映文献利用程度

文献被引用了，不一定就是文献被利用了，因为有些引文并不是作者都认真阅读了。有些文献没被引用，不一定就是没有被利用过，因为有些文献虽被作者阅读了，消化了，甚至被融入著文之内，但却没有作成引文；有时也可能是期刊编辑部（由于期刊篇幅限制)给删掉了。有的引文是参考其全文内容,有的引文是参考了其部分内容,也有的只是注明一句话、一个数字的出处,但它们却同样被当作一篇引文来统计,其利用程度显然是不同的,如此等等。可见引文不能完全反映文献被利用的程度。

2. 引文不一定能充分反映文献的质量

文献的作者主要引用个人收藏的文献,其次是引用作者单位收藏的文献,再次才是其它单位的文献。这种情报源越近,引用的可能性越大的情况,就不能保证引文都是质量高的文献。离作者较远的、质量高的文献却得不到利用和引用。特别是一些外文文献,由于作者外语水平的限制,也常不被利用和引用。于是形成了质量高的文献不一定被引用,而质量低的文献也不一定不被引用,所以引文不一定充分反映文献的质量高低。

3. 引文存在虚假现象

有的作者由于感情、友谊、爱好等原因,进行片面引用,如引朋友的不引对手的,引师长的不引学子的,引死人的不引活人的等等,即因人而异作引文;有的作者为炫耀自己的学识而大量引用文献;也有的把自己低劣的文献资料作大量自引,以夸耀于人……。这些现象都影响了引文分析的质量。

由于上述原因,在使用引文分析法时要注意和其它方法得出的结论相核对、相佐证,使其得出的结果更可靠。

三、引文分析法能解决的问题

1. 通过著文的总引文量和平均引文量的分析,可以看出某学科的科研人员情报吸收能力的高低;在与其它学科进行对比时可以看出该学科科研活动的活跃程度。

2. 通过著者的作品被引次数的多少,可以评价著者的学术水平和影响范围的大小。某一作者的著作被引次数多,说明这个著者在学术界影响大或其研究课题是国内外学术界的重点课题。

3. 通过作品的被引次数的多少,可以评价该著作的学术价值和在学术界受重视的程度,以评价作品的优劣。

4. 通过期刊的被引次数多少的分析,可以评价期刊的质量,确定核心期刊和相关期刊,以指导期刊的采购工作。

5. 通过引文的来源和文献类型的分析,可以看出某学科科研人员的信息来源主要是什么类型的情报源,是期刊、图书还是会议录及其它文献类型,对文献收藏和指导读者阅读有指导作用。

6. 通过引文的语种分析,可以看出某类科研活动主要阅读什么语种的文献;可以看出某学科科研人员熟悉何种外语,不熟悉何种外语;可以看出各个语种文献的水平高低和科学发展的水平高低。对确定馆藏文献的语种重点有指导意义。

7. 通过引文时间分布的分析,可以了解国家、地区各个时期的科学发展情况乃至政治、经济、文化的发展状况;了解一个学科科研活动的历史和规律;可以计算出文献的"半衰期",了解文献的老化情况。

8. 通过作者自引量的分析,可以了解某学科有多少作者的研究方向持续而稳定,可能成为某一方面的专家;了解科研人员的成长状况。通过期刊自引量的分析,可以看出某种期刊的重要程度及其在同类期刊中的地位和作用。

9. 通过学科之间相互引文的分析,可以看出学科之间关系的亲密程度;可以看出各学科研究力量的强弱和发展的快慢程度。

10. 通过几个学科文献的引文分析比较,可以看出各学科特征的异同,可以追溯学科的背景和渊源。

此外,还有许多用引文分析法进行的专题研究,诸如:考察科学技术发展的趋势[2];考察机构、地区、国家的情报能力[3];了解情报活动的习惯[4];了解科学劳动的形态[5]和情报交流的情况[6]等等。总之,由于引文分析法的广泛利用,用引文分析法研究的课题也在不断增加,新的课题不断涌现,许多研究人员正向新的研究

314

领域进行探索。

四、使用引文分析法应注意的问题

1.必须认真选择统计文献。使用引文分析法必须首先选择具有引文的文献作为统计研究的对象,如期刊,论文集,图书等等。就期刊而言,可以选某学科的一种期刊或几种期刊,可以选两个学科以至多学科的期刊,也可以选一个地区(国家)或几个地区(国家)的某类期刊或几类期刊。不管选择何种期刊都要认真分析所选期刊在本地区、本学科或本研究领域有无代表性和典型性。因为只有具有代表性和典型性的期刊才能使分析结果令人信服。

2.引文的统计量必须是足够大的

我们进行的是引文的统计分析,分析的对象必须有相当大的数量。少量的引文统计是没有意义的。引文的统计量越大,分析结果的可靠性越大,和实际情况的偏差就会越小。所以进行引文各著录项目的统计时,必须有足够大的数量才行。

3.要运用好逻辑分析方法

一些研究者有了统计数字,却不知道如何分析,看不出这些统计数字说明什么问题,这就是因为没有掌握好逻辑分析的方法。引文分析中大量地采用了对比方法,有引文量对比,文献类型对比,文种对比,自引量对比,半衰期对比以及文献增长趋势的对比等等;还有学科之间,地区、国家之间及著者之间的对比,有本研究课题内量的对比,也有与已有研究成果的对比。研究者不仅要掌握好这些对比,还要进行因果分析。在有条件时,还可以对引文数据进行统计推断[7]或用图论、模糊数学的方法进行分析。总之,研究者必须掌握好各种分析的方法。当前,图书馆界的研究者主要还是掌握好逻辑分析方法,要具有一定的逻辑分析能力。

五、引文分析法的步骤

1. 确定研究课题

与其它研究方法一样,引文分析的第一步也是确定研究课题,就是要确定一个能用引文分析方法来研究的课题。

2. 选择合适的文献

根据研究课题的需要,选择一种或几种文献(一般是期刊)作为统计分析的对象。要求这些文献必须有足够量的引文,且引文著录的项目比较完备,著录格式比较统一。如果是为了研究几个学科的对比,则选各学科的文献要对等。如果是多学科综合研究,则必须选择各学科的足够的文献。

3. 进行引文统计

根据分析的目的和引文的著录项目拟定统计的内容,设计几种统计表格,然后按引文的著者,篇名,引文的来源文献、出版时间等几个方面,分别记录,进行合计并排序;计算出必要的百分比等等,以备分析时使用。

4. 分析

按照统计数字的顺序和百分比,用对比、归纳、概括和抽象等方法对数据进行分析,特别是因果分析,从中得出结论。也可以对数据进行等级排列,用布拉德福定律进行分析;还可以用推断统计、图论、模糊数学等数学方法进行更深入地研究。

5. 结论

最后列出主要结论,作为本课题的研究成果。

六、引文分析法应用举例

例1.《地震学报》的引文分析[8]

1. 选择典型期刊

《地震学报》是中国地震学会主办的学术性刊物,学报发表的地震科技论文,在一定程度上反映了我国地震科研的学术水平和动向。

2.统计数据

将1979～1983年出版的《地震学报》刊载的学术论文以篇为单位统计其引文量;引文作者分布;引文时间分布;引文语种分布;引文的书刊分布;引文在期刊中的分布;自引量及引文在地震学科内的子学科的分布。并将这些数据画出图表。

3.进行分析

(1)引文量分析。《地震学报》1979～1983年共发表科学论文200篇,引用文献1593篇,其中14篇论文没有附引文,引用文献最多的达37篇,平均每篇论文的引文量为8篇弱。这比国际上科技论文的平均引文量要低得多,说明我国地震科学研究工作者对情报吸收量偏低。

(2)引文著者分析。我国地震科技工作者所撰写的论文,被《地震学报》的论文引用256人次,同一篇论文被引用超过10次的有10人,按引用次数的多少排序,他们是:陈运泰、钱培风、顾浩鼎……。这表明我国已经涌现出一批卓有成就的中青年地震科学家。

(3)引文的时间分布。从引文的时间分布可以看出:总的趋势是引文量逐年增加,70年代以后的文献被引次数激增。其主要分析结论为:

①我国地震科学研究兴起于1970年,自70年代后期,地震信息猛增,目前仍保持巨大的年文献量。

②文献发表后10年内被引用的次数占全部被引用数的74%,特别是论文发表后的3～5年内被引用率达到最大值。由此可见,地震学科更新快,科研进展迅速。

③个别引文回溯到70年前,这说明,地震科学的基础理论研究论文有效使用期较长。

④1976年和1979年是引文率峰值年,且引用1976年的文献以海城地震研究论文为主,1979年的引文中偏重于唐山地震研究的论文,这说明,大地震的发生推动了地震科学研究的进展。

(4)引文的语种分布。《地震学报》的英文引文占44.59%,中文占46.3%,中英文占绝对优势。这说明我国地震科研人员中,熟练地掌握英文的人占大多数。

(5)引文在书刊中的分布。《地震学报》引文80.2%来自期刊。图书和内部资料仅占19.8%,说明期刊是我国地震科学最重要的情报源。

(6)西文核心期刊的测定。《地震学报》的引文分布在111种西文期刊上,被引用率最高的有10种,依被引用率高低的次序排列,它们依次是:《美国地震学会通讯》、《地球物理研究杂志》、《皇家天文学会地球物理杂志》……。统计表明,只要订全这十种西文期刊,就可满足目前地震科学研究所需西文文献的一半左右。

(7)自引分析。所统计的200篇论文中,有82篇出现了自引。其中自引一次的有54人次,个别著者自引量达9篇之多,说明这些地震研究者研究方向稳定,有连续性、累积性的科研成果。

(8)引文的学科分布。《地震学报》的引文中,以断层学说、应力分布、地震成因、测震学等为最多,说明这些学科研究力量较强,发表的论文多。而水文化学、地下水位、重力和气象学的引文量很少,说明这些学科的研究力量较弱。

《地震学报》的论文引用其它学科文献的程度偏低。这一方面说明该学科已相对独立,有一定研究基础,另一方面也说明地震学科引进其它学科先进成果较差,横向联系不够,显得有些闭塞。

4.讨论(略)

此外,《光学学报》的引文分析[9]也是单学科期刊引文分析的典型实例,可供借鉴参考。

例2.两学科期刊引文对比分析[10]

选择 1989 年度图书馆学期刊:图书馆学通讯、图书情报工作、大学图书馆学报、图书情报知识和情报学期刊:情报学报、情报资料工作、情报科学、情报学刊等共 8 种进行引文统计。结果是,在总计出版的 44 期中,所刊登的 623 篇论文中共有 2395 篇引文,现分析如下:

1. 引文的数量

图书馆学期刊和情报学期刊的引文数量见表 17.1。从表中数字可知,无论在平均引文量上,还是在附有引文的论文比例上,情报学期刊都高于图书馆学期刊。这表明,情报学研究中的文献情报吸收能力比图书馆学研究中的文献情报吸收能力要强。

表 17.1　引文数量统计

期刊　　　统计量　　　项目	论文总数	附引文的论文数	百分比 %	引文总数	平均引文量	
					刊载论文	附引文的论文
图书馆学期刊	270	105	39	688	2.54	6.55
情报学期刊	353	242	69	1707	4.83	7.05

2. 引文的文种

引文的文种分布见表 17.2。图书馆学、情报学引文的主要文种都是中文,分别占 86% 和 85%。说明两学科研究人员在撰写论文时主要利用本国文献。在外文引文中,两学科多引用英文文献。在外文文献吸收能力上,情报学稍强于图书馆学。

表 17.2　引文文种统计

期刊　　　统计量　　　项目	中文	英文	俄、日文	合计	中文百分比 %
图书馆学期刊	594	93	1	688	86
情报学期刊	1461	233	13	1707	85

3. 引用文献的类型

引用文献类型统计见表 17.3。两学科引用文献类型主要是期刊，其次是图书。两学科研究人员利用图书的比例较接近，但在期刊利用上，情报学研究人员多于图书馆学研究人员。

表 17.3　引用文献类型统计

统计量　　项目 期刊	期刊	图书	资料	报纸	合计	期刊 百分比 %	图书 百分比 %
图书馆学期刊	313	291	74	10	688	45	42
情报学期	961	607	121	18	1707	56	35

4. 引文的年代

引文的年代统计见表 17.4。从表 17.4 可见，两学科引文最多的年限都是在论文发表后的第 2 年和第 3 年，与文献被引用的峰值大约在其发表后的 2—4 年的观点相吻合。

表 17.4　引文年代统计(另有 106 篇引文未标年代)

引文年代	1920 ~1979	1980	81	82	83	84	85	86	87	88	89	合计
引文篇数	158	86	73	103	187	205	254	324	476	363	60	2289

5. 引文的学科

考察全部引文的学科分布(统计表略)，情报学被引用率最高，图书馆学次之。说明两学科的自给能力很强，已初步形成了自己的学科体系。

6. 引文的期刊

全部引文来自 184 种期刊，其中图书馆学期刊 35 种，情报学期刊 21 种。两学科被引期刊占被引期刊总数的 30%。被引 15 次以上的期刊有 10 种，它们依次是：情报学报、情报科学、情报学刊、图书情报工作、情报业务研究、大学图书馆学报、科技情报工作、情报资料工作、图书情报知识、图书馆学通讯。这些期刊是我国图书馆学情报学引文的主要来源，可视为本学科的核心期刊。此外，我们发现，《情报学报》被引次数最多，说明《情报学报》在我国图书馆学情报学研究活动中所占的地位是十分重要的。

7. 结语

（1）在文献引用和吸收量上，情报学期刊高于图书馆学期刊。情报学研究人员引文习惯强于图书馆学研究人员。

（2）两学科研究人员在文献引用中以引用中文文献为主。在外文文献引用上，情报学高于图书馆学，但两学科外文引文普遍偏低。

（3）两学科研究人员引用文献类型主要是期刊和图书。情报学引用期刊多于图书馆学，而图书馆学引用图书多于情报学。

（4）在引文年代上，两学科基本一致。两学科研究人员撰写论文时引用最多的文献是前 2 ~ 3 年发表的文献。

（5）在引文的学科分布上，两学科都比较注重于对本学科文献的吸收与利用，其引文率占引文总数的 59% 。

（6）《情报学报》等 10 种期刊被引用次数最多，说明它们在本学科研究领域中产生的影响较大，可视为本学科的核心期刊。

例 3. 中国科技期刊的引文分析[11]

这是一个采用引文分析法的大型研究课题。它选择国内各学科科技期刊 286 种作为统计基础；引文的统计（共有著文 19992 篇，引文 158846 篇）和数据处理均在计算机上进行；进行了引文量、作者被引情况、期刊论文和图书被引情况、引文的文种分布、引文的文献类型、引文的时间分布、学科之间引证关系等多方面的分析；确定了核心期刊 422 种并得出了一些十分有益的结论。

参考文献

1. Garfield, E. . Citation Indexing – Its theory and application in Science, Fechnology and Humanites. New York: Joth Wiley 8t Sons,1979. 81 ~ 147

2. 杨械. 国外 1982 年引用度量最高的文献及其初析. 图书馆学研究,1984(4):62 ~ 64

3. Garfield. E. . Mapping Science in the Third World. Science and Public Policy, 1983. 3: 112 ~ 127

4. 王崇德. 化学基础研究论文的引文统计与评价. 图书情报工作,1982(2): 6 ~ 13

5. Soper, M. E. . charaeteristics and Use of Peronal Collection. Libr Quar – terly, 1976, 46 (4): 397 ~ 415

6. 王崇德. 我国省际医学情报流分析. 情报科学,1983(3): 6 ~ 16

7. 徐英等. 情报学报引文分析. 情报学报,1985(3)

8. 耿秀英. 中国"地震学报"初探. 图书馆学通讯,1986(1):69 ~ 73

9. 关敏,赵云龙. 中国《光学学报》论文的引文分析,高校图书馆工作,1992(2): 21 ~ 24

10. 王惠翔. 八种图书馆学情报学期刊的引文分析. 世界图书,1991(2): 34 ~ 36

11. 纪昭民等. 中国科技核心文献的分布及其引文分析. 图书报报工作,1990(5): 6 ~ 16

第十八章　系统方法

一、系统及其特性

虽然系统科学在第二次世界大战期间就诞生了,但至今还没有一个统一的关于系统的定义。科学家们从不同的角度来解释系统的概念。系统论的创始人贝塔朗菲给系统下的定义是"处在一定相互联系中与环境发生关系的各组成部分的整体"。我国学者钱学森为系统下的定义是:"把极其复杂的研究对象称为系统,即由相互作用和相互依赖的若干组成部分结合成的具有特定功能的有机整体,而且这个系统本身又是它所从属的一个更大系统的组成部分。"

为了更好地理解"系统"这个概念,我们从各个角度对系统作以说明:

系统是由各部分构成的。系统的组成部分称为要素。所以要素是构成系统的实体,离开要素,系统就不存在。但是系统又不是要素的简单相加,它还包括要素间的关系,要素有机地组织起来才构成系统整体。系统不是孤立存在的,每个系统要受到更大系统的制约,因此系统与要素的区分也是相对的。每个系统对于更大的系统来说,又成为要素,或称子系统。那个更大的系统被称为母系统。

对于每个系统来说,由于处于其他系统的包围之中,受到更大系统的制约,就形成了系统的环境。系统总是在与环境的相互作用中存在的。一方面系统受到环境的影响和制约,要适应环境。另一方面,系统又保持相对的独立性,它要能动地作用于环境,改造环境。

系统是由要素构成的,但系统的性质却不单由要素决定,还要由结构决定。结构是系统内各要素的组织形式,是要素间的关系。系统不是要素的简单堆砌,而是按一定规则组织起来的要素。这个规则、组织形式就是结构。系统通过结构将要素联结起来。各种系统都存在着结构,结构与要素相比,往往是内在的,看不见摸不着的。它不是实在的东西,而是实在物之间的关系。结构直接决定着系统的质,事物的性质直接取决于事物的结构。在系统的发展中,要素是活动的,而结构则是相对稳定的,从而使系统保持稳态,即结构使事物保持质的稳定性。结构是系统与要素间的中介,系统对要素的制约是通过结构起作用的,要素对系统的作用也不是直接的,同样要通过结构这个中介。

结构又可分成不同的层次。在复杂系统里,要素之间的关系不是平列的,而是存在着多个层次,层次是复杂系统中要素与系统、部分与整体之间联系的中介。系统结构的高层次和低层次是包容关系。高层次支配低层次,决定着系统的性质。低层次也不仅仅是被动的、被决定的,它保持着自己的独立性,对系统的高层次和整个系统起着重要的作用。结构的层次使系统更加严谨有序,具有更高的组织水平。

系统都是有特定功能的。系统在特定环境中发挥的作用或能力被称为系统的功能。功能与结构是系统的两个方面。结构是系统的内在构成,功能是系统的外在行为。结构连结着系统与要素,功能联结着系统与环境。结构作为内在根据决定着系统的行为,也就是说,决定着系统的功能。功能当然要受系统要素的制约,但是直接影响功能的是结构。当然,系统对环境的作用不是单向的。

环境受系统的作用后,会把其结果作为信息返回到系统中去,系统根据这些信息,就会调节自己的活动,从而更好地发挥其功能。

在对系统有了比较深刻的了解之后,我们来看系统有什么特性。系统的特性主要有以下四点:[1]

1. 系统的整体性

系统的整体性是指,系统是由各要素按一定结构组织起来的有机整体。系统整体功能大于各部分功能之和。也就是说,要素一旦被有机地组织起来,就不再作为单个要素而存在,它们构成一个整体,这个整体获得了各个孤立要素所不具备的新质和新功能。系统的要素不是作为孤立事物,而是作为系统的组成部分出现和发挥作用的。

系统的整体性要求我们,在进行系统研究时,把着眼点放到系统的整体上来,把具体事物放在系统整体中来考察,要从事物的关系中、相互作用中发现系统的规律性。必须明确,系统整体的改善,不是由各要素的改善累积起来形成的,而是在整体性原则的指导下,由处理好各要素、各部分的关系获得的。整体的保存和发展才能有部分的保存和发展,部分必须服从整体。为了保存整体,就要调整各部分的比例关系,在必要时还要舍弃某个或某些部分。必须明确,从系统的整体性考察系统是系统方法的出发点。

2. 系统的关联性

系统的关联性是指,系统的要素之间,要素与系统整体之间,系统与环境之间存在着相互制约、相互影响且不可分割的普遍联系这样一种性质。也就是说,任何具有整体性的系统,它内部的诸因素、诸部分之间相互关联,相互作用,共同构成系统的有机整体。各个要素在系统中不仅是各自独立的子系统,而且是组成母系统的有机成员。同时,系统与环境也处于不可分割的有机联系之中。系统的有机关联性,即系统内部诸因素之间以及系统与环境之间的有机联系性,保证了系统的整体性,使系统成为一个不可分割的整体。在进行系统研究时，就要研究各要素之间以及系统与环境之间的关系，从中得出规律性的认识。

3. 系统的动态性

系统的动态性是指，系统内部的结构，其分布位置不是固定不变的，而是随时间而变化的这样一种性质。系统的动态性是由于系统与环境每时每刻都有物质、能量、信息的交换而产生的，是由系统自动调节自身的组织和活动而维持的。也就是说，系统是在不断变化的，但却能保持相对的稳定，这种稳定状态之所以没有发生质的变化，是由于系统接受环境的影响或系统内各要素之间的相互影响之后，能够自动地协调与环境的关系，相应地调节自己的结构和活动，以保持与环境的一致及系统的稳定。我们在进行系统研究时，就要在其动态中研究，在其运动的过程中研究。

4. 系统的目的性

系统的目的性是指，系统活动最终要趋向于有序和稳态的这样一种性质。一个系统的发展方向，取决于该系统的目的性。我们改善一个系统的活动是为了要达到某种目的。这种目的是靠系统内的自动调节能力来实现的，一个系统的自动调节能力越强，就可以很好地达到自己的目标。实际上，系统在其运行过程中，总是不断排除内外干扰，在保持其相对稳定和动态平衡的过程中，选择最佳状态，也就是说，达到在一定环境下的最佳结构，发挥最好的功能，这是系统目的性的体现。

二、系统方法

所谓系统方法，就是把所要研究的对象放在系统的形式中加以考察的一种方法。具体说来，就是从系统的观点出发，始终着重从整体与部分之间，部分与部分之间，整体与外部环境之间的相互联系、相互作用、相互制约的关系中综合地、精确地考察对象，以达到最佳处理问题的一种方法。也就是说，系统方法是把事物各组成部分有机地统一起来进行多侧面、多角度、多层次、多变化因素考察的一种方法。它要求研究者：①要对系统的纵向与横向、动态与静态、功能与结构进行交叉分析，把这些方面结合起来，联系起来，进行综合研究，从而掌握系统的整体。②要对系统与环境的多种联系中所呈现的各方面特征进行研究，通过系统与环境的多方面联系的考察，从不同角度掌握系统的特征。③要从不同层次上来研究系统的性质。系统的不同层次各有其独立性，又统一于系统的整体中。只有对系统的层次进行具体分析，才能具体地了解整个系统的性质。④要在系统的变化中具体地掌握各要素，在环境的变化中掌握系统。不但要考察一个事物的变化，还要考察随着这一事物的变化而变化的其它事物的变化。每一事物的变化总要引起其它事物的变化，因此要研究一事物的变化，必须考虑其它事物的变化，不能孤立地、静止地进行分析，要从多种不断变化的因素的作用下，考察系统的整体。

系统方法是随着系统科学的兴起而形成的一种现代科学方法。由于它把任何研究对象都看作系统，并引进数学语言和数学方法，所以具有严格的程序和精确的形式，是一种科学的、规范化的研究方法，对科学研究、领导决策和各项工作都有很强的指导性。

系统方法可分为结构方法和功能方法。

结构方法是对系统的横断面、静态的掌握，是从系统结构入手，分析研究系统的结构，从而掌握系统整体并使系统优化的一种方法。我们知道，系统的性质是由结构决定的，要素由结构联结成系统整体，结构又把要素分成若干层次，因此，结构是系统的关键。从结构上掌握系统就是要弄清系统的要素以及它们之间的关系、层次，从而掌握系统的整体。如果我们知道了系统的要素、结构、层次以及系统的现状，那么，系统的发展就可以从结构演化的可能性中判断出来。虽然结构可以有不同的转化可能，从而系统的性质也有不同的转化可能,但是,如果把环境的作用因素考虑进去,转化的方向就是确定的。所以我们说,如果已知系统的各部分及它们的关系,再知道环境因素,就可以推知系统整体和系统的变化和发展,按照系统的发展方向改善系统,优化系统。

功能方法是从系统的功能入手,研究系统的功能状况,从而掌握系统的整体,优化系统的一种方法。功能方法研究的是系统的行为方式,也就是系统活动的过程、能力、作用等方面,它不是对系统自身组织结构、要素、层次的考察,而是对系统的外部联系的研究,因而是一种动态的、纵向的研究方法。人们认识世界时,往往先从功能方面对认识对象加以掌握,然后再掌握其内部的结构。在日常活动中,我们经常碰到不掌握系统结构而运用功能方法掌握系统的事例。例如,司机不懂汽车结构,可以开汽车;工人不懂车床结构,可以开车床等等。特别在由于某种原因而无法掌握系统结构时,功能方法的作用就更加突出。当然,掌握系统的结构有助于更好地掌握系统的功能,但是结构方法无能为力的时候,功能方法却能大显身手。功能方法根据系统对环境影响的接收情况和产生的结果,即系统的输入和输出,就可以掌握系统的行为方式——过程、作用和能力。掌握了系统活动的模式,就可以避开系统的结构,来控制系统的行为,实现系统的目标。

此外,在使用系统方法时,还要经常建立系统模型。系统模型是系统方法的具体形式,是系统分析的重要手段。系统模型与实际系统间存在着结构上和功能上的相似关系。系统模型大大简化了实际系统,其结构或功能被直接呈现出来。系统模型可以帮助我们很容易地透过现象而抓住事物的本质。因此,系统模型在实际应用中获得了很大的发展。

系统模型可分为结构模型和功能模型。利用结构方法建立的模型是结构模型;利用功能方法建立的模型是功能模型。结构模型揭示了系统的实体结构,揭示了系统的要素、层次诸方面的关系,这是对系统的横断面的掌握。制定结构模型的关键是找出系统的要素、层次及各方面的关系。功能模型揭示了系统的活动方式,即用功能方法描述系统的行为方式,也就是系统的纵向联系。制定功能模型的关键是找出系统的输入和输出以及系统的反馈过程。掌握了系统的输入、输出和反馈过程,就掌握了系统的行为方式。

三、系统分析

1. 系统分析

所谓系统分析是指,在系统方法的指导下,对某一些具体系统进行定性、定量分析和决策的一套方法,是系统方法应用于解决具体问题的一套程序和技术。系统分析要求对特定的问题,进行周到和必要的调查,掌握大量数据资料,运用数学方法和电子计算机进行精确运算,针对目标,订出各种方案,提出可行的建议,帮助决策者进行最佳选择。系统分析与以往的分析不同,它不是把要素从系统整体中分离出来加以孤立地研究,而是把要素置于系统结构之下,作为系统整体的一部分进行研究。也就是说,系统分析是在综合指导下的分析。系统综合也不是把对要素孤立分析相加在一起,而是以结构为中介,使各要素联结成一个整体,加以综合的把握。这就是说,系统分析是综合与分析同步进行,分析中有综合,综合同时又是分析,以综合为起点,以综合为归宿,综合始终居于主导地位。系统分析是对具体的系统进行分析、评价、设计并使之最佳化的一种方法。最佳化问题是具体系统运用系统方法的目的,也是运用系统方法的结果。所谓最佳化,就是系统的整体联系在活动中达到最适宜的有序状态,是系统方法基本原则的实际贯彻。

2. 系统分析的步骤

在进行系统分析时,一般采用如下步骤:

（1）明确问题　提出所要解决的问题,包括研究的目的、目标、范围以及这个研究中的某些限制条件。

（2）搜集数据　搜集所需要的定性材料和定量数据,如组织结构的规模、层次;各项任务的质量指标;系统运行的形式、过程、输入、输出等情况及人员的数目、文化程度、职称结构等等。

（3）描述和分析　对现存系统进行定性、定量描述和工作测定,利用抽样试验、过程分析、流程图等技术进行定性、定量分析。

（4）综合和设计　对上述分析结果进行综合研究,设计一个新的系统结构或修正原来的系统结构。

（5）试验运行　对设计的或修正过的真实系统或真实系统的模拟系统进行试运行,并对照设计目标修正系统中不符合目标要求的子系统(要素)或相互关系。

（6）评价　评价试运行的结果,并进行优化选择,以使系统成为最佳系统。

（7）正常运行　将最佳设计系统交付正常运行,并在运行中进行必要的监控,发现有偏离目标的情况,应予修正。

一般说来,系统分析是综合的精确的研究方法,应该建立起精确的数学模型。但是,由于图书馆学研究的数学化程度很低,所以定量的精确研究,特别是建立系统的数学模型,尚不能普遍进行。但是,进行定性分析,建立必要的图示模型和进行简单的定量分析,对图书馆学的研究也是意义重大的。

3. 三种分析技术

在图书馆系统分析中,特别是对较小系统(例如一个具体的图书馆)的分析,常可以采用如下三种技术[2][3]。

（1）工作抽样　工作抽样是用抽样方法确定一项工作或一项操作需要多少时间、多少费用或单位时间能完成的任务量等等数据的统计方法。工作抽样要注意的问题:首先是被抽样的工作或操作要具有代表性;其次要着重研究那些耗费工时或费用较大的工作或操作项目,而且抽样结果一定要得出某项工作或操作的数量指标。如一个分类员一天能分类多少种书;每年采购图书资料所需经费及增长率等等。通过工作抽样可以知道一项工作消耗的时间和费用。如果一个系统的各项工作或操作都有了定量数据,就可以制定出各种可行方案,对各项类似的工作方案进行比较,看哪一项工作方案或操作程序所需费用少,完成周期短,而生产数量大。这样就能从中选出最佳的工作方案或操作程序。

(2)过程分析　过程分析是用简单的语言检验一个系统工作程序的必要性和合理性并消除不必要的工作程序的一种分析技术。在系统分析中,常用一系列诸如:这个工作过程需要吗? 这个工作过程在别的时间或场合或由别的人员完成更好吗? 这个方法是完成任务的最好方法吗? 等等问题的提问和回答中来辨别每个过程是不是最恰当的,从而决定取舍。具体地说,过程分析就是利用六种常用的问话:谁? 什么? 在哪里? 什么时候? 怎么样? 为什么? (所谓5W1H法)检验系统中的各个工作事项,从而进行工作简化,消除不必要的工作项目的分析方法。其具体分析程序可按下面的模式来进行:

1)确定所研究的过程的目的及范围;

2)找出该过程中各项具体工作,并罗列出来;

3)从第一项工作开始:

①这个工作是需要的吗?

②若不需要,则删除并转到④

③若需要,则把这个工作列出,并继续做下去。

④这是最后一项工作吗?

⑤若不是,则转到③。从下一项工作开始。

⑥若是,则转到④。

4)从第一项工作的第一步开始:

①这一步需要吗?

②若不需要,则把这一步删除,并转到④。

③若需要,则把这一步列出,并继续做下去。

④这是这项工作的最后一步吗?

⑤若不是,则转回到4),并进行这项工作的下一步。

⑥若是,则继续做下去。

⑦这一步所属于的这个工作是最后一项吗?

⑧若不是,则转到4),并进行下一项工作第一步。

⑨若是,则转到5)。

（在经过1)—4)的分析中,需要的工作和需要的步骤都罗列出来,不需要的工作和不需要的步骤都删除了。然后继续分析。）

5)从罗列的第一项工作中的第一个步骤开始:

①这一步能用最少的代价(即最小的人力、物力和最低的费用)完成吗?

②是,则通过。

③否,则

a.分析这一步。

b.找出可以选择的步骤。

c.重复做至回答为是。

d.进行下一项。

④这是这项工作的最后一步吗?

⑤若是,则转到⑦。

⑥若不是,则转回到5),并对这项工作的下一步进行讨论。

⑦这一步所属于的这个工作是最后一项吗?

⑧若不是,则转到5),并对下一项工作的第一步开始讨论。

⑨若是,则继续进行(即转到6)。

6)设计新系统。

通过以上分析而罗列出的各项工作、各个步骤及各种最好的替代方案的综合考虑,则可设计出一个新的系统结构。这个系统结构中的每一项工作、每一个步骤都是系统中必不可少的,而且每项工作,每个步骤的解决方案都是最佳的。当然,所谓"最佳"也是相对的,不是绝对的,特别是新系统是否可行,还要进行研究,所以应该在发现问题时,及时修正。

（3）图表技术　图表技术是利用图形将整个过程的主要工作环节（或细节）连结起来,以展示过程全貌的一种处理技术。图表是描写一个过程的若干重要细节的简便工具,它使人们通过图表能很快了解实际工作过程的全貌。系统分析使用的图表可以有很多类型,但是最主要的是流程图。流程图的种类也是多种多样的,有描绘运行过程或管理过程的流程图,有描绘工作关系的流程图,有描绘工作时间的流程图等等。总之,流程图是把最初事项到最后事项之间包含的所有的全部工作和事项都画在一张图上,以便对整个系统进行分析。图 18.1 的图书馆操作流程图[4]就是其中一例。

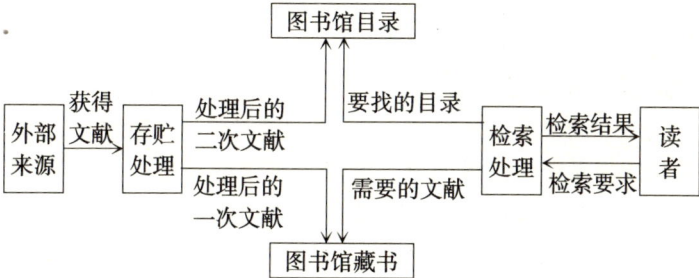

图 18.1　图书馆操作流程图

正如前面所述,工作抽样、过程分析和图表技术最适用于较简单的系统,而对于较复杂的系统（如全国图书馆系统）,就要应用德尔菲方法（见第二部分第三章）,计划协调技术（PERT）和线性规划、建立模拟系统等等复杂方法来进行分析研究。

四、系统方法的应用

虽然目前图书馆学研究中使用系统方法的并不多见,但是适合于系统方法的研究课题还是十分广泛的。这主要是因为图书馆事业中的许多实际工作范围都可以看作是一个系统,需要作为一个有机整体进行综合性的分析研究,从而提高图书馆的工作效率,发挥更大的作用。以下我们从三个方面来讨论系统方法在图书馆学研究上的应用。

1. 从整个图书馆事业来看,我们可以进行整体的综合研究。图书馆事业是个完整的系统。作为一个完整的独立系统,它包含着许多纵横交错的子系统,如公共图书馆系统,科学院图书馆系统,教育图书馆系统以及地区图书馆系统,单项业务系统等等。同时,它又是属于其他系统的子系统。首先它是以把书刊资料分配到全民为目的的书刊分配系统的子系统。图书馆把出版社、新华书店等分配来的书刊资料再行分配,提供给广大读者利用。其次它是教育系统的子系统。图书馆工作作为一种独特的教育形式,起着培养人、教育人的作用。最后,图书馆也是情报系统的子系统。它一方面采集文献情报,一方面向读者提供文献情报,所以图书馆是情报系统的组成部分。既然图书馆事业是一个系统,我们就可以通过综合分析图书馆事业的整体与组成部分之间,组成部分与组成部分之间,整体与环境之间的关系,从结构和功能两方面给予综合的把握,从而改善这个系统的结构和功能,更好地为国民经济发展服务。此外,我们还可以分别对公共图书馆系统、科学院图书馆系统、高校图书馆系统、图书馆教育系统以及各省的图书馆系统等等,用系统方法进行研究以改善这些系统的结构和功能。

2. 从图书馆学理论的角度来看,我们可以把整个图书馆理论看作为一个系统,用综合分析的方法去研究图书馆理论中的整体与其组成部分(图书馆采访学、图书馆分类学、图书馆目录学、图书馆读者学……等等以及理论图书馆学、应用图书馆学、专门图书馆学、比较图书馆学……等等），组成部分和组成部分（例如图书馆目录学与图书馆读者学之间……等等），整体与环境（哲学、自然科学和其它社会科学）之间的关系，从整体上把握图书馆学理论，从而改善图书馆学理论系统。以往，许多图书馆学理论研究是孤立地研究各分支的理论和方法，缺乏进行综合的研究。只有从整体上考察图书馆理论系统，从它与其他科学的联系中建立起图书馆理论的系统结构，才能使图书馆理论形成一个有机整体，具备现代科学的特点。

3. 对于一个具体的图书馆来说，也完全可以利用系统方法进行分析研究。我们可以对图书馆的组织机构、工作流程、人员结构（年龄结构、专业结构、职称结构等等）进行系统分析，也可以对设备系统、经费分配系统以及管理系统进行系统分析。还可以分别对采购、分编、流通、咨询（情报）等系统以及期刊系统和目录系统进行系统分析。以系统的思想为指导，分析它们内部结构和外部关系，从结构和功能两方面采用系统分析技术（如工作抽样、过程分析和图表技术）进行系统的综合考察，以优化系统的结构和功能。

为了从系统的角度更深刻地理解图书馆是一个系统，以下进行稍微详细一些的说明。

一个具体的图书馆系统有错综复杂的子系统和由多个母系统组成的环境。从业务角度看，图书馆有采访、分编、流通、阅览、情报和目录子系统，对期刊实行一条龙管理的，还有期刊子系统。从非业务角度看，有行政管理、政治党务、工会、共青团子系统等等。一个图书馆是多个母系统的子系统，例如，高校图书馆就是某一所高校教育系统的子系统，是省高校图书馆系统的子系统，是省图书馆学会系统的子系统；如果是部属院校，还是部图书馆系统的子系统；还是本省书刊发行系统的子系统。这些母系统组成了高校图书馆的环境。

我们把图书馆看作是一个系统,是因为它具有系统的一切特征。首先我们发现,图书馆的各个工作环节以及整个工作流程是一个合乎规律的由各要素组成的有机整体。图书馆工作的性质和规律性存在于组成图书馆的各要素相互联系、相互作用之中。它的整体功能并不等于各部分功能的简单相加,而是大于各组成部分功能之和。各组成部分的特征加起来,并不能正确反映整个图书馆的特征,而只有同时考虑各组成部分之间及系统与环境之间的联系才能反映图书馆的整体特征。这就是图书馆系统的整体性。其次,图书馆作为一个系统,它具有关联性的特征。图书馆内各组成部分如采访、分编、流通等部分都处在互相联系、互相作用之中,并和环境发生密切的联系。一个部门发生变化,就会影响另一个部门发生变化。由于图书馆处于更大的系统之中,受这些母系统的制约和影响,所以环境的变化会影响图书馆系统的变化,反之亦然,互相影响。也就是说,系统内各组成部分之间,系统与环境之间具有了不可分割的关联性。第三,图书馆系统具有动态性。图书馆系统通过其内部活动和外部影响经常处于不断的变化之中。由于图书馆内部的人员、文献和设备等的调整,由于不断的与环境的物质、能量、信息的交换,图书馆系统不可能处于静止状态,它必然是处在一个不断变化的状态之中。第四,图书馆系统具有明确的目的性。图书馆系统活动的目的就是不断地克服系统运行过程中出现的混乱,使其内部的秩序从无序走向有序,向着一定的方向发展。通过这种有目的的活动,建立一个优化的结构,发挥出最好的功能——达到优质服务的总目标。

图书馆系统是一个开放系统,具有开放系统的一切特征。开放系统的主要特征是物质、能量和信息的输入、转换、输出和事件循环及信息反馈等。

图书馆系统的能量输入表现为从周围环境得到人力和资金,

人力和资金是一种能量形式。物质输入表现为书刊资料和家具设备等的获得。信息输入表现为从出版发行机构得到出版物的信息,为藏书建设提供情报;从上级主管部门和环境得到系统管理信息,为完成管理目标提供情报。

图书馆系统的转换特征表现为图书馆工作人员利用资金购买书刊资料,对书刊资料进行分类编目,形成图书馆目录,编目的过程就是能量和物质转换成新形式并贮存起来的过程。经常进行的书刊资料的排列整序也是一种能量贮存的过程。

图书馆系统的输出表现为借出书刊资料是一种物质的输出;书刊提供给读者阅读,可看作是一种能量的输出;新书通报、新书展览及图书馆的活动信息等的输出,是图书馆系统的一种信息输出。

图书馆系统的事件循环更为明显,表现为:①新书购进——使用——旧书处理——再购新书。②图书借阅——归还——再借阅。③有些出版物由作者转换成新的出版物,这些新出版物又返回图书馆的藏书中。

图书馆系统的信息反馈表现为读者的抱怨(批评)、赞扬(满意)和上级主管部门对图书馆工作的褒贬。这种信息反馈对图书馆系统有改善作用。

由以上分析可知,图书馆具有系统的一切特征,所以,我们就可以用系统方法来研究任何一个图书馆,从而改善图书馆的管理水平。下面我们来看系统方法应用的一个实例。

文献[5]采用系统方法对图书馆分编系统进行了研究,目的是改善原系统,提高工作效率。首先对原系统进行了调查,搜集10个月内,每个月平均每天单工种所完成的分编业务量(统计表略)作为分析基础,对该分编系统进行了现状描述和内部结构、外部关系的分析,找到了薄弱环节。改善系统功能的办法是实行定额管理,于是设计了分编系统的定额量(数据表略)。实行这个定额管理后,系统的功能将提高 30%。经过试运行,从五月份分编定额(统计表略)完成情况可以看出,这个改善了的系统(新定额)运行良好,只有个别项目需修正。最后,投入正常运行[5]。

参考文献

1. 王雨田. 控制论 信息论 系统科学与哲学. 北京:中国人民大学出版社,1986

2. 切特·高夫等著. 图书馆系统分析. 北京:北京大学出版社,1986

3. 罗式胜. 图书馆系统分析. 图书情报工作,1982(4):9~14

4. 范崇淑. 剖析"系统分析是图书馆及情报部门科学管理中的研究工具". 情报学刊,1986(6):22~25

5. 明世焕. 试论系统方法在图书馆的应用. 图书馆学研究,1983(4):22~25

第十九章　信息方法

一、信息

1. 信息概念

信息这个词，我们经常碰到，但是，作为科学上的信息概念，至今尚没有公认的定义。世界上已经公开发表的信息定义，据统计约有 39 种之多。控制论的创始人维纳为信息下的定义是："信息就是我们在适应外部世界，并且使这种适应反作用于外部世界的过程中，同外部世界进行交换的内容的名称。"[1] 信息论的奠基人申农认为：信息是用来消除随机不确定性的东西。[2] 我国学者认为："信息是事物的运动状态和过程以及关于这种状态和过程的知识；它的作用在于消除观察者在相应认识上的不确定性，它的数值则以所消除不确定性的大小或等效地以新增加知识的多少来度量。"[3] 其实，在日常用语中，信息指的是消息、情报、指令、数据、信号等有关周围环境的知识。我们的感官随时都在接受各种信息，如语言、文字、图像、颜色、声音、自然景物等等。所以，通俗地说，信息就是消息，就是事物的存在和发展变化所发出的消息。但是，信息又不能完全看作是消息，信息是消息的内容，消息是信息的形式，或者说，消息是信息的载体。一条消息中可能包含很多信息，也可能包含很少信息，甚至可能没有一点信息。信息是消息中人们不知道的或有价值的内容，消息中人们已经知道的、没有价值的内容就不是信息。把信息看成消息的同义语,严格说来,是不科学的。但是,这种通俗的解释对较好地把握信息概念是有益的。

2. 信息的特性

(1)信息的普遍性　信息和物质、能量一样是客观存在的。人们每时每刻都在感知信息,在任何地方都会感知信息的存在。它不仅存在于自然界,存在于人类社会,而且也存在于思维领域。任何物质都可以产生信息,任何物质的运动过程都伴随着信息的运动过程。所以信息是无所不在、无处不有的普遍存在的东西。

(2)信息的寄载性　信息的存在和运动是寄载于物质和能量之上的。现代科学证明,信息的产生、表达、传递、存贮都要以物质作为载体。信号、符号、声波、电磁波是表达信息、传递信息的载体;书籍、杂志、磁带、磁盘等是存贮信息的物质材料,没有物质材料作为载体,信息将无处存身。虽然,声波、电磁波和其它传递信号的物质手段本身不是信息,但是没有它们,就不能有信息。此外,任何信息的运动都相应地伴随着能量的运动。

(3)信息的时效性　信息不是静止不动的,而是随着时间的推移不断运动着,变化着。由于事物在不断运动变化,它就存在着种种可能状态,因而标志事物运动可能出现的状态和过程的信息就不断地产生着,随着事物状态和过程的变化,有些过时的信息就失效了,没有意义了。所以,我们在使用老信息时,要注意区别已经失效的信息和有用的信息,尤其要敏锐地感知新信息。按照信息的新陈代谢规律把握信息,利用信息。

(4)信息的知识性　信息的知识性表现为,人们可以借助于信息获得知识,消除认识上不确定性,由不知转化为知,由知之甚少转化为知之甚多。谁获得的信息多,谁的知识就多。虽然信息不等于知识,但信息中包含知识,所以想要获得知识就得重视信息。当然,知识之中也会有大量的信息。学习各门科学就是从知识中提取信息。

（5）信息存在于尚未确定的事物之中　所谓尚未确定的事物,就是运动着的事物将出现什么状态是人们预先不完全或完全不知道的。一个事物存在着的可能状态越多,就越不确定,人们对它的变化就越捉摸不定。事物一旦从不确定变为确定,人们就会获得很多信息。相反,一个事物已经是确定的,那就是人们已经知道的,它就不能给人们提供什么信息了。我们只有懂得信息存在于不确定的事物中,善于从不确定的事物获得信息,才能有效地利用信息。

当然,信息的特性远不止这些(尚有信息的层次性、传递性……),而且各类信息又有其具体的特性,但是,了解上述信息的特性,对于我们深刻理解信息概念并有效地应用信息概念研究解决图书馆的研究课题是十分重要的。

3. 信息的传递

信息的传递要有三个环节:信源、信道、信宿。所谓信源,就是信息传递的起点,是信息的发源地和发送者,是产生信息的地方。所谓信宿,就是信息传递的终点,是信息的归宿,是信息到达的目的地。它是信息的接收者。所谓信道,就是信息传递所途径的道路,是传递信息的通道和媒介,是从信源到信宿的中间环节。发送信息的信源,接收信息的信宿,传递信息的信道,这三个东西组成一个整体,就构成了信息系统。所谓信息系统的基本结构,就是由这三部分组成的。

还必须指出的是,任何信息的传递都要经过编码和译码过程。一切信息的变换过程,都是编码或译码的过程。所谓编码,就是把信息变换成信号的措施;所谓译码,就是与编码相反的变换过程。信息只有通过编码,才能发出和传送;只有通过译码,才能被接收,被获取。信息经过编码,由信源即信息的发送者发出,沿信道传递,到达信宿即信息的接收者,经过译码,被信息接收者所接收,这就是信息传递的基本程序,也可以说是信息运动的基本规律。不过,信息在正常流动中,还存在有反馈信息。所谓反馈信息,就是系统输送出去的信息,作用于接收者之后产生的结果再输送回来,并对信息的再输出发生影响的信息。信息的传递和反馈组成了一个完整的信息流程(见图19.1)。当然,在实际问题中,信息的传递和反馈呈十分复杂的形式,在一个信息传输中是信宿,在另一个信息传输中就可能是信源,信息的信道、编码、译码、反馈等都有自己的具体形式。

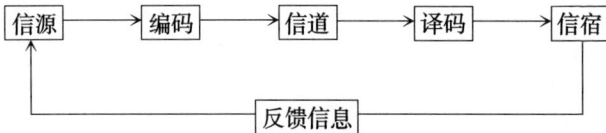

信源 → 编码 → 信道 → 译码 → 信宿 ← 反馈信息

图 19.1 信息流程图

4. 信息的量度

所谓信息的量度,就是信息数量的测定,就是给信息以定量的表示。想办法衡量信息的大小多少,测定信息的数量,给它以定量的表示,就是对信息进行量度。

信息论的创始人——申农等人提出了利用不确定性来量度信息大小的方法。按照他们的观点,人们在没有获得任何信息之前,信源对收信者一定存在着某种不确定性。也就是说,信息从信源发出,在收信者没有接收到信息之前,对信源存在着一定量的不确定性。所谓不确定,就是收信者对信源的认识不肯定、不知道。当收信者收到信息之后,对信源的认识不肯定、不知道就部分地或全部地消除了。获得的信息越多,消除的不确定性就越多。因此,他们认为,信息实际上就是运动着的事物的不确定性的东西。人们交流信息、互相通信,实质上就在于消除收信者在收到信息之前,

342

对信源发出的某条消息不知道的这个不确定性。概言之,人们在获得信息之前,对于信源的认识是存在着某些不确定性的。当获得了信息,也就消除了对于信源认识上的不确定性了。

于是,量度信息就可以用消除对信源的认识上的不确定性的多少来量度信息的多少。也就是说,收信者消除的对信源的认识上的不确定性越多,获得的信息就越多。反之,消除的不确定性越少,获得的信息就越少。如果根本没有消除任何不确定性,就没有获得任何信息。

为了量度信息,也就是为了量度有多少不确定性,人们使用了概率论和统计数学。以概率论为基础,通过大量的数字统计,可以知道一个事件发生的概率。对事件认识上的不确定性就可以用概率来表示。例如,抛掷均匀的硬币,我们知道存在两种可能性,一种可能性是正面向上,一种可能性是反面向上,也就是说,我们对出现的结果,一半知道,一半不知道。这样,我们认识上的不确定性,用概率来表示,就是1/2。当抛掷一次以后,出现了结果,我们获得了信息,我们这个1/2的不确定性也就被消除了。信息论上把抛掷一次均匀硬币所获得的信息量规定为信息量的单位,叫做一比特。广而言之,就是一件事情有两种可能性,两种可能性中的一种可能发生了,我们获得了这个信息,于是不确定性就被全部消除了,我们所得到的这个信息量就叫做一比特。之所以这样规定,是因为这么大的不确定性最简单,具有的可能性的数目最少,而且是各自概率相等。

如果一个事件出现的可能性是两种以上,而且概率不等,那也是有办法量度的,只是要复杂一些。鉴于概率信息的定量表示还未能应用于图书馆学的研究,这里就不介绍了。

二、信息方法

1. 什么是信息方法

信息方法就是运用信息的观点,把系统看作是借助于信息的获取、存贮、加工、处理和传递而实现其有目的性的运动的一种研究方法。这里强调的是:首先,信息方法的着眼点是信息,即把任何研究对象都看作是信息系统,只研究系统中的信息及信息的运动,并不研究物质或能量的运动。其次,信息方法是研究信息在系统中如何输入、存贮、加工、处理、输出和反馈,并不研究系统的结构如何,只是抓住研究对象信息过程的特征和联系,通过信息变换过程的研究,来理解和揭示研究对象的工作机制,为实现系统的既定目标服务。再次,信息方法把系统和外部的各种联系,看作信息交换的过程,并不去研究能量和物质的交换,只是从系统和外部信息交换过程了解系统与环境的关系,理解系统的地位和作用,把握系统的运动方向。总之,信息方法研究的是从各种复杂的不同质的系统中抽取出来的统一的信息关系。

2. 信息方法的特点

(1)以信息为基础　信息方法把系统的运动看作是抽象的信息变换过程。信息方法是以信息的运动作为分析和处理问题的基础,完全抛开对象的具体运动形态,把系统的有目的运动抽象为信息变换过程。这就可以从系统对信息的接收和使用过程中来研究对象的特性,研究系统与外界环境之间的信息输入和输出的关系,从而可以把不同的对象加以类比研究。例如,人脑和计算机是两种不同的物质运动形态,如果用信息方法去研究,就可以发现它们之间的对应关系和共同本质。人脑利用神经脉冲从外界获得信息、传递信息、加工处理信息,而电子计算机则利用电脉冲获取、传递、加工处理信息。由于它们具有共同的特征,因此可以抛开它们的具体的不同的运动形态,而把它们看作是一个信息变换系统,把其内部运动过程看作是抽象的信息变换过程,从而可以利用机器模拟或代替人脑的某些功能。

(2)直接从整体出发　信息方法从系统的整体出发,用联系、

344

转化的观点,综合研究系统的信息过程。

信息方法与传统的经验方法不同,它不是割断系统的内在联系,用孤立、静止、局部的观点去研究事物,也不是在剖析的基础上进行机械的综合,而是用联系、转化的观点,综合研究系统运动的信息过程。因此,用信息方法对复杂事物进行研究时,不需要对事物的整体结构进行解剖分析,从其信息的流程加以综合考察,就可以获得有关系统的整体性的性能和知识,而用简单的剖析和综合方法则不可能得到。信息方法乃是现代科技领域中研究事物的复杂性、系统性、整体性的一种重要方法。

三、信息方法的应用

信息方法在图书馆学研究中已经有了较为广泛的应用,取得了显著的研究成果。这主要是由于信息存在于一切有组织的系统中,图书馆系统也不例外,特别是图书馆学和信息科学在研究对象方面有许多一致性。但是当前,应用于图书馆学研究的信息方法,主要还是应用信息科学的概念(如信息、熵等等)和必要的图示模型来定性地描写图书馆系统,并不能进行定量研究。兹举例如下:

例1. 研究图书馆管理[4]

同任何管理系统一样,图书馆这样一个复杂的管理系统可以简化为由管理者(馆级领导)和管理对象(下层人员)组成的一个最简系统。虽然管理者与管理对象之间可能存在许多联系,但是,只要把他们之间的信息联系拿出来研究,就足可以说明图书馆管理系统的状态了。图 19.2 就是这个管理系统的最简信息模型。我们用信息方法来研究这个模型,就是要寻找信息的传递过程,识别管理者和管理对象、管理系统与环境建立了怎样的信息联系。

为了实施正确的管理,管理者需要了解对象的实际情况,了解对象在当前处于什么样的运动状态,是以什么方式进行运动的。换句话说,管理者需要获得对象的信息,在图 19.2 中我们把这个信息称为管理对象的初始信息。此外,管理者还必须掌握有关的环境信息,包括邻系统的信息以及干扰信息、上级给定的信息(方针政策、任务指标等)。有了这些信息,管理者才能拟定管理目标和管理的具体指令。

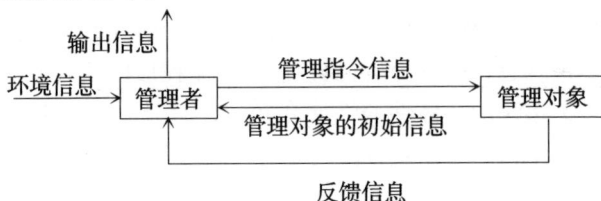

图 19.2　图书馆管理系统的简化信息模型

　　一旦制定了管理目标,并形成了管理指令,就要实施具体的管理,就是要把管理指令信息送给管理对象,使管理对象按照指令信息所规定的运动状态和运动方式来运动。

　　但是,由于存在干扰,由于对管理对象的初始信息和环境信息了解的不够透彻以及其它原因,一次管理动作就达到预期的管理目标是很少见的。一般说来,管理总是一个动态的循环演进的过程。因此,管理者还必须设法把第一个管理循环的效果信息反馈回来,加以分析,并考虑到环境信息的变化,确定是否需要修正管理指令。如果需要,又应当如何修正。修正后,把它变换为新的管理指令信息,送给对象。这就是第二个循环。这样的循环还要继续进行下去,才能逐步达到管理的目标。多次循环之所以必要,不仅因为管理对象的复杂性和存在干扰,还因为整个环境和系统本身都是一个不断变化的运动过程。

　　自然,在管理过程中,系统还要适时地输出信息给上级系统,以便上级系统了解本系统管理的情况。

　　以上分析说明,图书馆管理系统实质是一个信息系统,管理过程本质上是一个信息过程。利用信息方法,就可以清晰地揭示管

346

理过程的信息联系和特征。

当然,图书馆管理系统绝不是上面所说的这样一个简单的信息模型。一个图书馆的管理系统至少有三个层次,更详细的信息模型见图19.3。

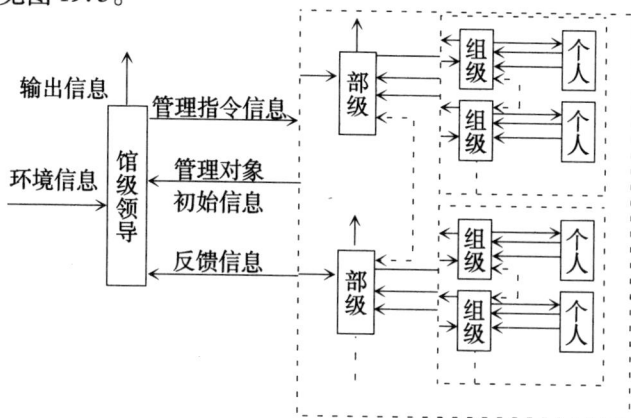

图 19.3　图书馆管理系统的信息模型

例 2. 研究图书馆工作流程[5]

书刊资料所刊载的知识是信息的一种,具有信息的属性。图书馆通过收藏书刊资料而输入存贮了知识信息,通过向读者提供知识和情报而输出了信息,所以,图书馆处理书刊资料的流程就可以看作是信息传递的流程。于是,就可以用信息方法来描写、分析图书馆的工作过程。具体说来就是,采购人员通过预定书目和订单了解出版社和新华书店等关于书刊资料的出版发行情况,再根据本馆读者的需求及经费等具体情况,采购书刊资料进馆,这个过程可看作是知识信息输入过程。其后,馆内进行验收、登记、分类编目,形成图书馆目录,有的馆尚能做出题录和文摘,这个过程可以看作信息的加工处理过程。再后,将书刊资料和目录、题录、文摘等入库上架、分类排序,进行有效地保管,这个过程可以看作信息的存贮过程。最后,通过书刊资料等的外借、内阅及参考咨询、复制、视听等服务环节,将知识情报提供给读者,这个过程可以看作信息的输出过程。通过这样的分析,我们看到,图书馆工作流程实质是一个信息输入、加工、处理、存贮和输出的过程,图书馆的工作流程是信息的传递过程。此外,图书馆工作流程中,每一步都存在着对前一步的反馈,这些反馈的正确利用将会改善前一步的工作。读者获得了情报信息,又产生出新的信息,即创作出新的文献,再重新进入图书馆进行收藏,这也是信息反馈的一种形式。这种知识信息反馈,改善了书刊资料的构成,改善了图书馆知识信息输入。图书馆的上述信息过程,还通过读者满意程度的反馈意见,改善信息的输入和输出,使图书馆保持一个合理的最佳运行状态。图书馆工作过程的信息描述,通过图 19.4 的对比,可以看得更清楚。

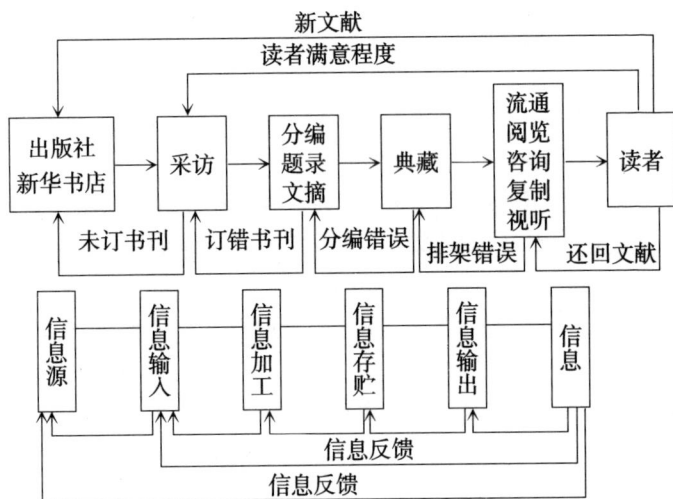

图 19.4　图书馆工作流程的信息描述

例 3. 研究采访工作[6]

图书馆的采访系统可以看作是一个信息系统。它在运行过程

348

中,收到图书馆外部的文献信息,也收到来自图书馆领导的管理信息和相邻系统的反馈信息,这两方面的信息持续不断地流经采访系统,保证了采访系统的正常运行。

图书馆采访系统依照信息传递的基本程序接收和处理信息。首先,采访系统要接收和处理文献信息源发出的文献出版发行信息。每天收到的来自四面八方的以书面和口头方式传来的大量文献信息,在没有加工之前,这些文献信息是杂乱无章、毫无秩序的。采访人员要在管理指令信息指导下,依据采访计划、实际需要和文献价值,结合馆内外的反馈意见,对众多的文献决定取舍,并对加工筛选出来的文献信息决定订购数量,及时建档立卡或输入计算机检索用数据库以备查检。采访工作者的任务就是处理这些信息,使采访系统按照人为的意愿畅通运行,保证取得最佳输出。

其次,采访系统还要接收和处理相邻系统的反馈信息。进馆后的文献,经过验收登记将传递到分编系统和流通阅览系统。这些文献对分编、流通阅览系统来说是输入信息,而分编、流通阅览系统对输入的信息经分析、鉴别后的反馈,就是对采访系统的反馈信息。采访系统要根据分编系统发现的因采访人员工作失误引起的重复采购,比例失调,丛书、多卷书不配套,装订差错等反馈信息及时纠正失误,改进工作。采访系统根据流通阅览系统提供的读者阅读兴趣、倾向,各类图书资料的使用率和拒借率等统计数据以及通过采访人员到流通阅览部门的实地观察和倾听读者的反映等反馈信息来调整采访计划,适时地补充新书和增减复本量,不断提高藏书质量,最大限度地满足各个层次读者的需求。

与此同时,采访系统还要接收来自图书馆决策部门的指令性信息。在贯彻执行的过程中,也要把在执行过程中出现的问题,与客观实际有出入的情况,及时反馈给图书馆决策部门,以使决策部门有效地领导和支持采访工作。采访系统从文献信息源那里接受并处理信息的过程中,还应将在信息传输中得到的各方面反馈信息汇总,提炼后反馈给文献信息源,以协调和文献信息源的关系。

上面所述采访系统的信息传递过程可用图 19.5 所示的模型表示出来。

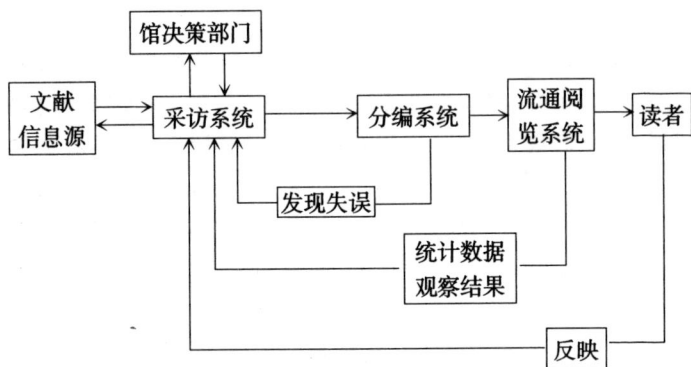

图 19.5　采访系统的信息传递模型

从以上分析可见,图书馆采访工作每天都离不开信息,信息的交换是维持采访系统正常运行的条件,采访工作质量的高低,藏书丰富与否都和重视信息的处理有密切关系。

例 4. 文献情报工作的"熵模型"

熵是德国物理学家克劳修斯在 1850 年创造的术语。它用这个术语来表示能量的空间分布均匀程度。能量在空间中分布的越均匀,熵就越大,分布的越不均匀,熵就越小。克劳修斯认为,宇宙间的熵是随时间而增大的。就是说,宇宙中的原子原来是有秩序地排列的,以后由于它们自由地无规则地运动,使得能量分布不断地均匀化。宇宙中原子越无秩序,能量分布就越均匀,熵也就越大。所以,熵这个概念也是用来表示宇宙的无秩序程度的。

信息论上使用"熵"的概念是从物理学中借用的。信息论的研究者们认为,既然宇宙是由有秩序变为无秩序,那实际上也是由确定性转化为不确定性。既然熵是量度宇宙中无秩序的一个量,那它也是量度宇宙中不确定性的一个量。而信息论认为,人们获得信息,是由不确定性转化为确定性,由无秩序转化为有秩序,信息量就是量度被消除的不确定性的多少的。所以,我们看到,信息和熵所反映的系统过程,其运动方向是正好相反的:信息量的增加,表明不确定性减少,有秩序程度增加;而熵的增加,表明不确定性增加,有秩序程度减少。这样一来,我们就可以把信息看作负熵。把信息看作负熵,就是说,信息不仅可以使不确定性转化为确定性,而且可以使宇宙间的事物由无秩序转化为有秩序。

把熵的概念用于图书馆的文献情报工作,可以做如下的描述。

一个图书馆系统在开展正常文献情报工作过程中,面对巨大的社会文献集合进行筛选,不断地输入书刊资料。这些书刊资料在没有加工之前是一堆杂乱无章的文献集合,读者想要从中找到自己所需要的文献资料是极为困难的。这种混乱状态可以用信息熵来描写,信息熵就是表示系统混乱无秩序程度的。所以,我们可以说,由于信息熵的增大,使图书馆趋于无秩序状态。

图书馆对这种信息熵造成的混乱的对策就是输入相应的负熵,这些负熵必须足以抵消图书馆系统中信息熵的增加。投入的负熵表现为:投入的人力、物力;进行文献筛选采购、分类编目、典藏和咨询;提供题录、文摘、索引等二次文献;提供工具书、述评、综述等三次文献;建立计算机检索及终端;建立数据库等等。正是由于这些负熵的输入,才使系统的总熵减少,有序程度增加,使杂乱无章的文献系统化、组织化,形成适应外界需要的有序结构。

通过以上分析,我们可以得到图书馆文献情报工作的"熵模型"[7]。图书馆输入的书刊资料使"信息熵"增加,文献情报工作是投入负熵,以抵消信息熵的增加,使图书馆从无序走向有序,保持图书馆的有序结构。图书馆从信息源采集信息的过程,是对信息资料投入负熵,使之有序化的第一步;对信息的加工整理是有序化的第二步;合理排架典藏是第三步;有秩序地提供给读者是有序化的第四步。

参考文献

1. 维纳. 控制论与社会. 哈夫顿·米夫林出版社,1954

2. 申农. 通信的数学理论. 上海:上海市科学技术编译馆,1986.7

3. 钟义信. 信息的科学. 北京:光明日报出版社,1988. 47

4. 关敏,李贺基. 强化图书馆管理 建立健全信息系统. 长春光学精密机械学院学报(社会科学版),1992(1):71~74

5. 陈金海. 管理决策在高校图书馆信息传递中的应用. 高校图书馆工作,1984(1):23~25

6. 张放. 浅谈用信息论观点指导采访工作,吉林高校图书馆,1989(1):24~27

7. 陈晓天. 图书馆文献情报工作的"熵模型". 见:全国高校图书馆履行情报职能经验交流会议文集. 上海:上海交大图书馆,1989.405~410

第二十章 控制论方法

一、控制和控制论

1. 控制

"控制"这个术语，人们并不陌生，对它的含义都有程度不同的了解。特别是近年来，随着控制论在各个学科的渗透，"控制"这个词使用的越来越普遍。

其实，人类掌握和使用工具的过程就是控制过程。人是控制者，工具是受控制者，也叫控制对象。在这里，"控制"就是反映人和工具的关系的一个概念。在现实生活中，控制关系、控制活动是一种十分普遍的现象。汽车的驾驶，机器的操作是一种控制；生产的调度，军队的指挥也是一种控制；党纪国法的约束、道德舆论的谴责，是一种更为复杂的控制。在图书馆工作中，我们也常用"控制"这个术语，例如"书目控制"、"经费控制"、"词表控制"等等。

但是，这只是对"控制"一般意义的理解，和控制论中讲的控制，其含义还是有区别的。对于控制论里的控制概念，列尔涅尔曾给出一个定义：控制是"为了改善某个或某些对象的功能或发展，需要获得并使用信息，以这种信息为基础而选出的，加于该对象上的作用。"[1]这个定义表明，控制作为一个科学概念，就是一种作用，是一种特定的作用。凡是一种作用，都有作用者与被作用者。就控制作用来说，作用者是施控装置，被作用者是受控装置。控制就是施控装置对受控装置所施加的一种作用。如果我们把施控装置看作原因，把受控装置看作结果，那么，施控装置对受控装置的作用，就是一种因果关系。也就是说，控制是以因果作用为基础的。但是，控制还在于它先要有预期的果，就是目的，然后才能从多种因中选出某种估计能得到预期结果的因，加以作用，以便得到预期的果。所以控制必须具有目的，没有目的，就无所谓控制。而一切有目的的行为都可以看作是需要负反馈的行为。负反馈行为是指，预定目标值与系统输出相比较得出的差值，回输到系统中去，然后选择适当的输入，用来不断地校正差值使之不断减小而达到目标值。一个控制系统可用下面的框图来表示（图20.1）。

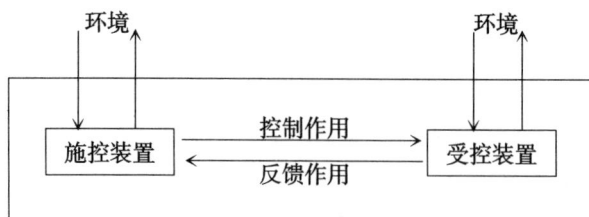

图 20.1　控制系统框图

由图 20.1 可见，不仅施控装置作用于受控装置，而且受控装置也可以反作用于施控装置。前一种作用是控制作用，后一种作用存在时是反馈作用。此外，控制系统也是相对环境而言的，这二者之间也存在着相互作用。控制系统的控制功能就是通过这些相互作用实现的，是在不断变化的过程中实现的。因此，控制系统必然是一种动态系统，控制过程必然是一种动态过程。

控制系统在控制作用的影响下，必须能改变自己的运动进入一系列状态，而且系统的运动状态是可以选择的，无选择也就无所谓控制。显然，只有一种运动可供选择的系统不是可控系统，因为它用不着控制就朝固定方向运动。受控装置受到控制作用后,运动方向改变了或运动范围变小了,就认为"控制"发挥了作用。系统受控后,运动范围越小,越趋近于目标值,说明控制能力越强。

2. 控制论

控制论是由美国杰出的科学家维纳(N. Wiener)创立的。控制论作为一门新兴的科学,对现代社会和科学技术的发展产生了重大影响。它的理论研究已达到相当高深的程度,但是它的基本思想,或者说它的基本理论、观点却并不是很难接受的。控制论的基本任务是要在理论上找到技术系统与生物系统之间某些功能上的相似性、统一性。但是关于控制论,至今还没有一种公认的比较完善的定义。我们不妨采用控制论创始人维纳的定义:控制论是"关于动物和机器中控制和通信的科学"。也就是说,控制论是以研究各种系统共同存在的控制规律为对象的一门科学。或者说,控制论是揭示包括机器、生物、社会在内的各种不同的控制系统的共同控制规律的科学。

控制论研究的范围非常广泛,它伸展到客观现实的各个领域。它所研究的各种系统的共同控制规律,既不限于自然科学,也不限于社会科学,它是横跨各个学科,超出了各个学科的局限性,各个学科找到了统一的东西。所以有人把控制论称为"横断科学"。

控制论的目的,广义地说有两种:其一是保持系统的原有状态,一旦发生偏离,就要使它复原;其二是引导系统的状态使它变到一种新的预期的状态。控制论的最终目的是为了人在可能的条件下对生物系统、机械系统进行控制,让系统按人们预定的方向发展。

控制论当然以控制系统作为研究对象,但严格说来,控制论一般只研究带有反馈的控制系统,这就是控制论系统。控制论系统不只有反馈这一个基本特点,还有第二个基本特点,那就是控制论系统必须是一个信息系统。从信息的观点看控制论系统,控制论系统的框图对应于下图的信息系统(图20.2)。

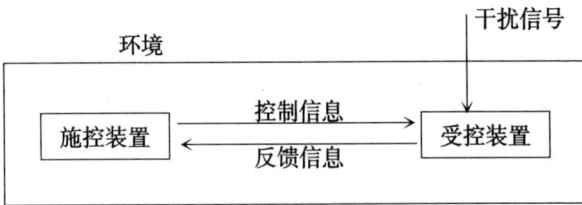

图20.2　作为信息系统的控制论系统

由图20.2可知,可以把施控装置发出的控制指令的信号看作信源发出的消息,而受控装置发出的反馈信号看作经译码后所发出的消息。为了保证信号不失真,就必须抗干扰,就是排除环境的干扰,只有这样,才能使系统处于最佳状态。从这样的基本观点出发,可以认为控制论所说的反馈,主要是指信息反馈。可见,控制与信息是密不可分的。

综上所述,控制论的基本思想可归纳为[2]:

(1)控制论和系统论、信息论一样,把它的研究对象看作一个整体,系统地而不是分割地把握对象。

(2)控制论研究的是动态系统,系统的发展和变化存在着多种可能性,而不是唯一的必然性。控制实际上是对系统发展和变化的多个可能性的选择。

(3)控制论系统包含两个最基本的子系统——施控系统和受控系统,通过给系统输入一定的信息,影响或调节系统的运行。

(4)反馈是控制论中最主要的概念之一,它的目的在于目标差的不断减少,即系统不断地把自己的控制后果与选定的控制目标相比较来改进自己的运行状态,因此,反馈保证了控制的连续性。

(5)反馈必须通过信息的传递。这里信息必须能足以反映当时系统所处状态的某些参数或其它标志。

控制论一般要解决下面一些控制问题:(1)系统的稳定性控制;(2)系统的程序控制;(3)系统的跟踪控制;(4)系统的最优控制;(5)系统的内部协调控制。

随着时间的推移,控制论愈来愈显示出强大的生命力和非凡的适应能力,它向许多学科渗透体现了现代科学向综合性方向发展的一种趋势。如果我们能顺应这种趋势,在图书馆学研究中大力推广控制论方法,图书馆学的发展前景,将会是令人鼓舞的。

二、控制论方法

1.控制论方法

什么是控制论方法,它应该包括哪些主要内容,至今还不是很明确的。控制论方法虽然还没有统一的定义,但可用下面的内容给予解释性的表达,即控制论方法是通过信息处理的能动过程,使系统保持稳定状态或处于最佳状态,从而实现人们对系统规定的功能目标的方法。从这个解释中不难看出,控制论方法主要包含以下几方面的内容:(1)控制要有信息;(2)控制是能动作用;(3)系统只有通过控制才能保持稳定或处于最佳状态;(4)控制要有目标,控制是为实现某种目标的。

2.控制论方法的特点

(1)从整体上研究系统　控制论的一个特点在于它是从整体上有机地把握客体。控制论方法不是从事物的个别联系上,而是从事物的总体联系上进行研究;不是寻求事物的个别原因及其产生的某种结果,而是揭示事物变化发展的总趋势;不是只注意局部的最优化,无视整体的目标,而是从整体着眼,部分入手进行综合研究。控制论方法告诉人们,要研究复杂的系统,单从结构上、基质上机械地研究是不行的,应当从整体上研究事物,控制论把着眼点放在表现整个系统整体性的现象上,这个现象就是行为。行为是整个系统内部状态和对外反应方式的综合体现。

（2）通过信息的能动过程，实现人们对系统所规定的功能目标　控制论方法的这一特点，揭示了生物有机体、机器和社会等不同物质运动形态具有相似的信息联系。把动物的目的行为赋予机器，将动物和机器某些机制加以类比，从而抓住了一切系统中所共有的特征，即每个系统都要通过信息进行控制。每个控制系统都是新的信息不断输入到施控装置，感受机构接到信息后，传给决策机构进行加工处理，通过执行机构输出控制信号到受控装置，受控装置引起反应，又继续发生新的信号，反传给施控装置。如此循环往返，但每次循环都不是简单的重复，而是有新的信息内容，使得控制结果向预定的功能目标靠近。

（3）功能模拟　功能模拟是控制论方法的另一基本特点。控制论可以说是在类比和模拟基础上发展起来的。人们创造控制论的目的就是想解决机器怎样才能模仿人体运动的功能。其实控制论就是立足于现代科学的基础上，既看到人与机器系统的同一性，又看到两者之间的差别，从而运用了功能模拟方法。这种方法不是研究系统内部结构和相互作用的大量细节，而是从整体行为上来描述和把握系统。

（4）适用于各个科学研究领域　控制论作为现代科学方法，虽然它原属于自然科学，由于研究对象有"横断"的特点，就使这种方法可以适用于科学研究的各个领域，并且与各个学科的具体方法有机地结合起来，具有了普遍意义。我们看到，许多学者和研究人员，都在各自的研究领域研究和运用控制论方法，产生了许多边缘科学，诸如工程控制论，生物控制论，社会、经济控制论，环境控制论，心理控制论等等。越来越多的人试图用控制论方法指导自己的实践活动。

控制论方法的内容虽然极为丰富，但最主要最常用的只有三种：功能模拟方法，黑箱方法，形式化、数量化、最优化方法。由于后一种方法在当前图书馆学研究中应用很困难，所以这里只介绍功能模拟方法和黑箱方法。

3. 功能模拟方法

传统的模拟都是以认识了原型的结构及其运动过程为条件的。也就是说,只有认识了模型与原型之间的结构和运动过程的相似性时,才能使用模拟方法。例如,人类最初对天然木棒的模拟,产生了梭镖、长矛;对动物角的模拟产生了剑。近代用狗的行为作为模拟模型代替人去进行宇宙探险;用动物的病理模型进行医学研究的实验等等。这种模拟虽然起过极为重要的作用,但是在物质结构及内部关系尚不清楚的研究对象面前却无能为力了。这时,控制论的功能模拟方法却显出了特有的优越性。功能模拟方法的重点放在功能上,就是说,它所研究的不是物体,而是分析动作和行为方式,它所模拟的不是物质的外形和结构,而是物质的特定运动过程。从控制论的角度说,机器、动物肌体和人类社会等不同运动形态之间存在着功能和行为的相似性。功能模拟就是以不同自动系统中功能和行为的相似为基础的。它改变了传统模拟方法以结构与功能严格对应的相似性的理论基础,表明相同的功能可以在不相同的物质结构中实现,功能对于结构来说具有某种相对的独立性,因而为人类利用不同结构的物体去实现相同的功能提供了有力的方法。例如,机器人可以模拟人的某些行为,具有人的某些功能,但它们外观、结构和人并不相同。人们之所以称它们为机器人,更多的含义是指在行为和功能上,它们能模仿人的行为和思维。当然,功能模拟并不满足于行为的相似,它总是企图通过行为的相似得到系统结构上的新认识。功能模拟在许多研究领域得到了应用,但在图书馆界使用功能模拟方法进行科学研究尚未开始,有识之士应该进行积极的探索。

4. 黑箱方法

如果人们对一个系统的内部情况一无所知,里面的一切对于我们来说都是黑的,好像一个不能打开的箱子一样,我们把这个系统称为黑箱。所谓黑箱方法,指的是当一个系统内部结构不清楚,或者根本无法弄清楚它的内部结构时,借助从系统的输入来看系统的输出,而无须考虑系统内部结构状态的一种方法,换句话说,就是不打开黑箱,而利用外部观测、试验,通过输出的信息来研究黑箱的功能和特性,探索其结构和机理的一种科学方法。黑箱方法是控制论的重要研究方法。运用这种方法,就可以从功能上描述复杂系统对环境影响的反应方式,从而达到对研究对象的功能认识。这种方法最重要的特色是,它只是从功能上描述复杂系统对环境影响的反应方式,而不去分析系统内部的物质基质和个别元素。

黑箱方法的道理并不神秘。在日常生活中,人们都在不自觉地运用这种方法。例如,人们虽然不了解电视机的内部情况,但却知道按动哪个开关可以开电视,调整哪些开关可以达到所需要的效果,这就是在运用黑箱方法。再如,我们要考查一个人的品德和能力,方法就是向被考查者布置任务,也就是向黑箱输入,然后再看他完成的情况,就是观察输出,通过及时考核,从他的行为表现来判断其品德和能力,这也是在运用黑箱方法。

在我们对黑箱方法有了一定的了解之后,还应指出,控制论的黑箱方法,作为一种科学研究的方法是有其特点和表达方式的。而且这种对系统进行动态观测的黑箱方法已发展成控制论研究方法的一个重要分支,也就是系统辨识方法,即通过外部观测所获得的数据,来辨识系统的结构,从而求得定量地描述系统的输入和输出关系及其状态。

在黑箱方法不断发展的基础上,又提出了灰箱、白箱等概念和方法。如果我们对研究对象有了部分了解,那它就不是一个完全的黑箱。具体地说,如果我们对于某个系统已经有了局部知识,而对于其它方面是不知的,或者我们观察一个系统时,只能看到它的一部分,而其它部分是看不到的,这种"部分白"、"部分黑"的情况使用黑箱方法就不完全合适了。对于这种"灰箱"问题,要相应地运用灰箱方法。与灰箱方法的应用相联系,如果我们的研究对象的结构完全已知,这就是一个"白箱"。例如,电子计算机的结构就是我们完全已知的,它就是一个白箱。对这种白箱的研究就要用白箱方法。

运用黑箱研究方法的具体步骤[3]是:

(1)确定一个黑箱 假定我们对所要研究的系统一无所知,这里包括即使我们已知了什么,也认为是不知的。

(2)规定箱子的输入和输出 输入就是影响系统的因素,即我们打算用什么东西给箱子输入以影响箱子的输出。当然,现实的系统可能有许多种输入和输出,但是如果要进行系统的观察,那么就必须决定所用的一组输入和所要观察的输出是什么。在实际研究中,对输入和输出不仅有内容的规定,并且要把这种规定数量化、形式化。

(3)进行试验 这就是给系统加入已规定好了的输入,来观察输出如何变化,记下输入、输出的状态。多次试验之后,会得到一个长篇记录,即输入、输出的一系列对应的状态。

(4)找出标准表达式 根据输入、输出两个变量的多个对应状态,我们可以从中寻找规律,即找出状态重复出现的情况,由此写出其标准表达式。

(5)推导联系 就是由标准表达式,用推导的方法得出黑箱一些内部联系。

当然,上述五个步骤显然是简单化了的,在现实的黑箱方法的运用中,情况比这要复杂得多,尤其是当输入与输出的关系不是单值确定时,就必须采用更为复杂的方法。

三、控制论方法的应用

图书馆学与许多学科(及现代技术)有密切关系。如何加速并有效地开展图书馆学的科学研究,吸收相关学科的先进理论和方法是异常重要的。而控制论方法正是一种新颖、有效的研究方法。就目前形势看,虽然控制论方法包含的内容极为丰富,但是应用于图书馆学研究领域的还极为稀少,而且主要还是处于定性分析阶段,即应用控制论的一些概念(诸如控制、反馈、功能、黑箱等等)和一定的图示模型定性地描述图书馆系统的控制规律。

1. 利用控制论的基本思想研究图书馆的管理机制

根据控制论的基本思想,图书馆的管理机制必须设计有自调节能力的机构,以便形成及时反馈的机制。经过一段时间的运行,就可使图书馆的管理达到最佳控制,使图书馆的状态处于最优状态。

图书馆的控制调节机制可按图 20.3 所示的结构思想来设计,即由目标、感受机构、决策机构和执行机构等组成[4]。

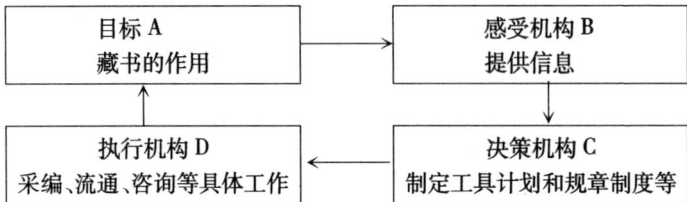

图 20.3　图书馆的反馈自调节机制

由图可知,对图书馆来说,目标 A 是藏书利用,是一切工作的最终目的。图书馆的感受机构 B 要系统地不断地收集和藏书利用有关的各种信息。图书馆的决策机构 C 是制定各项工作计划、规章制度和改革方案的领导人员。图书馆的执行机构 D 是执行决策机构指令的采编、流通、咨询等各项具体工作。这四个部分要成为一个封闭回路。

感受机构既要及时了解科技发展对藏书利用的影响程度,又

362

要及时了解执行机构 D 的执行结果是否存在偏差。它不断地向决策机构提供与藏书利用情况有关的各种信息,比如藏书的利用率、周转率、拒借率;它也要不断地提供对藏书利用有影响的各种信息,比如科学研究动态,科学技术发展水平,读者的意见和阅读倾向等信息。

决策机构通过对感受机构所提供的各种信息进行分析研究,做出正确的判断和决策,向执行机构发出行动指令。比如,决策机构获悉流通部门藏书利用率较低的信息,就必须分析原因:是因为藏书构成不合理,还是因为揭示藏书内容的途径太少,或是因为对读者借阅限制过严? ……通过对各种信息分析后,就可弄清原因,对症下药,制定相应的改革措施。

执行机构要将决策机构的指令化为有力的行动,修正原来的动作,使藏书得到更充分的利用。执行机构的实施效果,始终处于感受机构的监督之下,当出现重大偏差时,如咨询工作的效果较差,开架借阅发生了乱架现象,则由感受机构向决策机构报告、决策机构再下达新的改革指令,以纠正偏差,如此往复循环,使图书馆的管理工作日趋完善。

目前,我国各类图书馆都有制定规章制度、工作计划的领导人,也有采编、流通、咨询等各具体工作部门,因此,控制结构中的决策机构和执行机构都已齐备,唯有感受机构没有设置。尽管许多图书馆也开展统计工作,但时断时续,且统计内容狭窄;倾听读者意见不经常,读者的阅读倾向也不甚了解,没有得到源源不断的反馈信息。得不到反馈信息,反馈回路中断,决策机构耳目失灵,对藏书利用情况的变化及执行机构工作偏差反应迟钝,于是丧失控制能力。所以,当前图书馆管理工作中,当务之急是建立健全反馈调节机构。

2. 黑箱方法应用于优化图书馆功能的研究[5]

利用黑箱方法研究图书馆的功能,改善其结构,可采取如下

步骤:

（1）假定我们对图书馆系统内部情况一无所知,即把图书馆系统看作是一个黑箱。

（2）确定图书馆系统的输入和输出。所谓输入就是我们要给图书馆系统施加的影响因素,输出就是我们要想达到的目标或要改善以达到最优化的状态。

具体说,图书馆系统的输入,我们可以规定为:改进采访方法,加快分编速度,增加开架借阅,进行人员调整,……等等。输出规定为藏书利用率的提高。

如果输入用 x 来表示,输出用 y 来表示,则其关系可用如下形式示出:

$$y = F(x_i) = F(x_1, x_2, x_3, \cdots\cdots, x_n)$$

由上式可知,我们改变输入量 x 中的任何一个分量 xi,都会使系统的输出 y 有相应的变化。

（3）进行试验。试验的方法是,改变 x 的任一分量,记录 y 的状态,如果重复做下去,我们就会得到一个长篇记录。例如,改变采访方法,购进的书刊文献的专业方向更符合读者的要求,观察书刊文献利用情况,并记录下来。然后再调整人员分工,使分工更合理,观察书刊文献利用情况并记录下来等等,以此类推,就会得出一个长篇记录。

（4）找出标准表达式。研究这个长篇记录,找出多次重复出现的输入和输出的关系,从而确定一个表达式,即确定 $y = F(x_i)$ 中的 F 的具体形式,得出各个输入与输出是一种什么样的关系。

（5）利用这个表达式所表示的输入和输出的关系,推断出图书馆的结构上和工作状态上的状况,从中发现问题,改进工作。当然图书馆系统并不完全是一个黑箱,它的许多状态和结构都是已知的,所以在推断时,有许多已知参数是可以和推断结果相互印证的。

黑箱研究方法是个十分有效的方法,但是由于图书馆是个相当复杂的社会系统,所以至今没有显著的研究成果,其主要问题在于:

(1)选择什么样的因素作为图书馆系统的输入和输出比较困难;

(2)环境影响因素十分复杂,难于隔离某些因素和试验某些因素;

(3)试验周期长,消耗人力物力多,单个研究者很难承担;

(4)黑箱方法要求得出定量化、公式化的结果,没有一定数学知识和技能的人员难于胜任。

诚如所述,这最后三章所阐述的系统方法、信息方法、控制论方法是以系统论、信息论、控制论为基础发展起来的现代科学研究方法。它们突破了以抽象分析为核心的传统研究方法,代之以对事物整体辩证地、综合地、动态地进行研究的方法。它们是唯物辩证法在现代科学研究中的生动体现,一经引入图书馆学研究,就会使研究者们大开眼界,新的研究成果就会不断涌现。

系统方法、信息方法、控制论方法是既有区别又有联系,密不可分的三种方法。它们各自的侧重点是:系统方法着重于把事物作为有机整体来考察其结构和功能,使系统实现或达到最佳状态;信息方法主要着眼于对信息的把握,把系统看作是借助信息而实现有目的地运动,揭示系统的工作机制,为实现既定目标服务;控制论方法是通过对信息的处理、控制和利用,使系统保持稳定或处于最佳状态,达到预期目的。它们又是互相渗透、难解难分地交织在一起的。利用系统方法离不开对系统的控制和调节。利用信息方法离不开对系统的研究。利用控制论方法离不开对系统和信息的分析。所以,在使用这三种方法时,既要相互联系,结合使用,又要把握它们的区别,单独使用。

40 年代兴起的系统论、信息论、控制论被称之为"老三论",它们的研究方法为图书馆学研究提供了崭新的有力武器。70年代出现的耗散结构论、协同论、突变论又是现代科学研究方法上的一次重大突破和发展。可以预见，"新三论"的研究方法也必然会在图书馆学研究中大放异彩。

参考文献

1. 列尔涅尔. 控制论基础. 北京:科学出版社,1980. 85

2. 陈炼. 控制论与情报科学. 情报学刊,1986(3): 8～12

3. 王雨田主编. 控制论 信息论 系统科学与哲学. 北京:中国人民大学出版社,1986. 94～96

4. 穆立平. 试论图书馆管理体制与方法的反馈调节. 图书馆学研究,1983(2): 55～58

5. 王毅. 论图书馆系统中的信息流和信息控制. 图书馆学研究,1990(6):44～51

附录

附录1 t 分布表

自由度	显著性水平			
	10 （单尾0.05）	.05 （双尾）	.02 （单尾0.01）	.01 （双尾）
1	6.314	12.706	31.821	63.657
2	2.920	4.303	6.965	9.925
3	2.353	3.182	4.541	5.841
4	2.132	2.776	3.747	4.604
5	2.015	2.571	3.365	4.032
6	1.943	2.447	3.143	3.707
7	1.895	2.365	2.998	3.499
8	1.860	2.306	2.896	3.355
9	1.833	2.262	2.821	3.250
10	1.812	2.228	2.764	3.169
11	1.796	2.201	2.718	3.106
12	1.782	2.179	2.681	3.055
13	1.771	2.160	2.650	3.012
14	1.761	2.145	2.624	2.977
15	1.758	2.131	2.602	2.947
16	1.746	2.120	2.583	2.921
17	1.740	2.110	2.567	2.898
18	1.734	2.101	2.552	2.878
19	1.729	2.093	2.539	2.861
20	1.725	2.086	2.528	2.845

自由度	显著性水平			
	10 （单尾0.05）	.05 （双尾）	.02 （单尾0.01）	.01 （双尾）
21	1.721	2.080	2.518	2.831
22	1.717	2.074	2.508	1.819
23	1.714	2.069	2.500	2.807
24	1.711	2.064	2.492	2.797
25	1.708	2.060	2.485	2.787
26	1.706	2.056	2.479	2.779
27	1.703	2.052	2.473	2.771
28	1.701	2.048	2.467	2.763
29 以上 （相当于 Z 值）	1.600	2.000	2.300	2.600

附录 2 x^2 分布表

自由度	显著性水平					
	0.99	0.95	0.10 (单尾0.05)	0.05 (双尾)	0.02 (单尾0.01)	0.01 (双尾)
1	.00157	.00393	2.706	3.841	5.42	6.635
2	.0201	.103	4.605	5.991	7.834	9.210
3	.115	.352	6.251	7.815	9.837	11.340
4	.297	.711	7.79	9.488	11.668	13.277
5	.564	.145	9.236	11.070	13.388	15.086
6	.872	1.635	10.645	12.592	15.033	16.812
7	1.239	2.167	12.017	14.067	16.622	18.475
8	1.640	2.733	13.362	15.507	18.168	20.090
9	2.088	3.325	14.684	16.919	19.679	21.666
10	2.558	3.940	15.987	18.307	21.161	23.209
11	3.053	4.575	17.275	19.675	22.618	24.725
12	3.571	5.226	18.549	21.026	24.054	26.217
13	4.107	5.892	19.812	22.362	25.472	27.688
14	4.660	6.571	21.064	23.685	26.873	29.141
15	5.229	7.261	22.307	24.996	28.259	30.578
16	5.812	7.962	23.542	26.296	29.633	32.000
17	6.408	7.972	24.769	27.587	30.995	33.409
18	7.015	9.390	25.989	28.869	32.346	34.805
19	7.633	10.117	27.204	30.144	33.687	36.191
20	8.260	10.851	28.412	31.410	35.020	37.566

附录 3 e^{-x} 表

x	e^{-x}	x	e^{-x}	x	e^{-x}
0	1.0000	1.0	0.3679	2.0	0.1353
0.1	0.9048	1.1	0.3329	2.1	0.1225
0.2	0.8187	1.2	0.3012	2.2	0.1108
0.3	0.7408	1.3	0.2725	2.3	0.1003
0.4	0.6708	1.4	0.2466	2.4	0.0907
0.5	0.6065	1.5	0.2231	2.5	0.0821
0.6	0.5488	1.6	0.2019	2.6	0.0743
0.7	0.4966	1.7	0.1827	2.7	0.0672
0.8	0.4493	1.8	0.1653	2.8	0.0608
0.9	0.4066	1.9	0.1496	2.9	0.0560
3.0	0.0498	4.0	0.0183	5.0	0.0067
3.1	0.0450	4.1	0.0166	5.1	0.0061
3.2	0.0408	4.2	0.0150	5.2	0.0055
3.3	0.0369	4.3	0.0136	5.3	0.0050
3.4	0.0334	4.4	0.0123	5.4	0.0045
3.5	0.0302	4.5	0.0111	5.5	0.0041
3.6	0.0273	4.6	0.0100	5.6	0.0037
3.7	0.0247	4.7	0.0091	5.7	0.0033
3.8	0.0224	4.8	0.0082	5.8	0.0030
3.9	0.0202	4.9	0.0074	5.9	0.0027
6.0	0.0025	7.0	0.0009	8.0	0.0003
6.1	0.0022	7.1	0.0008	8.1	0.0003
6.2	0.0020	7.2	0.0007	8.2	0.0003
6.3	0.0018	7.3	0.0007	8.3	0.0002
6.4	0.0017	7.4	0.0006	8.4	0.0002

（续表）

x	e^{-x}	x	e^{-x}	x	e^{-x}
6.5	0.0015	7.5	0.0006	8.5	0.0002
6.6	0.0014	7.6	0.0005	8.6	0.0002
6.7	0.0012	7.7	0.0005	8.7	0.0002
6.8	0.0011	7.8	0.0004	8.8	0.0002
6.9	0.0010	7.9	0.0004	8.9	0.0001
9.0	0.0001				
9.1	0.0001				
9.2	0.0001				
9.3	0.0001				
9.4	0.0001				
9.5	0.0001				
9.6	0.0001				
9.7	0.0001				
9.8	0.0001				
9.9	0.0001				

后　记

　　许多图书馆工作者在自己的工作之余，不甘寂寞，渴望参加一定的科学研究工作，为图书馆学的发展贡献一些力量。但是，由于缺乏科学研究的基础训练，对于诸如如何选题，如何搜集、分析资料，怎样写好研究论文等等，了解不多，掌握不够，所以虽经艰苦努力，还是成果甚微。在求助于其它学科或国外图书馆学研究方法时，又觉得离我们的问题较远，不够贴切，不能如愿以偿。另一方面，我国图书馆学者的研究实践，已经积累了相当丰富的传统研究方法和现代的科学研究方法，只是未能提炼出来，归纳总结起来。如果将以往的科学研究和所使用的方法总结一下，写成一本书，一定会对有志于图书馆学研究的同行大有裨益，一定会促进图书馆学研究的发展。这就是编写本书的缘由。

　　本书共分两大部分。第一部分主要阐述图书馆学研究的涵义、原则和程序，尤其较详细地论述了图书馆学研究程序中各个步骤的具体内容、方法、注意事项和它们的相互关系。读者通过这部分的阅读，可以全面深刻地理解图书馆学研究的全貌和研究活动的具体内容。第二部分提供了 20 种成熟有效的图书馆学研究方法。每一种方法都较详细地论述了目的意义、优缺点、适用范围、注意事项和实施的具体步骤，并于最后精选了有较高造诣的图书馆学者所使用的研究方法作为应用的实例。通过这 20 种方法学习和研究，读者不仅可以掌握图书馆学各种研究方法的基本理论，而且可以获得实际操作的本领，受到研究方法的基本训练。

本书初稿曾请中国图书馆学会编译出版委员会主任、著名图书馆学家、北京大学周文骏教授，长春光机学院邓必鑫教授和吉林工业大学宋德生研究馆员审阅，他们提出了许多宝贵意见。吉林农业大学江乃武研究馆员也对部分内容的写作给予了中肯的指导。长春光机学院图书馆关敏、李栋忱、吕河、孙云玲和赵奕红同志对本书的编写做出了有益的贡献，他们或者参加了部分章节的编写，或者进行文字加工、绘制图表，或者提供了参考资料。在此，对上述诸同志的热情关怀和真诚帮助表示深切的感谢。

由于本人水平有限，书中的错误疏漏之处一定很多，敬请读者批评指正。

作者

1993 年 3 月